BIBLIOTHÈQUE A. FIRMIN-DIDOT

CATALOGUE

DES

LIVRES RARES ET PRÉCIEUX

MANUSCRITS, ET IMPRIMÉS

BELLES-LETTRES. — HISTOIRE

JUIN 1881

Mᵉ MAURICE DELESTRE
COMMISSAIRE-PRISEUR
27, rue Drouot, 27

M. ADOLPHE LABITTE
LIBRAIRE DE LA BIBLIOTHÈQUE NATIONALE
4, rue de Lille, 4

BIBLIOTHÈQUE A. FIRMIN-DIDOT

MANUSCRITS ET IMPRIMÉS

BELLES-LETTRES — HISTOIRE

CONDITIONS DE LA VENTE

Elle sera faite au comptant.

Les acquéreurs payeront cinq pour cent en sus des enchères.

Les livres vendus devront être collationnés sur place dans les vingt-quatre heures de l'adjudication. Passé ce délai, ou une fois sortis de la salle de vente, ils ne seront repris pour aucune cause.

M. ADOLPHE LABITTE se chargera de remplir les commissions des personnes qui ne pourraient assister à la vente.

EXPOSITIONS

PARTICULIÈRE : *le Mardi 7 Juin*
PUBLIQUE : *les Mercredi 8 et Dimanche 12 Juin,*
de 2 à 5 heures.

Chaque jour [de vente il y aura Exposition publique à une heure de l'après-midi.

Voir l'*Ordre des Vacations* à la suite du Titre.

Paris. — Typographie Firmin-Didot et Cⁱᵉ, rue Jacob, 56. — 10700.

CATALOGUE

DES

LIVRES PRÉCIEUX

MANUSCRITS ET IMPRIMÉS

FAISANT PARTIE DE LA BIBLIOTHÈQUE

DE

M. AMBROISE FIRMIN-DIDOT

DE L'ACADÉMIE DES INSCRIPTIONS ET BELLES-LETTRES

BELLES-LETTRES — HISTOIRE

VENTE A L'HOTEL DES COMMISSAIRES-PRISEURS

RUE DROUOT, N° 9. — SALLE N° 3

Du Jeudi 9 au Mercredi 15 Juin 1881

A deux heures précises de l'après-midi

Par le Ministère de M° MAURICE DELESTRE, Commissaire-Priseur

Successeur de M° Delbergue-Cormont

27, rue Drouot, 27

Assisté de M. G. PAWLOWSKI, officier d'Académie, bibliothécaire du défunt

Et de M. ADOLPHE LABITTE, libraire de la Bibliothèque nationale

4, rue de Lille, 4

—

PARIS. — 1881

ORDRE DES VACATIONS

———

Jeudi 9 *Juin* 1881.

Linguistique	81 à 127
Théâtre français (Ballets de Beaujoyeulx, de Molière, etc.)	358 à 377
Théâtre étranger	378 à 382
Manuscrits (Poètes français et provençaux)	23 à 38
Boèce (Manuscrit)	22

Vendredi 10 *Juin.*

Poètes français	206 à 265
Romans de Chevalerie	392 à 420
Manuscrits (Historiens grecs et latins) . . .	44 à 52 et 54 à 57
Flavius Josèphe (Manuscrit)	53

Samedi 11 *Juin.*

Romans grecs et latins	383 et 385 à 391
Théâtre grec et latin	294 à 308
Romans français et étrangers	421 à 435
Poètes étrangers	266 à 293
Manuscrits (Poètes et prosateurs italiens)	39 à 43
Dyalogues des Créatures, 1482	384

Lundi 13 *Juin.*

Rhétorique, poètes grecs et latins. . . . . 128 à 205
Géographie. Voyages . . . . 458 à 475
Manuscrits (Histoire étrangère). . . . . 75 à 80
Privilèges des Notaires (Manuscrit). 70

Mardi 14 *Juin.*

Philologie. Épistolaires . . . . 436 à 457
Manuscrits (Belles-Lettres : Auteurs grecs et latins). . 1 à 16
Théâtre français (Mystères, Corneille, Molière, Racine, etc.) . . . . 309 à 357
Manuscrits (Poètes français) . . . . 17 à 21
Taxes de l'Église romaine (Manuscrit). 58

Mercredi 15 *Juin.*

Histoire universelle, ecclésiastique, etc. . . . . 476 à 525
Manuscrits (Voyages, Histoire). . . . . 59 à 60, 62 à 69
Histoire (Entrées, Sacres, etc.) . . . . 526 à 550
Manuscrits (Histoire). . . . . 72 à 74
Histoire universelle (Manuscrit). 71

TABLE SPÉCIALE

DES

LIVRES IMPRIMÉS SUR VÉLIN

DES EXEMPLAIRES UNIQUES OU SEULS CONNUS

ET DES PROVENANCES CÉLÈBRES

I. LIVRES IMPRIMÉS SUR VELIN

Nos 257, 259, 262, 293, 357, 428, 460, 478, 500, 536.

II. EXEMPLAIRES UNIQUES OU SEULS CONNUS

Nos 204, 286, 346, 526.

III. SIGNATURES OU NOTES AUTOGRAPHES DES HOMMES ILLUSTRES OU DISTINGUÉS

Ballesdens, 142, 270.
Boindin, 81.
Bouchet (Henri du), 102.
Bussy-Rabutin, 72.
Gacon (Fr.), 69.
Guyon de Sardière, 309, 414.
Jamet, 154.
La Monnoye, 454.

Le Febvre (Tanegui), 147.
Luxembourg (Louis de), Comte de Saint-Paul, Connétable de France, 61.
Malherbe (Fr. de), 180.
Morel (Frédéric), 141.
Valentinois (le Duc de), 223.
Vintimille (Jacques), 466.

IV. PROVENANCES CÉLÈBRES

PRINCIPALEMENT AU POINT DE VUE DES RELIURES EXÉCUTÉES POUR DES ROIS, DES REINES, DES PRINCES, DES PRINCESSES ET DES BIBLIOPHILES CÉLÈBRES.

a. Rois et Reines de France, Princes et Princesses.

Henri II, 1.
François II, 202.
Charles de Valois, 119.
Marie de Médicis, 282.
Louis XIII (?), 482.
Louis XIV, 133.
Louis (le Grand Dauphin), 235.
Maine (Duchesse du), 74.
Louis XV, 243, 415, 545.
Orléans (Louis, Duc d'), fils du régent, 263.
Orléans (Louis-Philippe d'), fils du précédent, 264.
Louis-Philippe (le Roi), 290.
Orléans (Ferd., Duc d'), 254.

b. Souverains étrangers.

Jules II (le Pape), 58.
Sixte V (le Pape), 303.
Benoît XIV, 379.
Saluces (Louis, Marquis de), 75.
Donato (Fr.), doge de Venise, 536.
Charles-Quint, 476.
Philippe II d'Espagne, 540.
Espagne (Bourbon-), 357.
Charles II, Roi d'Angleterre, 431.

c. Bibliophiles ou personnages célèbres.

Boucherat (le Chanc.), 124, 457.
CAMBRIDGE (le Duc de), 447.
CANEVARI (D.), 484.
Castagnère (de), 73.
CLÈVES (Ph. de), 61.
COLBERT (le grand), 542.
Essling (le Prince d'), 394, 516.
Hautefort (le Duc de), 407.
Heber (Richard), 155, 394.
Hoym (le Comte d'), 249, 453.
Girardot de Préfond, 238, 309.
La Vallière (le Duc de), 383.
Loménie de Brienne (L.-H. de), 425.
LONGEPIERRE (de), 149, 480.
LUXEMBOURG (Valéran de), Connétable de France, 64.
Malenfant (J.), 493.
MARLBOROUGH (le Duc de), 447.
MONTMORENCY (Anne de), Connétable, 29.
NODIER (Ch.). 30, 102, 120, 122, 193.
Phélypeaux de la Vrillière (Louis), 435.
Pardaillan de Gondrin d'Antin (Sophie de), 36.
RIARIO (le Card. Pierre), 58.
Savoie (le Prince Eugène de), 297, 304.
Strozzi (Benoît), 43.
Thou (J.-A. de), 127, 132, 193, 387.
Verrue (la Comtesse de), 388, 404, 412.

MANUSCRITS

MANUSCRITS

BELLES-LETTRES

AUTEURS GRECS ET LATINS

1. EUDOXIE (l'impératrice). Centons d'Homère (en grec). — In-8, de 55 ff.; en-tête et lettres ornées; mar. rouge, ornem. dorés et médaillons peints, tr. cis. (*reliure vénitienne du* xvie *siècle*).

    Chef-d'œuvre de calligraphie grecque, exécuté en 1559 par le célèbre Ange Vergèce. C'est une véritable merveille que cette écriture fine et serrée, d'une régularité surprenante, et à laquelle de gracieuses ligatures habilement combinées donnent un grand cachet d'élégance. Le protecteur des lettres et des arts, François Ier, fit venir d'Italie ce fameux artiste crétois et l'installa à Fontainebleau, où ce

> Grec à la gentille main
> Pour l'écriture grecque écrivain ordinaire...

comme l'appelle Antoine de Baïf, exécuta plusieurs manuscrits admirables, principalement sous le règne d'Henri II, et rédigea même, avant 1554, un catalogue de tous les manuscrits grecs conservés dans la bibliothèque de cette résidence royale.

    Celui qui nous occupe débute par ce titre en lettres capitales d'or : Εὐδοκίας. τῆς‖Αὐγούστης‖Ὁμηρόκεντρα. Tous les titres sont à l'encre rouge. Au bas de la dernière page, on lit cette souscription : γέγραπται ἐν ἔτει ͵α^ω φ′^ω ν0′^ω ἐλαφηϐολιῶν^{ος} κδ′, qui signifie : *Écrit en l'année* 1559 (*et non* 1550) *le* 24 *février.* Au-dessous, Vergèce a écrit son prénom : Ἄγγελος (Ange) en un monogramme.

    Ce manuscrit a évidemment été fait pour le roi HENRI II, et, comme sa date l'indique, quatre mois et demi seulement avant la mort imprévue de ce prince. En effet, en tête de la première page, il porte les *armes de France,* dans un élégant cartouche, placé au milieu d'une console soutenue par des cariatides, et accompagné d'ornements de fleurs et de fruits, le tout finement peint en or et en couleurs. A en croire la tradition, cette charmante vignette, ainsi que la belle initiale K du premier mot du texte, peinte en or sur fond azur et accompagnée d'un délicieux ornement, de même que les initiales de tous les centons, seraient de la main de la fille d'Ange Vergèce. Nous donnons, au catalogue illustré, une reproduction héliographique de cette première page.

Il est possible que le calligraphe du roi de France ait exécuté ce volume à Venise; il n'était sans doute que temporairement dans cette ville qui servait alors de lieu de refuge à tant de Grecs, et il en aura profité pour faire relier son nouveau chef-d'œuvre par un artiste habile, comme Venise en possédait tant à cette époque. Cette reliure, comme toutes celles de même origine, porte, en effet, un cachet oriental très prononcé. Le maroquin est parsemé d'une série de petits points réunis trois par trois, en forme de pyramide; chaque coin des deux plats est décoré d'un triangle avec ornements sur fond or. Au milieu, un cartouche de forme ovale, en mosaïque argent, noir et rouge, renferme une charmante peinture : d'un côté, Minerve debout et armée, avec ses attributs ordinaires; de l'autre, Mercure, portant le caducée et ayant à ses pieds un globe, un cube et un coq.

Le talent du calligraphe crétois a reçu une double consécration qui assure l'immortalité à son nom. Son écriture a servi de modèle à notre célèbre fondeur en caractères, Garamond, pour l'exécution des types grecs, dits royaux, employés par Robert Estienne pour la première fois en 1544 dans son édition de l'*Histoire ecclésiastique* d'Eusèbe; d'un autre côté, elle a donné naissance au proverbe : « Écrire comme un Ange ».

Tout dans ce manuscrit se réunit pour le rendre précieux : célébrité de l'artiste, provenance royale, reliure intéressante. Sa conservation est exceptionnelle : l'écriture et la peinture ont encore toute leur fraîcheur.

Il provient en dernier lieu de la bibliothèque de M. Brunet. Dans la courte notice qui lui a été consacrée au catalogue de sa vente (n° 179), il est dit, sur la foi d'une petite note jointe à ce volume, que « c'est le même dont parle le P. Montfaucon dans sa *Palæographia græca*, p. 298 ». Cette assertion est inexacte. Montfaucon ne le connaissait pas, ne l'ayant pas compris dans sa liste des volumes écrits par Vergèce (pp. 90-91), et à la p. 298 il se borne à dire qu'un manuscrit de ces *Centons* est conservé à la bibliothèque du Collège Louis-le-Grand (*cujus opusculi codex habetur in Bibliotheca Collegii Ludovici Magni*).

Après cela, est-il bien utile d'ajouter qu'Eudoxie Augusta, Athénienne de naissance, à laquelle on attribue ce poème, composé de vers ou de parties de vers tirés d'Homère et ayant pour sujet la chute de l'homme et sa rédemption par Jésus-Christ, était femme de l'empereur Théodose II, et qu'elle mourut vers 460 ?

2. ARISTOPHANE. Le Plutus. Les Nuées. (En grec.) — Pet. in-4, de 171 ff.; demi-rel.

Manuscrit de la fin du xiv° ou du commencement du xv° siècle, sur papier turc. Il s'ouvre par une courte biographie d'Aristophane due à Thomas Magister, et qui finit à la seconde page; elle est immédiatement suivie de la comédie de *Plutus*, terminée au f. 76 v° par cette souscription : Τέλος τοῦ πρώτου δράματος. La seconde pièce, *les Nuées*, est également précédée d'un argument (ὑπόθεσις τοῦ δευτέρου δράματος), par Thomas Magister, et elle finit au recto du dernier feuillet. Il manque un feuillet entre les ff. 15 et 16; cette lacune répond aux vers 208-224 du *Plutus*.

Un savant helléniste qui a bien voulu examiner rapidement notre manuscrit, a exprimé l'opinion que le texte en est assez correct et qu'il serait bon de vérifier si certaines variantes qu'il fournit ont été relevées.

Le texte est accompagné de gloses interlinéaires écrites à l'encre rouge, en grec; d'amples scholies couvrent les marges du volume. Aux cinquante premiers feuillets, une main italienne du xve siècle a ajouté une traduction latine au-dessous des vers du texte.

Ce manuscrit offre également un spécimen intéressant de la calligraphie grecque. Chaque partie est décorée d'un en-tête dans le style byzantin, dessiné à l'encre rouge.

Le volume porte l'estampille de la famille lucquoise Minutoli-Tegrimi, et paraît avoir été exécuté en Italie par un des nombreux réfugiés grecs.

---

3. **CICERO (M. T.). Epistolæ familiares.** — In-fol., de 189 ff.; lettres ornées; vélin.

Manuscrit sur papier, exécuté en Italie au xve siècle. Le premier feuillet manque, et le texte ne commence qu'au début de la seconde lettre à P. Lentulus, à la douzième ligne à peu près, par ces mots : *ut tu sine exercitu reduceres*. Le volume finit par le mot : *Vale*, de la dernière épître du seizième livre.

L'adresse de chaque épître est à l'encre rouge, et la première lettre en bleu d'outremer. Chaque ligne commence par une grande initiale enluminée et rehaussée d'or.

4. **VIRGILIUS. Æneis.** — In-fol., de 179 ff.; lettres ornées; vélin.

Manuscrit sur vélin, exécuté en Italie dans la première moitié du xive siècle. Il commence au verso du premier feuillet par la célèbre pièce de vers consacrée à l'Énéide par l'empereur Auguste, qui abolit le testament dans lequel le poète ordonnait de brûler son œuvre immortelle. A la suite, viennent trois épigrammes attribuées à Ovide, dont les deux premières donnent, chacune en douze vers, le sommaire du poème entier, et la dernière l'argument du premier livre de l'Énéide.

L'épopée elle-même commence au recto du troisième feuillet par ce vers :

> Ille ego, qui quondam, gracili modulatus auena...

Un écusson armorié a été gratté au bas de cette page.

Chacun des douze livres de ce poème est précédé d'une épigramme ou argument attribué à Ovide, et le texte entier est accompagné d'un commentaire développé et de notes marginales, les unes de la main du copiste de ce manuscrit, les autres d'une écriture postérieure.

La souscription suivante, placée au haut de la dernière page, mais par malheur grattée en deux endroits, nous donne le nom du scribe : *Hic explicit lib' duodecimus, ceteriqʒ alij Virgilij* || *Eneydos scripti p me* (ici un mot gratté) Jacobi de || Pratoveteri, *qui est* (ici trois mots grattés) || *Quos deus gratiarum dator oīum et possessor* || *dingnetur* (sic) *in fine cum triumphantib' coreys An-* || *gelorum in supernis sedib' collocare. Amen.* La patrie du copiste était Pratovecchio, à l'est de Florence.

Une autre souscription, postérieure, mise à la suite, nous apprend que ce volume a appartenu à Georges-Antoine Vespucci, très probablement de la famille du célèbre navigateur florentin Amerigo Vespuce (*Georgii Antonij Vespucij liber*. Κοινὰ τὰ φίλων).

Enfin, il porte l'estampille de la famille lucquoise Minutoli-Tegrimi.

Il est d'une belle écriture avec les titres en carmin ; chacun des douze livres débute par une grande initiale, avec appendices filiformes, ornée avec goût et peinte en rouge, bleu et violet.

5. HORATIUS. De Arte poetica. Epistolæ, etc. — TERENTIUS. Comœdiæ. — Pet. in-4, de 60 ff., ; ais de bois, recouverts de peau de cerf (*rel. primitive*).

Manuscrit sur vélin, exécuté en France du xiie au xiiie siècle ; il est incomplet du commencement et de la fin, tout en contenant plusieurs parties sans aucune lacune.

Il débute par un commentaire sur les Odes d'Horace, à partir du treizième vers de la célèbre ode au navire emportant Virgile (la 3e du livre Ier) :

Decertantem Aquilonibus.

Ce commentaire se poursuit sans interruption aux quatre premiers feuillets, pour s'arrêter au huitième vers de la huitième ode du même livre :

Tithonusque remotus in auras,

ode sur le sort d'Archytas, il reprend au feuillet suivant par la huitième ode du quatrième livre (*Ad Censorinum*), mais cette fois-ci sans aucune lacune jusqu'à la fin des odes et des épodes, qui sont suivies d'un commentaire sur le *Carmen sæculare*, d'une dissertation sur la métrique d'Horace et d'un commencement de commentaire sur l'Art poétique, qui s'interrompt brusquement à la onzième ligne. Toute cette partie, qui ne compte aujourd'hui que huit feuillets, est d'une écriture fort menue, surchargée d'abréviations.

A la page suivante, commencent les Comédies de Térence, précédées de cet éloge anonyme en vers, que nous transcrivons sans tenir compte des abréviations :

Natus in excelsis tectis Cartaginis alto
Romanis ducibus bellica præda fui.

> Descripsi mores hominum juvenumque......
> Qualiter et servi decipiant dominos,
> Quid meretrix, leno fallax, quid fingat avarus.
> Hoc bene qui legerit, sic, puto, cautus erit.

Vient ensuite l'argument versifié (*periocha*) de la comédie *Andria*, dû à C. Sulpitius Apollinaris, et la pièce elle-même avec son prologue. La seconde comédie, *Eunuchus*, est dépourvue de l'argument habituel d'Apollinaris, mais elle est précédée d'une note détaillée sur l'époque de la représentation de cette pièce, ce qui a lieu également pour la suivante, *Heautontimorumenos*, laquelle néanmoins est précédée de sa *periocha*. Cette troisième pièce n'est pas complète : elle s'arrête au milieu du v. 349 (acte II, scène 2ᵉ), par ces mots : Clit. Hujusmodi... Les vers ne sont pas pas séparés. Les deux premières comédies portent à la fin, comme presque tous les anciens manuscrits de Térence : *Calliopius recensui*, nom d'un reviseur de l'œuvre entière, et que certains critiques considèrent comme le pseudonyme du célèbre Alcuin, le familier de Charlemagne. Notre texte est pour ainsi dire criblé de notes interlinéaires et d'un commentaire marginal. Les noms des interlocuteurs sont relevés d'encre rouge, pour faciliter la lecture.

Ce fragment de Térence est suivi de l'épitre d'Horace sur l'*Art poétique* (f. 39), d'une écriture plus grosse, postérieure à celle des parties précédentes, mais encore du xiiiᵉ siècle. Ce poëme, dépourvu de tout commentaire, est bien complet. Terminé au verso du f. 47, il est immédiatement suivi d'*Épitres* d'Horace, dont nous n'avons ici que seize, la seizième incomplète de quatorze derniers vers, le volume finissant avec celui-ci :

> Quidquid quesierat uetri donarat auaro.

Ces épitres sont accompagnées d'un long commentaire.

La composition primitive de ce vénérable manuscrit nous est connue par une note inscrite au verso du second feuillet de garde; il contenait : *De Remedio amoris*, d'Ovide, le Térence, au complet, et l'Art poétique ainsi que les Épitres d'Horace. La même note, d'une écriture du xvᵉ siècle, nous apprend que ce livre avait appartenu à un couvent de la Voulte, dans le département de l'Ardèche (*Iste liber pertinet religioso monasterio de Volta*).

Au-dessus de cette note, on lit celles-ci, et elles ne manquent pas d'intérêt, au sujet de la concession de trente messes annuelles (*tricenarium*) : *Generatio preterit, et generatio advenit, et ideo tam futuris quam presentibus intimamus, quomodo condam residente capitulo domno E. priore cum ceteris fratribus, adfuit etiam inter eos quidam monachus* Arnaldus *cognomento* Guarinus, *qui petita venia tricenarium suum jure perpetuo ei concessimus. Amen. Fiat, fiat. — Notum sit omnibus fratribus nostris presentibus et futuris quia* Bertrannus *cognomento* Capud rotundum *venit in nostrum kapitulum et domnus. G. et alii seniores dederunt ei suum tricenarium post mortem suam sicuti unum de illis qui obierint in claustra.*

Les deux premières pages de ces feuillets de garde contiennent des hymnes, avec la musique notée en *neumes*, d'une écriture du xiᵉ siècle.

Ce manuscrit est dans sa première reliure, pourvue encore d'un crochet en fer par lequel il était jadis attaché à une chaîne, selon l'usage des anciennes bibliothèques. Sur la peau du plat de dessus, on lit : *Monistrol*.

6. **HORATIUS. Poemata.** — In-fol., de 124 ff. ; encadrement et lettres ornées ; mar. rouge, compartim. en or et à froid, doublé de mar. rouge et de tabis, avec double et large dentelle, gardes en soie (*Bozérian?*).

Fort beau manuscrit sur VÉLIN, exécuté en Italie vers la fin du xiv° siècle. Il commence par ce titre en rouge : *Qvinti Horatij Flacci Sermonum liber* ‖ *primus incipit*.

Voici son contenu : 1° *Sermones* (f. 1 à 34 r°) ; — 2° *Epistolæ* (f. 34 v° à 58 r°) ; — 3° *De Arte poetica* (f. 58 r° à 65 v°) ; — 4° *Carmina* (f. 66 r° à 111 v°) ; — 5° *Epodon* (f. 112 r° à 122 v°). Les deux derniers feuillets contiennent une dissertation sur la forme métrique des poésies d'Horace.

On voit que ce volume renferme tout ce qui nous est parvenu des œuvres du grand poète, circonstance peu commune. Le texte est accompagné d'un petit nombre de notes interlinéaires ou marginales.

Ce manuscrit sort des mains d'un calligraphe habile. Tous les titres sont en carmin. L'œuvre de l'enlumineur n'y est pas moins digne d'éloges. La première page est entourée d'un large cadre formé de fleurs et de fruits ; dans la bordure inférieure est enchâssé un écusson avec ces armoiries : *d'or au lion d'argent, chargé d'une barre de gueules*. Chacune des quatre premières parties de ce volume est ornée en tête d'une grande initiale peinte en vert ou en rose sur un fond bleu pointillé de blanc, et enserrée par les volutes d'un gracieux ornement en or. Ces pages, au surplus, sont accompagnées d'une bordure en or et en couleurs, s'étendant de la marge intérieure à celle de haut.

Il faisait primitivement partie de la bibliothèque de M. Firmin Didot, dispersée en 1811 (n° 495 du catal.). Bien des années après, M. Ambroise Firmin-Didot eut une joie grande de pouvoir racheter cette belle épave du cabinet de son père, à un prix plus de dix fois supérieur à celui qu'elle avait atteint en 1811.

7. **OVIDIUS. De Arte amandi** [De Arte amatoria]. **De Remedio amoris. Epistolæ heroidum. Amores,** etc. — In-12, de 203 ff. dont 2 blancs ; encadrements et lettres ornées ; mar. orange, compart. à fil., dos en mosaïque, doublé de mar. bleu de ciel, avec riche encadrement or et mosaïque, tr. dor. ; dans un étui de mar. brun (*Lortic*).

Charmant manuscrit sur VÉLIN, exécuté en Italie dans la première moitié du xv° siècle.

Voici sa composition : 1° *Ars amandi* (f. 1 à 43 r°) ; — 2° *Remedium amoris* (f. 45 à 59 v°) ; — 3° *Heroidæ* (f. 61 à 129 r°) ; — 4° une pièce de vers sur Sapho (*Nunquid ubi aspectu est studiose littera dextre*), suivie d'une notice en prose sur cette femme poète (f. 129 r° à 133 v°) ; — 5° trois réponses

à autant d'Héroïdes, réponses attribuées à Sabinus, l'ami d'Ovide (f. 134 r°
à 140 r°); — 6° *Amores* (f. 141 à 186 v°); — 7° *Pulex*, élégie attribuée à
Ovide (f. 187 r° et v°); — 8° *De Philomela*, autre élégie qui n'est pas d'O-
vide (f. 187 r° à 189 r°); — 9° *De Medicamine faciei*, fragment en vers élé-
giaques, sur les cosmétiques, à l'adresse des jeunes filles (f. 189 r° à 191 r°);
— 10° *Nux*, élégie (f. 191 r° à 194 r°); — 11° *Consolatio ad Liviam Augus-
tam*, sur la mort de Drusus Néron, son fils (f. 194 v° à 203 r°). Ce recueil
de poésies est terminé par le mot : *Finis*, au-dessous duquel trois lignes
d'écriture ont été grattées ; elles donnaient sans doute le nom du propriétaire du manuscrit, et on y lit encore le mot : *Dominus*.

Des soins exceptionnels ont été donnés à l'exécution de ce petit
volume, et la décoration n'y a pas été ménagée. La première page est
entourée d'une bordure style Renaissance, en camaïeu d'or sur fond
pourpre sur trois côtés, et bleu et vert dans le bas, où, au centre d'un
cartouche formé par la réunion de quatre dauphins, se trouve un écusson
avec ses armoiries : *Écartelé : aux 1 et 4, d'or à trois fasces de sable ;
aux 2 et 3, de gueules à deux fasces d'argent, le gueules chargé de mer-
lettes d'argent.* Le premier vers de l'*Art d'aimer* est disposé en quatre
lignes et écrit en majuscules en camaïeu d'or sur un fond de même ;
l'initiale S, aussi en or sur fond bleu, est très élégante. La première
page du *Remède d'amour*, celle des *Héroïdes* et celle des *Amours*,
sont décorées d'une manière analogue, mais toute différente ; cette dernière, particulièrement remarquable, porte aussi les armoiries du premier
propriétaire de ce volume. Plusieurs autres pages (f. 156 r°; 171 v°, 187 r°
et 194 v°) sont ornées dans le même genre, mais avec plus de sobriété :
le cadre y est remplacé par un simple montant en forme de colonne. Une
foule de petites initiales peintes en or sur fond de couleur sont disséminées dans le texte.

C'est chose peu commune que de rencontrer un semblable recueil
manuscrit des plus gracieuses poésies d'Ovide.

8. JUVENALIS. Satyræ. — PERSIUS. Satyræ. — Pet. in-8,
de 96 ff.; lettres ornées; mar. orange, fil., tr. dor. (*rel.
angl. de H. Drury, dorure de C. Lewis*, 1822).

Manuscrit sur VÉLIN, exécuté en Italie et daté de 1471. Il commence par
cet argument en vers de la première satire :

Materiam et cās Satyraƶ hac inspice prima,

suivi de ce titre : *Iunij Iuuenalis Aquinatis Satyricoƶ* || *poetaƶ facetissimi et
grauissimi libri Saty*||*raƶ principiū fœliciter.* Ces quatre lignes sont à l'en-
cre rouge, de même que tous les arguments des satires, et que la souscrip-
tion finale (f. 81 r°) ainsi conçue : *Iunii Iuuenalis Aquinatis Satyri*||*coƶ poetaƶ
facetissimi libri Saty*||*rarū finis. M.CCCC.LXXI. quar*||*to octobris. Deo gloria,
laus et honor.* Au-dessous, d'une écriture plus récente, ces trois vers :

Nec pietas opes nec missa minuit iter,
Principiis obsta, sero medicina paratur
Cū mala p longas conualuere moras.

L'œuvre de Perse commence au feuillet suivant (82 r°) par ce titre : *A. Persij Volaterrani Satyrarum* || *libelli initiū*, et finit au recto du dernier feuillet par cette souscription en lettres rouges : *A. Persij Volaterrani Satyrarū libelli* || *finis fœliciter. vj. octobris* || *M.cccc.Lxxj.* || *Laus Deo honoret* || *gloria.* || *Amen.*

L'écriture courante du manuscrit ne semble pas indiquer l'œuvre d'un scribe de profession.

Un érudit du xvie siècle a exprimé en ces termes (à la page blanche qui précède le Perse) son opinion sur la valeur du texte qu'il renferme : *Non infimæ vetustatis, sed optimus codex noster*, jugement suivi d'une signature difficile à lire, et de deux vers grecs. Cette même main a écrit quelques notes sur les marges du Juvénal, et un plus grand nombre pour le Perse. Au surplus, les satires de ce dernier sont accompagnées de beaucoup d'annotations d'une écriture du xviiie siècle, la plupart à l'encre rouge, renfermant principalement des variantes tirées du manuscrit de Pinelli (*Codex Pinellianus*).

9. **JUVENALIS.** Satyræ. — In-4, de 93 ff.; mar. La Vallière, fil., tr. dor. (*Lortic*).

Manuscrit sur papier, exécuté en Italie et daté de 1473. Il commence par ce titre en lettres capitales bleues : *Ivnii Ivvenalis Aqvinatis Sati-*|| *rarum liber prim*||*vs*, suivi de l'abréviation : *Car. Bro.*, du nom du copiste et premier possesseur de ce manuscrit, Carolus de Brochonibus, dont les armes : *d'or ou laurier au naturel*, sont peintes au bas de la page.

Le texte des Satires, accompagné d'un ample commentaire, finit au recto du f. 88, et est suivi de cette souscription : *Finis impōit' [imponitur] die .xvi . martij . Mcccclxxiij p me Carolū* || *de brochonibus Satyris iuue* || *nalis patauij felicit'*. Les deux pages suivantes contiennent des arguments en vers de quinze satires, et sont suivies de deux pages blanches et d'une troisième qui n'offre que quelques lignes d'écriture presque effacées et, au milieu, en lettres capitales, cette inscription : *Car. Bro. et amicórum.* Qui était ce bibliophile padouan ayant employé une devise célèbre avant la naissance même de Grolier? Nous l'ignorons. Toutefois il est à présumer qu'il était d'origine germanique et issu de la famille autrichienne von Brockhausen, qui portait les mêmes armes que celles décrites ci-dessus.

Le recto du f. 91 est occupé par un extrait : *Ex Plinio de profluvio mulierum*, et le verso ne contient que cette inscription en capitales rouges : *Favstae* || *M*, sans doute le nom de la personne à laquelle sont adressés les douze vers qu'on lit à la page suivante et qui commencent ainsi :

> Littera Pythagore discrimine secta bicorni
> Humanę vitę spēm [speciem] preferre videtur.

Les deux autres pages contiennent des notes sur la patrie des plus célèbres poètes grecs et latins.

10. **MARTIALIS.** Epigrammata. — In-4, de 224 ff.; lettres

ornées; basane, dos orné, tr. rouge (*rel. du* xviii° *siècle*).

Manuscrit sur VÉLIN, exécuté en Italie vers le milieu du xv° siècle. Il est incomplet du premier feuillet et ne commence qu'au second vers de la deuxième pièce sur les *Spectacles* :

Et crescunt media pegmata celsa via.

A la fin, on lit cette souscription en lettres capitales rouges : *M. Valerii. Martialis. Epigrā* || *maton. liber. vltimvs. finit.*

Chaque pièce de vers commence par une belle majuscule en bleu d'outremer, et chaque livre débute par une initiale formée d'entrelacs et richement enluminée en or et en couleurs. Tous les titres sont à l'encre rouge.

Les plats de la reliure portent un écusson d'armoiries avec *un sautoir de gueules*; il est surmonté de la couronne de marquis. Ces armes sont, entre autres, celles de la vieille maison provençale de Gérente ou de Jarente, et nous croyons que ce manuscrit a appartenu à un de ses membres.

11. STATIUS (Publius Papirius). Thebaidos libri XII. — Infol., de 118 ff.; lettres ornées; cart.

Manuscrit sur papier, daté du 8 mars 1406 (1407 nouveau style).

Il commence par ce titre écrit en rouge : *Sursuli* (sic, pour *surculi*) *Papiriani Statij Tolosani Thebaidos incipit* || *liber p'mus*. Il est à remarquer qu'on désigne ici Stace comme originaire de Toulouse, tandis qu'habituellement on le fait naître à Naples. Le poème finit au recto de l'avant-dernier feuillet par cette souscription : *Papirij surculi Statij tholosani thebaidos* || *liber xij* τ *ultim' explicit die 8 Martij* || 1406. Au-dessous, commencent les arguments versifiés des douze livres de la Thébaïde (celui du VI° livre a été omis), arguments d'un auteur anonyme, composés chacun de douze vers. Celui du premier livre débute ainsi :

Solvitur in primo fratrum concordia libro.

Le dernier vers de celui du XII° livre est :

Quem sternit bello, Graiorumque immolat umbris.

Notre manuscrit n'est pas entièrement fini. L'initiale du premier livre du poème (F) a seule été peinte, en rouge et bleu, avec un long appendice filiforme; celles de tous les autres livres, de même que leurs titres, ont été laissées en blanc. Les deux premiers livres sont accompagnés en marge d'un commentaire assez ample. L'écriture du texte est de deux mains différentes; celle des 50 premiers feuillets est plus fine et plus régulière.

Au 1er feuillet de garde, est un *ex-libris* armorié d'Hercule de Silva.

C'est dans la *Thébaïde* de Stace que Dante a pris l'idée de la vengeance qu'il appliqua à Ugolino.

12. TERENTIUS. Comœdiæ. — In-4, de 152 ff.; basane, tr. rouge (*rel. du XVIII° siècle*).

Manuscrit sur papier, exécuté en Italie à la fin du xive siècle. Il commence, sans aucun titre, par le sixain que nous avons déjà rapporté plus haut (n° 4), mais avec plusieurs changements, tels que l'addition du mot *senumque* à la fin du troisième vers, et la modification suivante du cinquième :

> Quid meretrix : quid leno dolis contigat avarus.

Ce sixain est suivi de l'*Argumentum* de l'Andria, par C. Sulpitius Apollinaris, et du prologue de Térence de la première pièce, qui ne commence qu'au 2° feuillet, sans aucun titre, de même que toutes les autres.

L'*Eunuque* est précédé d'un premier argument versifié commençant ainsi :

> Meretrix adolescentem cujus mutuo
> Amore tenebat exclusit..... ;

et du sommaire habituel de C. Sulpitius Apollinaris, ce qui a lieu aussi pour les quatre autres comédies.

Le texte finit ainsi à l'avant-dernière page :

> ..... Jam
> Hic faxo aderit. G. G. ualete et plaudite.
> Caliopius *recensui.*
> Deo gräs. Amen.

Cette mention : *Caliopius recensui*, se trouve à la fin de chacune de nos six comédies.

Le texte est soigneusement écrit en rouge et noir ; les vers sont séparés, mais souvent irrégulièrement. Notes interlinéaires et marginales.

Les plats de la reliure portent les mêmes armoiries que celles de notre manuscrit de Martial (n° 10), avec couronne de marquis, deux lions pour supports et la devise : *In Sperantia*. Nous avons déjà dit que nous les attribuons à un des membres de la famille de Jarente.

13. SENECA. Tragœdiæ. — In-fol., de 198 ff ; lettres ornées; demi-rel.

Manuscrit sur papier, exécuté en Italie à la fin du xive siècle. Il commence, sans aucun titre, par le nom de la déesse (*Juno sola*) dont le monologue remplit le premier acte de l'*Hercules furens*. Le chœur des Thébains faisant partie de cet acte commence ici par le vers :

> Turbine magno spes sollicite,

comme dans la plupart des manuscrits de ces tragédies, tandis que dans certains on trouve en tête trente-sept vers dont le premier est:

> Jam rara micant sidera prono,

vers admis aujourd'hui comme authentiques. Il en est de même pour quarante-deux vers du chœur du II⁰ acte de l'*Œdipe*, à partir de celui-ci :

> Turgida pampineis redimitur tempora sertis,

qui manquent dans notre manuscrit.

Toutes les tragédies de Sénèque s'y trouvent, même *Octavia* (f. 148 r°) qui lui a été indûment attribuée. Le texte finit à l'avant-dernière page, par le dernier vers de l'*Hercules Œtæus* :

> ..... Fulmina mittes,

suivi du mot : *Amen,* et de cette souscription : *Explicit liber tragediaɤ̵ senece. Deo gratias.*

Au-dessous, on lit une épitaphe anonyme commençant par ce vers :

> Cura labor me[r]itum sūmpti p[ro] munē[re] honores.

Les premiers vers des deux premières pièces sont en lettres majuscules, et ornés de belles initiales diaprées, en carmin et en azur. D'autres initiales en couleur, plus sobres, décorent ce volume. La majeure partie des pages sont couvertes, entre les lignes et sur les marges, de notes explicatives et d'un commentaire, écrits de la même main que le texte.

14. **SENECA**. Hercules furens. Thyestes. OEdipus. Thebais (Phœnissæ). — In-4, de 68 ff. ; lettres ornées ; bas. verte.

Beau manuscrit sur vélin, exécuté en Italie vers le milieu du xv⁰ siècle. Il commence par ce titre en lettres majuscules et en rouge : *Marci Annei Senece Tragediarvm Lib.* || *primvs incipit.* || *Tragedia Hercvl'*. On remarquera que notre manuscrit attribue les tragédies qu'il renferme non pas à Lucius Annæus Sénèque, comme on le croit communément, mais à son père, le rhéteur. L'*Hercule furieux* finit ainsi au r° du f. 22 : *Explicit liber primus Tragediarum Senece de hercule.* || *Incipit secundus de Thieste.* Cette seconde pièce, de même que les deux suivantes, sont précédées chacune d'un petit sommaire en prose. La dernière est terminée par cette simple souscription : *Explicit thebays.*

Le texte du chœur des Thébains du premier acte de l'*Hercules furens* commence de même que dans le manuscrit décrit au numéro précédent ; mais celui du chœur du II⁰ acte de l'*Œdipus* contient les quarante-deux vers omis dans l'autre.

L'initiale S de la première tragédie est peinte en or et renfermée dans de gracieux entrelacs à plusieurs couleurs ; elle fait corps avec une bordure latérale formée de fleurs et de fruits, et est surmontée d'une autre bordure qui renferme une petite *Annonciation à la sainte Vierge*. La place des grandes initiales des trois autres tragédies est restée en blanc.

15 **RIGA** (Petrus). Aurora, seu Biblia metrica. — In-4, de

89 ff. à 2 col.; lettres ornées; ais de bois recouverts de vélin (*reliure primitive*).

Manuscrit de la première moitié du XIIIe siècle, sur VÉLIN. Il commence par cette rubrique : *Epilog' b^{e}uis* [*brevis*] *ad q̃m seqt'* [*sequitur*] *narrõ* [*narratio*]; cet épilogue n'a que six vers, et il est immédiatement suivi du texte de cette formidable paraphrase de la Bible, en vers hexamètres et pentamètres, que la muse néo-latine a cru devoir infliger à la postérité. Voici l'ordre dans lequel ses différentes parties sont rangés dans notre manuscrit, et d'abord pour l'Ancien Testament : Genèse (fol. 1 r°); Exode (fol. 9 r°, 2° col.); Lévitique (fol. 16 v°, 1re col.); Nombres (fol. 20 v°, 2e col.); Deutéronome (fol. 24 r°, 1re col.); ce Pentateuque finit ainsi : *Expliciunt V^e libri Moisi;* — Josué (fol. 25 v°, 1re col.); les Juges (fol. 26 v°, 2° col.); Ruth (fol. 28 v°, 1ro col.); les Quatre Livres des Rois (fol. 29 r°, 1re col.); Tobie (fol. 37 r°, 1re col.); Daniel (fol. 39 v°, 1re col.); Judith (fol. 44 r°, 1re col.); Esther (fol. 45 r°, 1re col.); les Machabées (fol. 46 v°, 1re col.). Le Nouveau Testament (fol. 49 r°, 1re col.) est interrompu après les Évangiles, pour l'intercalation du Cantique des Cantiques (fol. 68 v°, 1re col.), qui est en vers rimés, de même que les Actes des Apôtres venant à la suite (fol. 75 v°, 2e col.), et que le livre de Job, oublié à sa place respective, et copié à la fin du volume (fol. 86 à 89).

Les Actes des Apôtres finissent par ce vers (fol. 81 v°, 1re col.) :

Hic finit liber et consummat linea metrum.

Le sujet du poème est ainsi complètement épuisé, mais nullement la patience du rimeur. Non content d'être parvenu au terme de l'immense tâche qu'il s'était imposée, il réfléchit (*Ecce michi surgit consiliumque novum...*) qu'il serait bon de résumer l'œuvre entière, ce qui nous vaut les *Recapitulationes* pour lesquelles l'auteur nous a réservé un tour de force de versification. Les sommaires, en effet, sont écrits en vers dits lipogrammatiques, c'est-à-dire où, successivement, une lettre de l'alphabet est complètement éliminée : le premier sommaire est sans un seul *a*, le second, sans un seul *b*, et ainsi de suite. C'est le couronnement de l'édifice, et il ne compte pas moins de 496 vers (il en faut 502, mais 6 vers du sommaire du livre de Job n'y sont pas et leur place a été laissée en blanc).

A qui devons-nous cette Bible versifiée? L'auteur se plaît à nous faire connaître à plusieurs reprises son prénom : Pierre. Le prologue du Nouveau Testament débute par ce vers :

Post legem veterem respira, PETRE, refulget...

Parvenu à la fin des Évangiles, il semble vouloir s'arrêter là :

Dat finem PETRUS, finit et ipse suum,

mais il se ravise et ajoute les Actes des Apôtres, dont le prologue débute ainsi :

Hic et [Dixi, dans d'autres mss.] me finisse librum, sed rursus in Actus
Poscor apostolicos continuare stilum.

Jusqu'ici nous ne connaissons que le prénom de l'auteur. Le rubricateur, il est vrai, nous indique une fois l'initiale de son nom (*Expliciunt Cantica Canticorum secundum magistrum P. R.*), mais il ne nous est entièrement révélé qu'à la fin de l'Épilogue des *Recapitulaciones* par ce distique :

> Dulcius ut saperet modulamine condita metri
> Explicit hic RIGE biblioteca PETRI.

Dans un épilogue en prose placé à la suite (fol. 84 v°, 2ᵉ col.), Pierre Riga nous apprend dès le début n'avoir d'abord songé à versifier que le Pentateuque, à la sollicitation de ses amis (*Frequens sodalium meorum petitio, cum quibus conversando florem infantie exegi, metrico ut depingerem stilo libros Moysi Pentateuchum, et tum aliquot allegorias elicerem, instanter persuasit*), et il explique ensuite qu'il a cru pouvoir donner à son œuvre le titre d'*Aurora*, attendu que, semblable à l'aurore qui dissipe les ténèbres de la nuit, ce poème, par la discussion des points obscurs de l'Ancien Testament, percera les ombres grâce à l'éclat de la vérité et aux brillantes étincelles des allégories (*sic et libellus tenebras umbrarum et veteris legis obscuritates discutiens veritatis fulgore et allegoriarum scintillis micantibus totus refulgeat*). Daunou, qui, dans son *Discours sur l'état des lettres au* xiiiᵉ *s.* (*Hist. litt. de la France*, t. XVI, p. 187), a consacré quelques lignes à peine à cette Bible versifiée, constate que l'auteur a ajouté aux textes sacrés une foule de détails fabuleux et de commentaires bizarres, ce qui a trait précisément à ces « scintillantes allégories ». L'épilogue que nous venons d'analyser ne se trouve que dans peu de manuscrits de ce poème, et le texte en est rarement identique ; dans certains, l'auteur ne parle pas, comme ici, de la mise en vers du Pentateuque entier, mais de la Genèse seule.

Cet épilogue est suivi d'un éloge (en prose) de cette œuvre et d'une pièce de quatorze vers qui nous fournit quelques renseignements de plus sur l'auteur de l'*Aurora* et sur son collaborateur, car il en a eu un. En voici le début :

> Scire cuperis (*sic*) lector quis codicis istius auctor
> Audi quid breviter dicat ad ista liber :
> PETRUS et EGIDIUS me conscripsere, sed ille
> *Actor*, *corrector* ille fuit.
> Ille prior *Remis*, hic *Parisiensis* alumpnus,
> Hic *levita* gradu, *presbiter* ille manens,
> *Simplex clericus* hic, sacri ordinis ille *professor*.

L'auteur, c'est Pierre Riga, prêtre et professeur de théologie à Reims ; le collaborateur, c'est Gilles de Paris, diacre et simple écolier. Le premier aurait été chanoine du chapitre de Reims depuis 1170 environ et serait mort en 1209 (date sans doute erronée, comme on le verra à l'article suivant) ; certains auteurs anciens le disent originaire de Vendôme, d'autres lui donnent l'Angleterre pour patrie. On l'appelle à tort Pierre DE Riga. Comme il n'y a jamais eu en France de localité de ce nom, il ne peut pas être ici question d'un lieu d'origine. Riga n'était sans doute que la traduction de son nom réel ou de son surnom ; dans la basse latinité, ce mot signifiait *raie* (jadis *roye*) ou *sillon*. D'ailleurs les manuscrits ne l'appellent jamais que Riga. Le second, né en 1162, et dont la célébrité comme poëte latin fut plus grande que celle de Riga, serait devenu chanoine de Saint-Marcel; on croit qu'il mourut vers 1220. Il corrigea et augmenta un peu le poëme de l'*Aurora*, du vivant même de son auteur, qui alors était un vieillard, tandis que Gilles de Paris était un homme dans la maturité de l'âge :

<blockquote>Ambo graves annis : hic vir, et ille senex.</blockquote>

Certains érudits affirment qu'il était originaire de Delft, en Hollande, et qu'il doit être distingué de son homonyme, auteur de *Carolinus*, poëme consacré à Charlemagne; d'autres, avec plus de raison, ne font des deux qu'un seul personnage.

Cette pièce de vers est suivie d'une autre, adressée également au lecteur et composée de quarante vers, dont voici le premier :

<blockquote>Initium mundi quales ab origine prima...</blockquote>

On les attribue toutes les deux à ce Gilles de Paris, de même qu'un premier épilogue placé après les *Recapitulationes* et composé de vingt-deux vers, commençant par :

<blockquote>Hiis te PETRE tui merito mediante laboris...</blockquote>

Cet épilogue est fort curieux en ce qu'il roule aussi sur la rédaction de ce poëme. Le collaborateur de Pierre Riga y déclare vouloir garder l'anonymat, se préoccupant moins de la gloire mondaine que de mériter la grâce de Dieu pour le travail qu'il a fait en vue de l'instruction des frères étudiants en théologie :

<blockquote>Sed quis sim taceo : volo namque latere minusque
Mundi, plus oculis cognitus esse Dei...</blockquote>

On a vu toutefois que, deux pages plus loin, il dévoila son nom d'une manière précise.

Dans certains manuscrits de cette Bible métrique se trouve une pièce de vers qui indique la part respective de chacun des deux auteurs; Pierre Riga aurait composé 14,800 vers et Gilles de Paris en aurait ajouté 2,710, ce qui fait un total de 17,510 vers, chiffre qui varie suivant les manuscrits.

L'*Aurora* a joui pendant assez longtemps d'une grande célébrité, à en juger par le nombre de manuscrits qui nous en sont parvenus. Elle est restée inédite, mais, au siècle dernier, Leyser en a donné de longs extraits (*Historia poematum latinorum medii ævi*; Halæ, 1725). Selon lui, l'*Aurora* n'aurait que 15,056 vers.

Notre manuscrit est un des plus anciens de cette œuvre, et assurément il nous offre un texte rédigé avant la mort de Pierre Riga. Il est écrit en petite minuscule et avec beaucoup d'abréviations; on y remarque trois mains différentes. Les rubriques y abondent. Le début du texte est orné d'une magnifique initiale (P), peinte en bistre et dont l'extrémité inférieure est formée par un dragon ailé. Nombreuses autres initiales en rouge et en vert. Une note écrite au xiv° ou au xv° siècle au haut de la première page constate que ce manuscrit a été donné aux chartreux de Trèves, par un médecin nommé Thedricus (?), sans doute Dietrich (*Hūc lib℣ dedit mg'r Thed'ic' phisic' carthusiensib; Treūen. pp'. dm̄. cui' aīa [anima] req̄escat ī pace*). La page de garde en regard portait aussi une marque de propriété, qui a été grattée en grande partie, et, de la même main, ce titre : *Hic hētur Byblia met'ca q̃ dicit' Aurora quā Petr' Rìga edidit*.

Ce manuscrit est bien conservé, à l'exception de la dernière page qui est devenue presque illisible.

16. RIGA (Petrus). Aurora, seu Biblia metrica. — In-4, de 282 ff.; lettres ornées; vélin.

Fort beau manuscrit du milieu du xiiie siècle, sur vélin. En tête est peint en lettres capitales rouges et bleues le titre : *Prologvs*, suivi de ce distique, écrit en rouge :

> Dulcius ut sapet modulamine condita met^i
> Incipit hic Rige bibliatheca (*sic*) pet^i,

et d'un préambule de quarante vers, commençant par :

> Initium mundi quales ab origine p^{i}ma...;

c'est le même que celui qui clôt le manuscrit précédent.

Les différents livres de l'Ancien Testament ne s'y suivent pas non plus dans le même ordre. Voici l'ordre qui a été suivi : Genèse (elle débute, comme dans l'autre, par l'*Epilogus brevis*; f. 1 v°), Exode (f. 27 r°), Lévitique (f. 54 v°), Nombres (f. 66 v°), Deutéronome (f. 76 r°); — Josué (f. 80 r°), les Juges (f. 84 r°), Ruth (f. 88 v°), les Trois premiers Livres des Rois (f. 89 v°), le Cantique des Cantiques (f. 107 v°), terminé par cette souscription : *Expliciūt cantica cantico℣. s.* [*secundum*] PETRUM. ℞[Rigam], et suivi du quatrième livre des Rois (f. 127 v°); Daniel (f. 132 v°), Job (f. 144 v°), Tobie (f. 155 r°), Judith (f. 163 v°), Esther (f. 166 v°), les Machabées (f. 170 r°).

L'Ancien Testament est ici terminé par deux pièces qui ne figurent pas dans le manuscrit précédent. La première, consistant en dix vers, nous apprend que Gilles de Paris a ajouté environ 2,000 vers aux livres de l'Ancien Testament, 1,300 aux Évangiles et 30 au reste de l'œuvre, soit un total de 3,330 environ. La seconde pièce, composée de cinquante-trois vers, dont le premier est :

> Utile cum dulci studio miscere sategi...

est une épître dédicatoire de Gilles de Paris à un évêque de Paris, nommé Odon ou Eudes :

> Munus ab Egypto missum tibi suscipe, quæso,
> Magne pater *præsul parisiensis* Odo...

prélat qui ne peut être qu'Eudes de Sully, qui occupait le siège épiscopal de Paris de 1196 à 1208. Gilles de Paris, dans cette épître, rend un compte détaillé de son travail qui consista principalement en additions de traits mystiques, notamment aux livres de Tobie, de Judith, d'Esther et des Machabées, additions souvent considérables et qui manquent dans le manuscrit précédent.

Le prologue par lequel débute le Nouveau Testament est suivi d'un feuillet blanc (f. 180). Les Évangiles finissent au f. 257 v°, et les Actes des Apôtres au f. 271 v° où commencent les fameuses *Recapitulaciones* (en 502 vers), suivies de l'épilogue attribué à Gilles de Paris (f. 278 r°) :

> Hiis te Petre tui merito mediante laboris...,

dont le texte diffère un peu de l'autre.

Cette pièce de vers est suivie de plusieurs autres qui ne figurent point dans le manuscrit précédent. La première, sur l'utilité de la lecture de ce livre (f. 278 v°), commence ainsi :

> Subdere pauca libet bona carminis hujus et ipsum
> Laude vel exili magnificare librum...

Elle compte soixante vers, et serait l'œuvre d'un chanoine de l'église de Saint-Marien d'Auxerre, à en croire le manuscrit de l'*Aurora* conservé à Wolfenbuttel et décrit par Leyser (*cujusdam canonici de Sancto Mariano Altissiodorensis*).

La seconde (f. 279 r°) débute de cette manière :

> Clauditur iste liber in .xl. libellis :
> Dat .xxx. ii. lex vetus, octo nova...

Cette pièce de trente vers indique le nombre de livres qui composent ce volume et la manière de les lire avec profit. Elle est suivie (fol. 279 v°) de cent quatorze vers sur les peines de l'enfer, faits en collaboration, pour soutenir deux thèses opposées, par Gilles de Paris et par MATHIEU, « homme illustre *et enfant de la ville de Laon* » :

> Inde vir illustris *urbis* Matheus *alumpnus*
> *Lauduni* breve quid tradere duxit in his.

Gilles de Paris nous révèle de nouveau son nom vers la fin de la pièce de vers dont nous venons de parler (f. 281 r°) :

> Nam bene cuncta reor exposuisse tibi,
> Egidii nescit termensis musa docendis...

où il expose encore une fois les motifs qui l'ont engagé à compléter l'œuvre de Riga :

> Hæc michi causa fuit ut Rige inventio Petri
> Cresceret adiunctis *Bibliotheca* metris.
> Nam bene non poterat plena integritate doceri...
> Si non sciretur quidquid abesset ibi...

L'étude comparée de nos deux manuscrits permet, croyons-nous, de déterminer la collaboration de Gilles de Paris à l'œuvre de Pierre Riga d'une tout autre manière que ne l'avaient fait jusqu'ici les historiens de notre poésie latine du moyen âge. Du vivant de l'auteur, Gilles de Paris, — alors diacre et *simplex clericus*, c'est-à-dire étudiant en théologie, tandis que

Riga était prêtre et professeur, — se borna à retoucher le grand travail du maître au point de vue de la versification, et à y ajouter, par-ci par-là, un certain nombre de vers, 2,710 à en croire certains manuscrits (voir plus haut). C'est ce premier travail de révision que nous offre le manuscrit décrit à l'article précédent. Après le décès de Riga, Gilles de Paris, encouragé par le succès extraordinaire de cette Bible métrique, jugea opportun de l'améliorer encore en comblant certaines lacunes (« *Vulnificat enim defectio magna libellum* », dit-il dans son épître à Eudes, évêque de Paris) qui empêchaient les écoliers en théologie d'en tirer tout le profit (« *Nam bene non poterat plena integritate doceri* », ajoute-t-il dans la pièce de vers citée ci-dessus). Ces nouvelles augmentations, que nous rencontrons ici presque à chaque page (si toutefois elles sont toutes de lui), ont dépassé 5,000 vers, car ce volume-ci en compte environ 23,000, tandis que le précédent n'en a pas 18,000. La participation de Gilles de Paris à cette œuvre ayant ainsi considérablement grandi, et sans doute aussi sa renommée, il élimina de son travail définitif la modeste petite pièce de vers où il se qualifiait de simple *corrector*, de même que l'épilogue en prose de Riga lui-même, qui évidemment ne vivait plus à cette date, sans quoi Gilles n'eût pas osé commettre une semblable inconvenance; et, ce qui semble le prouver encore mieux, c'est sa dédicace de l'œuvre commune à l'évêque de Paris, dans laquelle il se substitua au rôle d'auteur, à défaut de l'auteur principal. Eudes de Sully étant décédé le 13 juillet 1208, cette seconde rédaction est forcément antérieure à cette date, ce qui recule d'autant celle de la mort de Pierre Riga, fixée jusqu'à ce moment à l'année 1209, date qu'il serait difficile d'accorder avec ce que nous venons d'exposer.

A la fin du poème (f. 281 v°), est une curieuse épître dédicatoire en prose, adressée à un prélat. Elle débute ainsi : *Urgebat me, priusquam his manum apponerem, solutio promissorum. Nam ubi* JOCULATOREM *meum G. clerico vestro solatium ferre constitui, ibi quod et vobis aliquando scribere deberem, modum facte promissionis incurri.*

L'auteur, sollicité d'ajouter à cette Bible versifiée ce qui pourrait l'améliorer et la rendre plus claire (*que ad meliorationem et dilucidationem libri faciebant*), soumet son travail à Sa Grandeur (*De quibus, ita ut opportuit, consummatis,* VESTRE CELSITUDINI *primo volui obsequiosus atque munificus inveniri*). Il y oppose son humble condition et sa pauvreté à l'élévation du rang et à la richesse de la personne à laquelle il s'adresse (*plenitudo namque nostra seu copia renuebat ut ego, homo tam humilis, viro tam sublimi, tam pauper tam diviti conarer necessaria monstrare*). Plus loin, il insiste de nouveau sur sa pauvreté, sur son obscurité et l'insuffisance de son instruction (*si pauper sum, si modicus, si omnium scientiarum peritus non sum*).

Cette épître ne se trouve dans aucun des nombreux manuscrits de l'*Aurora* décrits jusqu'à présent, ce qui fait douter qu'elle soit de Gilles de Paris et qu'elle ait été adressée à l'évêque Eudes de Sully. Ne serait-elle pas spéciale à notre manuscrit et n'émanerait-elle pas d'un second retoucheur de cette Bible qui, à son tour, aurait dédié son travail à un prélat? Cela nous paraît d'autant plus probable que notre volume, par son exécution très soignée, a tous les caractères d'un exemplaire de présentation, et qu'il est postérieur à la mort de l'évêque Eudes et à celle de Gilles de Paris.

Il est terminé par cette pièce de vers badine, ayant sans doute pour auteur celui de l'épître ci-dessus, et où Pierre Riga semble avoir été pris pour interlocuteur.

> Petre, quid est mundus? Curarum flebile pondus.
> Petre, quid est venter? Pellis mendica frequenter.
> Petre, quid est panis? Sine vino victus inanis.
> Petre, quid est vinum? Liquor optimus ante caminum.
> Petre, quid est pratum? Locus aptus ad otia vatum.
> Tam cito, tam subito, cum nunc, Petre, versificeris,
> Vermibus esse cibus, reminiscere cum morieris.
> Vermiculos post versiculos in fine sequeris,
> Postque tuos versus, vermiculosus eris.

L'écriture de ce gros volume est d'une même main d'un bout à l'autre. Le vermillon n'a pas été ménagé par le rubricateur, et les initiales diaprées, en bleu et en rouge, s'y comptent par centaines. Dans plusieurs parties, les marges sont chargées de commentaires et de vers additionnels.

17. LA VIE DE SAINTE MARGUERITE, en vers. — Prières latines et françaises, en vers et en prose. — In-12, de 85 ff.; lettres ornées; mar. brun et orange, riches compart. dorés et en mosaïque (*reliure du* xvi*e siècle*).

Beau manuscrit de la fin du xiv*e* ou du commencement du xv*e* siècle, sur VÉLIN. Les quatre premiers feuillets ont été coupés. Le volume commence par une curieuse prière latine à la Vierge commençant ainsi : *Digna virgo, flos, nubes, regina, thetotos thetota* (sic), *imperatrix pacifica*, etc.; elle est bourrée d'une kyrielle d'épithètes en ce genre.

A la suite (f. 2 v°), vient une *Orison de Nostre-Dame*, composée de six quatrains, dont voici le premier :

> Esjoi te, Vierge pucielle
> Qui à Dieu fus si pure anciclle
> Que par ta sainte dignitet
> En ton corps prist humanitet...

Trois prières en latin précèdent ensuite la pièce la plus importante de ce volume : la *Vie de sainte Marguerite*, en vers (f. 5 r°).

De toutes les légendes hagiographiques du moyen âge, celle-ci a été la plus répandue, ayant été le plus en honneur auprès du sexe féminin. Cette faveur constante était due aux vertus toutes particulières que la croyance attachait à la lecture et même à la simple possession d'un livre contenant cette légende. Comme le poète anonyme nous l'atteste ici, la jeune vierge, avant de tendre son cou au bourreau, aurait sollicité et obtenu de Dieu des grâces multiples au profit de ceux qui montreraient de la dévotion pour elle. Ainsi ceux qui écriraient sa vie, de même que ceux qui la liraient ou l'entendraient réciter, et surtout ceux qui consacreraient à sa mémoire un autel, une chapelle ou une église, seraient absous de leurs péchés :

> Tous les nouviaus et tous les viés (vieux).

La maison où serait conservée une relation quelconque de son martyre se trouverait à l'abri du feu, de la foudre, de la tempête et de la puissance du mauvais esprit. Une grâce spéciale était réservée aux femmes se trouvant dans une position intéressante :

> Et dame que sera kierkié[e] (chargée)
> D'enfant, puis que sera sainié[e] (qui se sera signée)
> Dou livre où ma vie sara...

qui, non-seulement s'assuraient une heureuse délivrance, soit par la lecture de la Vie de sainte Marguerite, soit en portant sur leur corps le livre la renfermant, mais encore obtenaient le privilège de mettre au monde un enfant robuste et doué de toutes les qualités physiques :

> Ne sours, ne clos, ne afolés.

Il n'en fallait pas davantage pour faire la fortune de cette légende, sortie du cerveau d'un hagiographe latin et transplantée ensuite dans les idiomes modernes.

Notre poésie dévote s'en est emparée dès le XIIIe siècle. M. Paul Meyer a constaté (*Romania*, IV, 482) l'existence de quatre versions rimées de cette Vie de sainte Marguerite; deux d'entre elles ont été publiées. Celle renfermée dans notre volume a été la plus répandue. Dans le cours des âges, le texte en a été sensiblement modifié, au point que, parmi les nombreux manuscrits qu'on en connaît, il n'y en a peut-être pas deux qui soient identiques. L'imprimerie l'a propagée, sous une forme rajeunie, dès la fin du XVe siècle, soit isolément, soit dans des livres d'heures, et cette vogue exceptionnelle s'est prolongée jusqu'à nos jours par l'intrusion de cette légende dans la littérature populaire. Le texte en langue d'oïl de notre version a déjà été publié quatre fois : d'abord en 1847, par le baron L. de Herkenrode, sous ce titre : *Une Amulette*, parce que le manuscrit dont il a été tiré, composé de soixante-quatre tout petits carrés, était disposé de manière à pouvoir être porté au cou au moyen d'un ruban (672 vers); puis par L. Holland (1863, 578 vers); ensuite par Coussemaker (1875, 648 vers); et enfin par M. A. Scheler (1877). Après avoir conféré le texte de notre manuscrit, ligne par ligne, avec ceux de ces éditions, nous avons pu constater qu'il leur est infiniment supérieur, de même qu'à celui des manuscrits utilisés jusqu'à ce moment. Notre scribe a évidemment eu sous les yeux une copie fort ancienne et en général très correcte. Non seulement ce texte nous offre un bon nombre de leçons évidemment préférables à celles rapportées par les savants que nous venons de nommer, leçons se rapprochant peut-être le plus de la rédaction originale, mais même des vers entiers qui ont complètement disparu dans les autres copies connues. Voici le début de notre poème :

> Après la sainte passion,
> Jhesucrist, à l'ascencion,
> Quant il fu ès cielz montés,
> Furent aucun de grant bontés
> De meurs et de religion,
> Apriès la predicacion

> Des apostèles et des martires,
> Ouvra puis tant li sains espirs
> Qu'asés i ot de biens creans,
> De vieus, de jovenes et d'enfans,
> Et de dames et de pucielles.
> Par tout aloient les nouvielles
> D'une pucielle petite
> Qui avoit à non Margeritte.

La fin s'écarte, sauf quelques vers, du texte des autres manuscrits publiés ou de ceux dont on a rapporté les variantes :

> La vie sainte Margerite faut.
> Dieus, qui tout voit bas et haut,
> Envoie à celui sa glore
> De cui nous l'avons en memore,
> De cui sera ramentewe,
> Grant ioie li soit crewe,
> La sus en paradis tout droit.
> Dittes amen ! que Dieus l'otroit.
> *Chi fine li vie sainte Margerite* (f. 29 r°).

M. Scheler, qui a pris pour base de son texte celui de l'édition Coussemaker, y a trouvé ce vers (347) :

> Le chief a terre *lavoline*,

dont il déclare le dernier mot étrange et incompréhensible, et qu'il n'a pu expliquer à l'aide d'aucun des manuscrits qu'il avait consultés. Le nôtre donne la solution demandée.

Voici le passage en question :

> Quant elle a oït le maufet
> De li grever entalentet,
> Par grant aïr le va requere
> Par les keviaus le trait à tierre,
> Si que le chief à tierre *encline*.....

Dans le manuscrit édité par Coussemaker, il y avait sans doute : *li encline*, ce qui, par suite d'une mauvaise lecture, a été transformée en : *lavoline*.

Notre texte compte 669 vers. Comme on l'a vu, le dialecte est picard, de même que dans tout le volume.

Le poème ci-dessus est suivi de quatre feuillets blancs, réglés. Les quatre feuillets qui venaient après ont été enlevés. A la suite de trois oraisons à Dieu, en prose et en français (f. 34-40 r°), vient une *Orison* en 56 vers :

> Benois sans, precieus corps,
> Qui de la crois espandi fors...,

séparée par une prière en prose de l'hymne : *Magnificat anima mea Dominum*, interprété en quatrains (f. 43 v°) :

> Maneflier voeil nostre signeur,
> Magneflier le doit bien m'ame,

> Car il m'a fait plus grant houneur
> Qui onques mais fu fais à femme.

Cet hymne est suivi de deux pièces en prose adressées à la sainte Vierge et d'une *Orison de Nostre Dame* (f. 49 v°-55 r°), composée de 161 vers, dont voici les premiers :

> Royne des chielz glorieuse,
> Fille et mere de Dieu precieuse,
> Je vienz à toi miercit querir,
> Car tu ies la plus plentiveuse
> Et de grasce plus envireuse
> Que nuls cuers puist requerir.

Nous trouvons ensuite une *Orison contre l'épidimie*, en 16 vers (f. 55 r°) :

> O saint Sebastien, fin cuer pieu,
> Qui de la volentet de Dieu
> Fesis jadis en Lombardie
> Trois fois cesser l'épidimie...;

— une oraison contre les fièvres, à l'usage des navigateurs, privilège dû à l'intercession de saint Pierre (f. 56 r°); une *Orison que on doit dire quant on voelt sakier un quairiau* (retirer une flèche) *hors d'une persone*, en latin (f. 57 r°); — une longue *Orison de Nostre Signeur*, en français et en prose (f. 57 v°); — un prologue en vers commençant ainsi (f. 62 v°) :

> Persone qui ceste orison dira
> De cuer et chier tenra
> Ja ne mora de mort subite
> En celui jour qu'il l'avera ditte....,

puis une prière également en vers :

> Precieus sans, saintisme corps
> Qui en la crois pour nous fu mors..;

— une prière, en vers latins rimés, à saint Jean-Baptiste (f. 66 v°); — une prière, en latin, à la Vierge (f. 68 r°); — les *Quinze Joies nostre Dame*, en prose (f. 69 r°); — plusieurs oraisons, précédées de cet avertissement : *Quiconques voelt iestre bien consilliés de la cose dont il a grant mestier, si die cascun iour acoustumeement ces orisons que vous trouverés chi apriés escriptes*, etc. (f. 75 r°); — enfin les *Heures de le crois* (f. 80 r°), qui terminent le volume.

Ce manuscrit, fort bien écrit en gros caractères gothiques, est orné de charmantes initiales diaprées, peintes en rouge et en bleu, ainsi que de bordures en feuillages. Au XVIe siècle, il a été revêtu d'une remarquable et curieuse reliure, qu'on croit sortie d'un atelier lyonnais. Le milieu des plats, en maroquin orange, de même que le dos, est découpé en parallélogramme et forme un creux; la bordure, en saillie, en maroquin brun, sert d'encadrement. Le tout est orné de beaux dessins entremêlés de filets, de fleurons, de carrés et de médaillons en or et en mosaïque. On trouvera, au catalogue illustré, la reproduction de cette reliure.

Ce manuscrit provient en dernier lieu de la collection de M*me* la duchesse de Berry (n° 16).

18. LA VIE DE SAINTE MARGUERITE, en vers. — Pet. in-8, de 21 ff. ; encadrement et lettres ornées ; mar. rouge, fil., tr. dor. (*Lortic*).

Manuscrit du milieu du xv° siècle, sur VÉLIN. Il contient la même version que celle renfermée dans le volume précédent, mais dans un style plus rajeuni et avec beaucoup de variantes.

En voici le début, sans aucun titre :

> Après la sainte passion,
> Jhesuchrist, à l'ascention,
> Quant il fut au ciel montés
> Furent aucuns de grant bontés
> De meurs et de religion,
> Après la predication
> Des apostres et des martyrs
> Ouvra puis tant ly sains espris
> Que assés en y ot des creans,
> De vieulx, des josnes, des enfans
> Et de dames et de pucelles.
> Par tout alerent les nouvelles
> De une pucelle petite
> Qui avoit a nom Marguerite.

Le poème compte ici 658 vers, dont les derniers sont :

> Or deprions tout la pucelle
> Marguerite la Dieu ancelle
> Que pour nous prye son createur
> Qu'en cest ciecle nous doint honneur
> Et nous doint si maintenir
> Que nous puissions tous parvenir
> Lassus en paradis tout droit.
> Dittes amen ! que Dieu nous l'ottroit.
> Amen.

La première page est enfermée dans un encadrement de feuillage, de fleurs et de fruits, peint en or et en couleurs.

19. LORRIS (Guillaume de) et MEUNG (Jean de). Le Roman de la Rose. — In-fol., de 144 ff. à 2 col., miniatures et lettres ornées ; mar. brun.

Beau manuscrit sur VÉLIN, de la première moitié du xiv° siècle, et sans doute peu postérieur à Jean de Meung, continuateur de l'œuvre de Guillaume de Lorris. Il est orné D'UNE GRANDE MINIATURE ET DE VINGT-SIX PETITES, à fond d'or. La grande, placée en tête du volume, est divisée en quatre compartiments contenant chacun un sujet indépendant. La page entière est entourée d'un cadre historié. Ces peintures sont d'un dessin ferme et expressif ; quelques-unes ont un peu souffert.

Le poème débute par ce titre en rouge :

> Ce est li romans de la rose
> Ou lart damours est toute ĕclose

et par ces vers :

> Maintes gens dient que en songes
> N'a se fables non et menconges
> Mais l'en puet tiex songes songier
> Qui ne sont mie mencongier
> Ainz sont après bien apparant
> Si em puis bien trère à garant
> Un aucteur qui out non Macrobes
> Qui ne tint pas songes à lobes,
> Aincois descrit la vision
> Qui avint au roy Cyprion (*sic*).

La part de Guillaume de Lorris comprend ici 4131 vers, dont les derniers sont (f° 28 r°) :

> Si en ay duel et desconfort,
> Jamès n'iert riens qui me confort,
> Se je pers vostre bienvueillance,
> Que je n'é mès ailleurs fiance.

A la suite, on lit en rouge : *Ci ɔmence le romans mestre iehan de meun et le pſist iusquẽ la fin*. L'édition Méon n'offre pour cette première partie que 4069 vers.

Dans la continuation, Méon a rejeté 103 vers (après le v. 4413 de son édition), sous prétexte « qu'ils ont été ajoutés par quelque copiste du XV° siècle », opinion que l'âge de notre manuscrit contredit formellement, attendu que les vers en question, commençant par :

> Méismement de ceste amour
> Li plus sage n'i sèvent tour...

s'y trouvent non seulement tout au long (f. 30 v° à 31 r°), mais encore avec quatre vers en plus (v. 4473-4579).

Il y a en tout 22,149 vers, dont les derniers sont (f. 144 r°) :

> Car ie tesmoïgne et serteffie
> Q' tout quãque iay recite
> Est fine e pure verite...

Certains manuscrits plus modernes ont à la suite encore 42 vers. La souscription finale est ainsi conçue :

> Explicit le rõmans de la rose
> Ou lart damours est toute ĕclose.
> Nature rit, si cõme semble
> Qñt [quant] *hic* et *hoc* ioignẽt ensemble.

Notre texte est en général très correct et offre beaucoup de leçons préférables à celles des éditions imprimées. Les chapitres ne sont précédés que de simples sommaires en prose, tandis que dans des manuscrits de date plus récente ils sont souvent en vers. Ces sommaires sont écrits en rouge, de même que les noms des interlocuteurs. Jolies initiales fleuronnées, en or et en couleurs.

20. LORRIS (Guillaume de) et MEUNG (Jean de). Le Roman de la Rose. — In-fol., de 142 ff. à 2 col.; miniatures et lettres ornées; mar. citron, compart. à filets (*Thouvenin*).

Manuscrit sur VÉLIN, de la même époque que le précédent. Il est orné de TREIZE MINIATURES, à fond d'or. Elles témoignent d'un art naïf et d'une certaine science du dessin, mais malheureusement elles ont subi beaucoup de dégradations, surtout dans les têtes. La peinture servant d'en-tête occupe toute la largeur de la page. Au-dessous on lit ce titre en rouge : *Ce est li roumans de la rose Ou lart damours est toute enclose*. La première strophe du poème est identique avec celle du manuscrit précédent, sauf qu'au lieu de *fables* nous y trouvons *flabes*, et *acteur* à la place de *aucteur*.

L'initiale *M* du premier vers se développe en un cadre fleuronné qui entoure la page; au bas est représenté un lièvre poursuivant un chien. Les douze autres miniatures sont placées aux neuf premiers feuillets.

La part de ce poème due à Guillaume de Lorris finit (f. 27 v°) de la même manière qu'au manuscrit précédent; elle est terminée par cette rubrique : *Ci cōmence li rōmans mestre iohans de meun. τ le parfist tout iusq' la fin*. Cette première partie comprend 4947 vers.

Les cent trois vers rejetés par Méon s'y trouvent (f. 28 v°). Le texte, comprenant en tout 23944 vers, finit ainsi (f. 142 v°) :

> Car ie tesmoigne et certefie
> Que tout quanque iai recite
> Est fine τ pure verite.
> *Explicit le rommanz de la rose*
> *Ou lart damours est toute enclose*.

Les chapitres sont précédés de simples sommaires en prose, écrits en rouge, ainsi que les noms des interlocuteurs. Nombre considérable d'initiales diaprées, peintes en or et en couleurs.

Sur l'un des deux anciens feuillets de garde placés en tête du volume, se trouve une pièce de dix vers latins, d'une écriture du XVI° siècle, portant cette indication finale : *Jeronimi Balbi ad Petrū Erhard*. Le premier nom est sans doute celui de l'auteur de cette pièce. Ne serait-ce pas Jérôme Balbo ou Balbi, littérateur vénitien, qui fut pendant quelque temps professeur à la Sorbonne, eut des démêlés littéraires avec Guillaume Tardif, et mourut fort âgé en 1535?

21. LORRIS (Guillaume de) et MEUNG (Jean de). Le Roman de la Rose. — In-fol., de 140 ff. à 2 col.; miniature, bordure et lettres ornées; ais de bois recouverts de veau brun, compart. en or et à froid, tr. dor. (*anc. rel.*).

Manuscrit sur VÉLIN, du commencement du xv° siècle. Il débute ainsi, sans aucun titre :

> Maintes gens dient que en songez
> N'a sinon fables et mensongez.
> Maiz on peut telx songez songer
> Qui ne sont mye mensonger.....

L'initiale *M* du premier vers occupe toute la largeur de la colonne et renferme au milieu une jolie miniature représentant l'auteur assis dans son cabinet de travail et écrivant sur ses genoux, tandis que deux personnages se tiennent debout à côté de lui. Cette peinture est accompagnée d'une bordure avec rinceaux, fleurs et fruits, qui enserrent de tous côtés le texte de la première colonne.

La rédaction de Guillaume de Lorris, qui forme ici 3998 vers, finit au f. 26 v°, par les mêmes vers que dans le manuscrit précédent. Par une singulière distraction, le rubricateur s'est trompé sur le nom du premier auteur de ce poème, car il y a mis cette souscription : *Cy finyt mestre Guillaume* DE SAINT AMOUR. *Et aprés icy commencha mestre Iham de Meum* (sic), *dit Clopinel.*

Les cent trois vers éliminés par Méon, dont nous avons parlé plus haut, ne se trouvent pas dans ce manuscrit, qui finit ainsi (f. 140 r°) :

> Ainxi ev la rose vermeille,
> Atant fut iour, & ie mesueille.

Cette terminaison est commune à la majeure partie des manuscrits de ce poème, tandis que celui décrit au numéro précédent offre encore vingt-quatre vers en plus. Notre texte, un peu rajeuni, selon l'usage de l'époque, compte 21,636 vers. Les sommaires des chapitres sont en prose, tantôt intercalés à leur place et écrits en rouge, tantôt en marge. On y trouve aussi un certain nombre de notes marginales. Jolies initiales peintes en or sur fond de couleur.

Au bas de la première page, ces armoiries : *De gueules à trois coquilles d'argent.*

En tête du volume, on a ajouté, au siècle dernier, deux feuillets de vélin, contenant un titre soigneusement calligraphié, et une notice sur les auteurs de ce poème.

22. BOÈCE (Anitius Manlius Torquatus Severinus). La Consolation de philosophie, traduite en vers et en prose par Jehan de Meung. — In-4, de 158 ff.; miniatures, encadrements et lettres ornées; velours violet.

Admirable manuscrit de la seconde moitié du xv° siècle, sur VÉLIN, orné de CINQ MINIATURES.

Ce dernier monument de la philosophie romaine, œuvre de celui qu'on a surnommé aussi le dernier des Romains, homme d'État illustre et malheureux, fut composé par Boèce dans sa prison à Pavie d'où il ne devait sortir que pour être mis à mort en 526, par ordre de Théodoric, roi d'Italie. Écrit sous forme de dialogue, en prose et en vers, il a joui pendant bien des siècles d'une célébrité exceptionnelle. L'imprimerie, dès sa naissance, l'a propagé à l'envi; il en existe des versions en presque toutes les langues, et il eut, entre autres, pour traducteur le roi Alfred le Grand (en vers anglo-saxons) et pour commentateur saint Thomas d'Aquin.

Les traductions en langue française sont les plus nombreuses. L'éminent directeur de notre Bibliothèque nationale, M. Léopold Delisle, a le premier fait connaître toutes celles qui avaient précédé l'invention de l'imprimerie, dans une Notice lue à l'Académie des inscriptions et belles-lettres le 31 janvier 1873, et insérée ensuite dans la *Bibliothèque de l'École des chartes*. Plusieurs d'entre elles n'avaient point encore été signalées par les bibliographes, et ce petit coin de notre histoire littéraire a ainsi été éclairé pour la première fois.

Ces traductions sont au nombre de huit : deux en prose, deux en prose et en vers, conformément à l'original latin, et quatre entièrement en vers.

La plus ancienne, dédiée à Philippe le Bel et datant de la fin du xiiie siècle, est en prose et de la plume du célèbre continuateur du *Roman de la Rose*, Jean de Meung ; elle a eu les honneurs de l'impression dès 1483 environ.

Une autre traduction en vers et en prose, attribuée à Jean de Meung, mais s'éloignant sensiblement de la prose de la précédente, a également été publiée de bonne heure et il en existe de nombreuses copies. La pièce de vers placée en tête du premier livre commence ainsi dans les copies les plus anciennes :

> Je qui souloie diter et escrire
> Les livres de haûlte matire...

C'est cette traduction que renferme le présent manuscrit.

M. Delisle nous révèle une seconde traduction en vers et en prose, d'un auteur anonyme, et qui peut facilement être confondue avec celle qui précède, attendu que quelques-unes des premières pièces de vers sont presque identiques ; celle du premier livre commence ainsi :

> Je qui sueil diter et escrire
> Les livres de haute matire...

Elle ne paraît pas avoir été imprimée et les manuscrits en sont extrêmement rares.

Une quatrième traduction, et la première qui soit toute en vers, paraît remonter au commencement du xive siècle. Elle est restée inédite, et on croit pouvoir l'attribuer à Jean de Cis ou de Sy. Le traducteur était originaire de Meung. Le premier livre commence ainsi :

> Je qui fis ja canchons de joie,
> En ma fleur, quand j'estudioie...

Une cinquième traduction, ou plutôt une imitation, entièrement en prose et dont les manuscrits sont rarissimes, est l'œuvre d'un Italien.

Une sixième traduction, et la seconde entièrement en vers, traduction que M. Delisle est le premier à nous faire connaître, est due à un anonyme. Voici le commencement du premier livre :

> Chançons et diz soloie faire
> De toutez joyes et de douceurs...

Une septième traduction, et la troisième toute en vers, est l'œuvre d'un dominicain, frère Renault de Louens ; nous en reparlerons à l'article suivant.

Enfin, une huitième traduction, qui est la quatrième versifiée, a eu les honneurs de l'impression avant toutes les autres. Elle est d'un auteur anonyme, mais Buchon et d'autres savants après lui l'ont attribuée au célèbre Charles, duc d'Orléans, en raison de la similitude du style. M. Delisle a fait justice de cette attribution, en démontrant, par la souscription d'un des manuscrits de la Bibliothèque nationale, qu'elle a été faite avant 1380, c'est-à-dire avant la naissance même de Charles d'Orléans. Les premiers vers de cette traduction sont :

> Celui qui bien bat les boissons
> Est dignes d'avoir les moissons.

Notre manuscrit commence par cet intitulé placé au-dessous de la première miniature : *Ci commence le prologue . ou proheme du liure* || *de Boece de consolacōn . Lequel Maistre Jehan de meum* (sic) || *translata de latin en francois . si comme il se contient* || *cy apres en auant . et l'enuoya au Roy phē* [Phelippe] *le quart.*

A la suite, vient la dédicace à Philippe le Bel : *A ta Royal magesté tres noble prince par* || *la grace de Dieu Roy de France phē le qurt* || *je Jehan de meum qui jadiz ou Romant* || *de la Rose puis que Jalousie ot mis en* || *prison Belacueil ens enseigne la maniere du chastel* || *prandre τ de la Rose cuillir . et translatay du latin* || *en francois le liure de Vegece de cheualerie . τ le liure* || *des Meruelles dirlande . et la vie τ les epistres* || *maistre Pierre Abayelart . τ Heloys sa femme . et le* || *liure de Aelied de espirituel amitié . Enuoie te ores* || *Boece de consolacōn que ie tay translaté de latin en* || *francois . ia soit ce que tu entendes bien le latin . * || *mais toutesuoyes est moult plus ligier a* || *entendre le francois que le latin...* Cette épître dédicatoire occupe les sept premiers feuillets. La pièce de vers qui vient à la suite débute ainsi :

> Je qui seul ditier et escrire
> Le liures de haulte matire,
> Et d'estude auoye la fleur
> Faiz or diz de dueil et de pleur...

Dans tous les morceaux versifiés de ce volume, les vers se suivent sans alinéas, et leur séparation est marquée par de petits ornements peints alternativement en azur sur fond diapré en carmin, ou en or sur fond noir.

Une glose abondante, écrite en caractères gothiques plus petits, est intercalée dans le texte. Au surplus, un commentaire supplémentaire couvre les marges du volume, de même que les mots de rappel renvoyant aux endroits respectifs du texte latin.

La traduction finit par ces mots : *Car* || *grant necessité vous est de bien faire . se ne* || *voulez dissimuler z faindre ce qui vous est* || *en orte . ô mortelz quant vous faites vos euures deuant les yeulx de cellui iuge qui tout voit.*

Les cinq grandes compositions qui décorent les cinq livres de cette œuvre offrent un intérêt multiple.

Celle qui figure en tête du volume est due à un véritable artiste et peut assurément être comptée parmi les chefs-d'œuvre de la miniature française du XVe siècle. Elle est, en outre, d'une importance exceptionnelle pour la topographie monumentale de la ville de Paris. Elle représente, à gauche, la coupe d'une salle du PALAIS DE JUSTICE. Le roi, entouré de ses courtisans, siège sur son lit de justice fleurdelisé, le sceptre en main. L'artiste a voulu représenter Philippe le Bel, ce qui résulte de cette inscription peinte en lettres d'or sur le seuil de la porte : N(?). PHELIPVS REX. Parmi les assistants, au premier plan à droite, on voit un personnage vêtu d'une longue robe à capuchon, qui représente Jean de Meung. Au-dessus de la porte, qui est cintrée et pourvue d'une belle décoration de style gothique, se trouve l'écusson aux armes de France, ayant pour cimier un casque de front surmonté d'une fleur de lis ; cet écusson est tenu par deux lions d'or couronnés. A l'entrée d'une porte latérale, se tiennent deux massiers au-devant desquels accourt une levrette blanche. Au fond, à l'angle du palais, est un cheval bridé et sellé. La couverture de cette salle royale a extérieurement la forme d'un dôme, derrière lequel apparaissent les deux tours rondes et la tour carrée du Palais de Justice. A droite, séparée par une ruelle, est un édifice gothique dont la façade rappelle complètement celle de l'église Saint-Michel-du-Palais ; cette façade est ornée d'un médaillon avec une figure équestre peinte en camaïeu, et autour duquel les initiales : M. N. N., sont disposées en triangle. Cet édifice représente la prison de Boèce. Il est ouvert sur le devant et laisse voir le ministre infortuné de Théodoric assis sur un banc, dans une salle tapissée de rouge. Vêtu d'une robe rouge avec collet blanc et coiffé d'un bonnet noir, il est accoudé sur un pupitre portant un livre ouvert. Il est plongé dans la méditation et sa physionomie est empreinte d'une grande tristesse. Devant lui, se tient debout une reine vêtue de blanc : c'est la Philosophie. Au fond de la salle, à gauche, à l'entrée formée par une draperie écartée, on voit une femme avec deux enfants. A l'extrémité de la ruelle qui sépare les deux édifices, on aperçoit un pont (sans doute le Pont-au-Change), avec ses maisons portant des enseignes, avec la Seine coulant sous les arches et un commencement du quai où une femme descend les marches pour puiser de l'eau. Le parapet du quai opposé est crénelé.

La finesse du pinceau, une heureuse opposition des tons, l'expression sincère des physionomies, font de cette miniature un petit tableau achevé. On pourra en juger, d'ailleurs, par la reproduction qu'on en trouvera au catalogue illustré.

La beauté de cette peinture, rapprochée du luxe exceptionnel qui règne dans ce manuscrit d'un bout à l'autre, fait songer à une provenance royale ou princière. Il est à remarquer que la tête de Boèce, peinte de main de maître, offre une grande ressemblance avec les portraits les plus authentiques du roi René d'Anjou. Le costume même de l'un et de l'autre est à peu près le même.

La miniature du second livre (f. 31 v°) représente la ROUE DE LA FORTUNE. Quatre rois en sont le jouet. Des banderoles avec ces inscriptions : *J'ay regné, Je suiz sans règne, Je règne, Je regneray*, servent de commentaire à cette composition allégorique. La Fortune, avec une chevelure d'or et un masque sur le derrière de la tête, pousse en avant son dernier favori. Boèce, assis à gauche est attristé de ce spectacle et met la main à ses yeux comme pour essuyer ses larmes. La Philosophie, portant une haute coiffure avec voile, lui prodigue ses consolations. Nous donnons au catalogue illustré une reproduction de cette curieuse miniature.

La peinture du troisième livre (f. 59 r°) représente la Philosophie introduisant Boèce aux SEPT ARTS LIBÉRAUX, personnifiés par sept femmes en costumes divers, dans les attitudes et avec les accessoires qui les caractérisent. Ce sont : la Rhétorique, la Grammaire, l'Astronomie, la Géométrie, l'Arithmétique, la Logique, la Musique. La Logique tient à la main une banderole avec ces mots : *Ergo, ergo*. C'est un tableau intéressant pour l'histoire du costume, à cause de la variété des coiffures féminines. On en trouvera une reproduction au catalogue illustré.

La miniature du quatrième livre (f. 95 r°) représente BOÈCE PRENANT CONSEIL DE LA PHILOSOPHIE, en présence d'un nombreux auditoire. Nous en donnons une reproduction au catalogue illustré.

La peinture qui décore le dernier livre (f. 134 r°) est l'apothéose de l'œuvre entière. C'est BOÈCE CONSOLÉ PAR LA PHILOSOPHIE, et levant les yeux vers le ciel où Dieu apparaît dans sa gloire.

Chacune des cinq pages ainsi ornées de miniatures est entourée d'un beau cadre. De charmantes initiales en or et en couleur se comptent par centaines.

Toutes ces peintures sont d'une grande fraîcheur et le volume entier est d'une conservation absolument irréprochable.

23. BOÈCE (Anitius Manlius Torquatus Severinus). La Consolation de philosophie, traduite en vers français par frère Renaut de Louens. — Pet. in-4, de 148 ff.; lettres ornées ; cart.

Beau manuscrit de la seconde moitié du xive siècle, sur VÉLIN.

Cette traduction en vers a été achevée, selon l'énoncé de l'épilogue d'un manuscrit de la Bibliothèque nationale (n° 578), l'un des plus anciens que l'on en connaisse, le 31 mars 1336 (peut-être 1337, nouveau style) dans la ville de Poligny en Franche-Comté. Le même épilogue nous informe que le nom du traducteur et le lieu de sa naissance seront révélés au lecteur par la réunion des initiales de chacun des dix-neuf huitains du prologue, ce qui donne en effet : *Frère Renaut de Louens* (aujourd'hui Louhans, près de Chalon-sur-Saône).

Voici le premier huitain du prologue de notre manuscrit :

> Fortune, mere de tristesce,
> De doulour et d'affliction,
> Mettre me fait en ma jonesce
> Mon estude et m'ētencion
> De faire .i. roumāt sus Boesce
> C'on dit de Consolacion,
> Qui dōne cōfort et leesce
> A ceulx qui ont tribulacion.

Cette traduction est une œuvre de circonstance. Renaut de Louens déclare l'avoir entreprise pour adoucir l'affliction d'une dame éprouvée par le revers de la fortune, et qui comptait sans doute parmi les bienfaitrices de sa congrégation.

> Raison et cause plus pour quoy
> Je cōmence ce roumāt faire
> Est vne dame que je voy,
> Cui fortune ha esté contraire.
> Conforter la vueil et la doy
> Et son cuer enuers Dieu atraire.
> Or prions tuit Dieu le haut roy
> Que le rōmant li puisse plaire.

Le traducteur n'ignorait point qu'il avait eu des devanciers dans cette entreprise littéraire, et il en signale un dans son prologue, un frère prêcheur aussi (Jean de Cis, selon l'opinion de M. Paulin Paris), « qui le livre moult bien déclaire ». Pour légitimer sa propre traduction, il a voulu y introduire une forme métrique différente de celle des autres, mais, après avoir employé l'octave dans le premier livre, il y a renoncé pour le reste de son œuvre :

> Mais un pou trop fort la trouuay,
> Si l'ay muée en plus legière.

Ce premier livre débute ainsi :

> Je soloye jadiz penser
> Enseigner, diter et escrire
> Les livres qui sont à priser
> Et qui sont de haute matire.
> Mon temps soloie demener
> En joye, en solas et en rire,
> Helas! or me cōuient plorer
> Et cōmencer autre matire.

Notre manuscrit est incomplet de la fin : il y manque environ 500 vers, le texte s'arrêtant avec ceux-ci :

> Et las soutilment demenée
> Mais encor n'est pas terminée.

Suit la réclame du vers suivant :

> Et c'est la cause...

dont le dernier mot a été gratté et remplacé par le mot : *fin*, pour faire croire qu'il n'y manquait rien.

Chaque livre commence par une belle initiale tourneure, peinte en plusieurs couleurs et rehaussée d'or, sans compter les nombreuses petites initiales diaprées en rouge et en bleu. Le scribe a omis le troisième huitain du prologue et a modifié les premiers mots de certains vers, de sorte que la réunion des initiales de tous les huitains ne donne plus très exactement le nom du traducteur.

Ce manuscrit porte l'estampille de la famille Minutoli-Tegrimi.

Renaut de Louens a souvent fait preuve d'une réelle habileté de versification, et sa traduction a joui d'une plus grande vogue que celles qui l'avaient précédée. Toutefois elle est restée inédite, ce qui s'explique facilement. L'imprimerie s'est emparée de celles de Jean de Meung, en raison de la célébrité du nom du traducteur, et, parmi celles entièrement en vers, elle a donné la préférence à la dernière en date, à celle que M. L. Delisle a définitivement supprimée de l'avoir littéraire de Charles d'Orléans.

24. BOÈCE. La Consolation de philosophie, traduite en vers français par frère Renaut de Louens. — Pet. in-4, de 145 ff. ; veau fauve, fil., tr. dor.

Manuscrit du commencement du xv⁰ siècle, sur papier. Voici le début du prologue :

> Fortune, mere de tristesse,
> De douleur et d'affliction,
> Mectre me fait en ma jonesse
> Mon estude et m'entencion
> De faire vng romāt sur Boece
> Qu'on apelle de Consolacion,
> Qui met en confort et en liesse
> Ceulx qui ont tribulacion.

En tête du second livre, on trouve, en guise de prologue, un huitain qui manque dans le manuscrit précédent, et où le traducteur explique le changement qu'il va faire dans la versification de la suite du poème.

Le texte s'arrête au verso de l'avant-dernier feuillet avec ces vers :

> De ce que Dieu auāt sauoit
> Et don[t] prescience auoit,

de sorte qu'il manque encore 62 vers de la fin.

Une note inscrite à la dernière page constate que ce manuscrit a appartenu à un nommé Louis Chichiret, lequel, en cas de perte de ce volume, promettait une récompense substantielle à celui qui le lui rapporterait.

25. LES RÈGLES DE LA SECONDE RECTORIQUE. — Pet. in-4, de 78 ff., plus 7 ff. dont 6 blancs; initiales; veau brun estampé (*rel. de la fin du* xv⁰ *siècle*).

Important manuscrit sur VÉLIN, du commencement du xv⁰ siècle.

Il débute par ce titre détaillé qui fait connaître clairement l'économie du livre : *Cy commencent les* ‖ *regles de la secõde* ‖ *rectorique. c'est ass* [*avoir*] ‖ *des choses rimées, lesquel* ‖ *les sont de plus'*[*ieur*]*s tailles* z ‖ *de plus's fachons. Sy ɔme* [*comme*] ‖ *lais, chans royaux, diz* ‖ *seruentois, amoureuses* ‖ *balades, rondeaux, virelais* ‖ *rotuenges* (sic), *sotes chansons* ‖ *et plus's aultres choses* ‖ *descendans de la seconde rec* ‖ *thorique. Et est dcē* [*dicte*] *seconde* ‖ *rethorique pour cause que* ‖ *la premiere est prosayque.* ‖ *Et affin que quiɔques voul* ‖ *ra soy introduire à faire* ‖ *aucuns diz ou balades, Il* ‖ *couuient que on les face* ‖ *selon ce que donnerent les* ‖ *premiers rethoriques dont* ‖ *aucuns s'ensuyuent.*

L'auteur anonyme de cette poétique ne remonte qu'à la seconde moitié du xiii° siècle pour citer des « rethoriques » [pour : *rethorics*], c'est-à-dire des poètes qui, selon lui, avaient tracé les véritables règles de la versification. En tête de la liste figure : « Maistre Guillaume de Saint-Amour lequel ou parvis de Paris fist destruire hérésie, ypocrisie et papelardie, la mère de faùlz semblant. Et en aprez en l'onneur de Nostre Dame mist les figures de la bible et les appliqua à la Vierge Marie, et en fist un dit de vers croisiez qui se comence ainsi :

> Royne de pit[i]é, Marie,
> En qui déyté pure et clère
> A mortalité se marie.

Et fut le premier qui traitta de la nouvelle science. » Notre auteur, à en juger par les expressions qu'il emploie, ne paraît avoir connu Guillaume de Saint-Amour et le rôle que ce célèbre professeur de philosophie et docteur en Sorbonne joua, sous le règne de saint Louis, dans la fameuse querelle entre l'Université et les Dominicains, que par les vers qui lui furent consacrés dans le *Roman de la Rose*, par Jean de Meung. Aussi se trompe-t-il au sujet de la paternité du *Dit* dont il cite les trois premiers vers ci-dessus. Ce début est celui d'une petite pièce dévote, intitulée : *les ix Joies Nostre Dame* ou *Li Diz des proprieteiz Nostre Dame*, dont l'auteur incontestable est Rutebeuf, contemporain de Guillaume de Saint-Amour (*Œuvres de Rutebeuf*, édition Jubinal, t. II, p. 152, de la 2° édit.). M. Paulin Paris, de l'Institut, qui, dès 1842, a eu connaissance de notre manuscrit appartenant alors à Monmerqué, a été le premier à divulguer cette assertion inattendue pour la rectifier dans son importante étude sur Rutebeuf (*Histoire littéraire de la France*, t. XX, p. 774). (C'est sans doute par suite d'une faute d'impression qu'il y est dit que l'auteur de ce traité de l'art poétique appartient à la fin du xv° siècle, chose peu probable, comme on le verra plus loin.) Notre anonyme a ainsi confondu l'illustre professeur de Sorbonne avec le grand trouvère, son ami et son défenseur aussi courageux qu'ardent; cette confusion a sans doute eu pour cause un examen trop superficiel du manuscrit des œuvres de ce dernier. Par l'expression : « Et fut le premier qui traitta de la nouvelle science », il aura voulu dire que le poète dont il s'occupe est le premier de ceux qui ont cherché à varier la prosodie et à introduire dans notre poésie de petites pièces d'une forme particulière.

Mais poursuivons. « Après yeelluy vint maistre Guillaume de Lorris, lequel commencha le *Rommant de la Rose*, et en fist jusques à ce que Jalousie feist mettre Bel Acueil en prison.

« Après vint maistre Jehan de Meun, lequel parfist ycellui *Rommant de la Rose*, et plusieurs aultres livres de moult noble doctrine, sy comme *Boëce*, le livre de son *Testament* et plusieurs aultres.

« Après vint Philippe de Vitry, qui trouva la manière de mote[t]s et des balades et des lais et des simples rondeaux, et en la musique trouva les .iiij. prolacions et les notes rouges et la noveleté des proporcions.

« Après vint maistre Guillaume de Machault, le grant retthorique de nouvelle fourme qui commencha toutes tailles nouvelles et les parfais lays d'amours.

« Ou temps dudit Machault fut Brisebarre de Douay, qui fit le livre de l'*Escolle de foy* et le *Trésor Nostre Dame*, et si fist le serventoys :

> De s'amours n'estoit plus poissant que nature ;
> Ne foy seroit legière à condempner,

et plusieurs aultres bons [dits] qui bien sont à recommander à [pour et] à presier, car ses fais furent bons ; et n'estoient point clers, *ne ne savoit lire n'escripre*. »

M. P. Paris a signalé l'importance de ce passage pour la vie du célèbre jongleur douaisien (*Manuscrits françois*, V, p. 48), à qui l'on doit, en outre, l'une des continuations du Roman d'Alixandre, le *Restor du paon*. Le fait qu'il a composé plusieurs poèmes de longue haleine sans savoir ni lire ni écrire, est extrêmement curieux, et le renseignement tout nouveau que nous trouvons à cet égard dans notre manuscrit est d'un grand intérêt pour l'histoire de la poésie populaire.

« Aprez vint Jehan Lissansdraps de Douay, lequel fut en son temps tenu pour si bon ouvrier comme d'estre reputez philosophe en sotie.

« Aprez vint Jacquemart le Cuvelier de Tournay qui fut faiseur du roy (mot mis plus tard à la place d'un autre, gratté) de France Charles le Quint.

« Aprez vint Hanequin d'Odenarde, faiseur du compte de Flandres.

« Aprez vint maistre Jehan Vaillant lequel tenoit à Paris escolle de musique. (Il est resté inconnu à M. Fétis, l'éminent historien de la musique.)

« Aprez furent et sont plusieurs aultres, et par especial maistre Jehan le Fèvre de Paris, lequel fist *Mathéologue* [traduction du *Livre de Matheolus*], et le livre de *Respit de mort*, et translaté le livre qui est d'Ovide qui se nomme *De Vetula*, et moult d'aultres choses. Et pour les bonnes memores qui furent en li est présent[ement] apellez poëtes.

« Aprez vint Eustace Morel [Deschamps], nepveux (?) de maistre Guillaume de Machault, lequel fut bailli de Senlis et fut ensoufflsant de diz et balades et d'aultres choses.

« Moult furent d'aultres bons ouvriers par especial messire Jehan Froissart, curé de Lestines en Haynault, mais il fist tous ses fais à l'onneur de la partie d'Engleterre.

« Aprez *sont de présent* : Colinet l'Alexis, Hanequin le Fevre, Jaqt [Jacquemet] d'Orliens, Marc Dor [ou d'Or], Olivet, tapissier, messire Nicole Roussel, Charlot Falue, Raol de Brecy de Mons, maistre Jehan de

Suzay et plusieurs aultres, qui enssuient les règles telles que nous mettrons en nostre traitié. »

Là s'arrête la liste des « rhétorics » nommés par l'auteur de ce traité. Parmi les derniers cités, *ses contemporains*, aucun ne paraît être connu aujourd'hui, et les livres sur notre histoire littéraire gardent un silence absolu à leur égard, ce qui ne permet pas de préciser la date de la composition de cet ouvrage. Toutefois, Froissart, mort vers 1410, étant mentionné le dernier des écrivains du passé, et, d'un autre côté, des poëtes lyriques tels que Christine de Pisan, Alain Chartier et Charles d'Orléans, ne s'y trouvant pas cités, quoique presque contemporains du précédent, il nous semble qu'il faut en conclure que la rédaction de notre volume ne peut pas être postérieure à 1415 environ.

Voici maintenant en quoi consiste le traité lui-même. Il débute par *une règle de moz lenonines* (sic) *et plains sonans et esquivoques et presonans*, c'est-à-dire une liste d'homonymes (p. ex. : LIN, *pour un vaissel de mer*; LIN, *pour filer*), suivie d'une liste de rimes féminines, d'une *fourme d'esquivoques toutes plaines*, donnant une nouvelle série d'homonymes, et terminée par une seconde liste de mots *présonans*, ou ayant la même terminaison (*faillir*, — *saillir*, etc.).

Cy aprez (f. 4 r°) *sont les tailles de tous diz, et combien ilz doyvent avoir de longour et de silables et de coupples*, règles de prosodie accompagnées d'exemples de lais, virelais, rondeaux, chants royaux « pour porter aux puis de Nostre Dame EN LA VILLE DE DIEPPE SUR LA MER, et non ailleurs » (où l'on remarque *l'Escouffle*, chant royal couronné, par COLINET BRUNET (f. 5 r°), et une *Amoureuse coronnée à Abeville*, *faite par* B.), et serventois. A propos de la « rime alexandrine pour faire rommans », notre compilateur cite les quatorze premiers vers du poëme de *Bertrand du Guesclin*, par Cuvelier (f. 10 r°), et il ajoute : « Après sont aultres diz faiz de ceste rime alexandrine, et en fait-on tout communément diz de vies de sains ou aucuns traitiez d'amours, et se mettent 4 et 4, à l'exemple du *Testament* maistre Jehan de Meun, et ausi de la vie *Florence de Romme* et de *Saint Alexis*. » Puis viennent des règles pour les « douzaines croisiez » (avec la *Tour amoureuse* pour exemple), pour les « complaintes amoureuses ou grans lays », et pour les « doublettes » (avec le *Dit de l'orthie*, pour exemple, dont la suite, par inadvertance, n'a été reprise que trois pages plus loin); — une liste de mots « consonnans », rimant en *ent* (f. 14 v°); — *une a, b, c, pour aprendre à faire bonne orthographie*, qui n'est qu'une nouvelle série de mots terminés en *ent*;—enfin, une *a, b, c, pour aprendre a espelir toutes paroles* (f. 15 r°). Ses règles sont terminées par une *Sote balade*, pièce fort licencieuse. Tout ceci ne comprend que les seize premiers feuillets.

Avec le suivant, commence une liste de personnages sacrés et profanes dont la connaissance est utile à ceux qui veulent faire des vers et se mettre au courant de l'histoire de la musique. « Pour avoir congnoissance d'aucuns poètes et de plusieurs pers de melodie, et d'aucunes sont mises leurs figure (sic) ainsi qu'il s'ensuit, affin de [ne] mettre et attribuer leurs fait (sic) à aultres, et pour faire diz, lays ou ballades, ou rommans. » Cette série de notices débute par celle sur Adam, « le plus bel, le plus sage et le plus fort qui oncques fust » et qui, l'auteur veut bien nous l'apprendre, mourut « en doulour de goute ». Elle est suivie de celles sur

Ève, qui « tousjours apportoit filz et fille ensemble »; sur Caïn, qui fut « le premier fèvre (forgeron) et le premier machon », et sur Jubal « le premier per de mélodie et qui fist les instruments organistres ». Nous entrons ensuite dans le monde mythologique et dans celui de l'antiquité grecque et romaine : on nous fait passer en revue les faits et gestes de Caliope, d'Orphéus, d'Euclites (Euclide), de Zéphyrus, de Py[g]malion, de Calcas, de Sénèque, de Paris, de Jason, de Narcisus, de Saturnus, de Jupiter, de Phébus, de Vénus, de Cupido, de Phéba, d'Io, de Juno, de Mars, de Pallas, enfin de Piramus et de Thibée. Cette partie est loin d'être dépourvue d'intérêt, car on y apprend de quelle façon on savait la mythologie au début du xv° siècle.

Nous retournons de nouveau aux *Règles de la seconde rhétorique* (f. 25 r°). Après la recommandation d'éviter dans la poésie trois choses : 1° « de mettre le langage en avant que le langage derrain ne se rapporte au premier »; 2° de parler de matière qu'on « ne puist et sache sauver en tout bon entendement applicatif »; 3° « des redites semblables en bout de ligne », nous trouvons une table de mots poétiques. « Pour savoir la désignation de aulcuns vocables obscurs, appelez mos couvers, poétiques ou aultres distinctes, qui vaut autant à dire que spécifiez en l'escripture, s'ensieut une table per ordenance terminée en *on* et en *yon*. » Ce petit dictionnaire de plusieurs centaines de mots offre le plus ancien essai connu d'étude sur les synonymes français.

Vient après une nouvelle série d'exemples variés de ballades, fatras, virelais, motets, rotruenges, rondeaux, arbalestrières, audengières, et *balades estranges en soties* (f. 29 r° à 31 v°), suivie d'une nouvelle nomenclature commentée « d'aulcuns noms de poètes, de dieux, de déesses, de philosophes, de patriarches et de magiciens, selonc la poétrie d'aucuns généraulx philosophes et poètes » (f. 32 r° à 35, r°).

On trouve ensuite un très ample *dictionnaire de rimes*, le plus ancien que l'on connaisse (f. 35 v° à 59 r°), et une dernière série d'exemples de formes poétiques, telles que : lai baladant, rondeau, « rommans ou orisons, double rondel, demi-lay », ballade-laie, une ballade « à trois manières », signée du nom de P. DE COMPIENGNE (f. 61 r°), enfin une *Sotte chanson* de WATIER MAQUEAU de Douay (f. 61 r° à 62 r°).

Le volume est terminé par ces deux poèmes : le *Trésor*, de Jean de Meun (f. 62 v° à 75 v°), le *Petit Testament*, du même (f. 76 r° à 77 r°), auxquels une autre main a ajouté l'*Ospital d'amours*, non achevé (f. 77 r° à 78 v°).

Quel est le compilateur de ce traité d'autant plus précieux qu'il est UNIQUE, et qu'on n'en connaît pas d'antérieur? On ne peut faire que des conjectures à cet égard. Une main du xvi° siècle a mis en tête du texte cette note : « Ce livre a esté composé et recueilly par maistre Jean de Meun », mais il est superflu d'ajouter qu'elle est de nulle valeur. Jean de Meung citant Froissart! Toutefois, si le nom de notre auteur nous est inconnu, nous pouvons au moins deviner la contrée dont il était originaire. On a vu, en effet, qu'il cite avec une complaisance marquée les rimeurs du nord de la France, notamment ceux de la Flandre, et plus spécialement encore ceux de Douai : il était donc du Nord. D'un autre côté, certaines formes dialectales indiquent le langage picard, ce qui, rapproché de cette particularité que l'auteur de l'*Amoureuse, couronnée* à ABBEVILLE (fol. 7, r°) n'est désigné que par l'initiale B, bien que son nom dût être connu de notre compilateur, porterait à croire que ce dernier et le « rethoric » lauréat du Puy d'Abbeville n'en font qu'un qui, par modestie, n'aurait pas voulu se nommer lui-même dans son traité. Cependant, il serait peut-être tout aussi légitime d'asseoir une hypothèse à cet égard sur le nom de P. DE COMPIÈGNE, signataire d'une ballade (f. 61 r°), nom écrit exceptionnellement au milieu de la page, avec des fioritures à de certaines lettres, dont les premières : P D E C, forment monogramme.

La bibliothèque du Vatican possède, dans le fonds de la reine Christine de Suède, un ouvrage analogue, intitulé : le *Doctrinal de la secunde retorique*, fait en 1432 par Baoldet Hercut, nom altéré évidemment et qui serait, croit-on, celui d'un Raol de Thercut. Ce manuscrit, signalé d'abord par Montfaucon, a été longuement décrit par MM. Ch. Daremberg et E. Renan (*Archives des missions scientifiques et littéraires*, t. I (1855), pp. 267-278). Il a été conçu sur un plan semblable à celui du nôtre, sans concorder toutefois avec lui dans aucune des parties. Les pièces de vers qu'il cite comme exemples diffèrent entièrement, à l'exception de ces deux cas : il donne, en effet, la première strophe du chant royal : l'*Escouffle* (qui compte six strophes dans notre volume) et la première strophe de la *Tour amoureuse* (qui en a onze). Son titre de *Doctrinal*, peu usité avant le milieu du xv° siècle, et beaucoup depuis cette époque, indiquerait déjà qu'il est postérieur à notre manuscrit. Au surplus, tandis que notre compilateur nomme les auteurs de plusieurs pièces qu'il cite à l'appui des règles qu'il établit, Raoul de Thercut n'en connaît aucun, pas même celui de Collinet Brunet, auteur couronné du chant de l'*Escouffle* dont il copie le début. Évidemment il était déjà éloigné de l'époque où vivaient ces rimeurs obscurs qui cueillaient quelques lauriers dans les tournois poétiques des *Puys* de rhétorique, mais dont les noms étaient bientôt oubliés. Or sa compilation portant la date de 1432, la nôtre doit être sensiblement antérieure.

Deux copistes ont concouru à l'exécution de notre manuscrit. Les vingt-quatre premiers feuillets sont d'une écriture courante, et une réclame finale y fait supposer une lacune; le reste est écrit avec plus de soin, en petite gothique. Le texte est tantôt à deux colonnes, tantôt à trois, tantôt à longues lignes.

Primitivement, à la fin du volume, on a ménagé sept feuillets blancs pour l'achèvement du dernier poème, l'*Hôpital d'amour*. Un des possesseurs de ce livre a inscrit une pièce de vers insignifiante au recto de l'avant-dernier feuillet, et un autre, celui-là vivant sous le règne de Henri III, a mis, à la page suivante, un huitain très obscène, suivi de ce sonnet sur Guise, le Balafré, et sur le cardinal, son frère :

> Par l'allience et amour mutuelle
> D'un cardinal faite aveques le Roy,
> On voit tout mal ne trouver plus de quoy
> Batre la France et sa fleur immortelle.
> Qui Dieu déprise il sent sa main cruelle :
> Luy jusqu'au bout ayme et soutient la foy.
> Qui pille tout et veut vivre sans loy,
> Son frère Guise l'afflige de bon zèle.
> Ces deux, fort bien ayans un cueur uny,
> Gardent que rien demeurant impuny

BELLES-LETTRES.

> Ne leur échappe. O! bienheureuse France!
> Car l'un de soy coignoissant combien craint
> Veut estre un Roy, sa Justice il advance,
> Et l'autre un Pape imite, tant est saint.

Au siècle suivant, ce volume a appartenu à Faure (Antoine), docteur en Sorbonne, prévôt et chancelier de Reims, dont la signature se voit au haut du dernier feuillet de garde. Une faible portion de son célèbre cabinet devint la propriété de l'archevêque de Reims, Charles-Maurice Le Tellier; de sa collection de manuscrits, 276 furent vendus au roi en 1701, et se trouvent actuellement à notre Bibliothèque nationale. Celui-ci ne faisait pas partie de ce lot, puisqu'en 1733 il appartenait à Jean de Caulet, évêque de Grenoble, dont l'*ex-libris*, armorié et daté, est collé au premier feuillet de garde. La bibliothèque de ce savant prélat, composée d'environ 20,000 volumes, a été acquise par la ville de Grenoble.

26. **CHARLES VI**, roi de France. Enfances et miracles de Jésus-Christ, en vers. == Passion de Jésus-Christ, en prose. == CATON. Distiques moraux traduits en quatrains. — In-fol., de 104 ff.; demi-rel.

Manuscrit du xve siècle, sur papier.

L'époux infortuné d'Isabeau de Bavière a-t-il fait des travaux littéraires? Jusqu'à ce moment on n'en connaissait aucun et tous les ouvrages d'histoire littéraire gardent là-dessus un silence absolu. Le titre de notre manuscrit (si toutefois le rubricateur n'a pas commis une faute de transcription) prouverait au contraire que Charles VI se livrait à la poésie dévote, et non sans une certaine habileté dans la versification. En raison de la qualité de l'auteur, cette œuvre, dont notre copie est UNIQUE, du moins à notre connaissance, aurait donc un intérêt réel, moins encore pour l'histoire littéraire que pour celle de l'individualité de ce monarque malheureux à tant d'égards.

Le volume commence par cette rubrique : Ihũs maria. || Cy cõmancent les enfances || n̄resire τ ptyc des miracles q'l fist || en son enfance τ si ɔmancent en || la maniere qui ensuyt par vers || rimés translatez de latin en francois || par le roy charles vj°. Et p̃miẽmẽt le prologue.

Ce prologue débute ainsi :

> Dire vous vueil si et retraire
> Chose qui à tous pourra plaire
> Mez ie vous pry premièrement
> Que vous m'escoutés bonnement.

Le traducteur insiste sur l'utilité de la lecture de ces *Enfances*, qui offrent, selon lui, une nourriture intellectuelle bien supérieure à celle de l'époque :

> Ouy avez assez souvent
> Les rommans de diverse gent,
> Où sont lez mensonges du monde
> Et de la grant Table ronde
> Que le roy Artus maintenoit
> Où point de vérité n'avoit...

Il termine ainsi son prologue :

> Si comme en latin trouvé l'ay,
> En rommans le vous escrypray,
> Mot à mot, sans rien trespasser.
> Pour Dieu ne me puis trop lasser.

Quel est l'original latin qui lui a servi de modèle? Nous pensons que c'est sans doute le petit opuscule intitulé : *De Infantia Salvatoris, a beato Hieronymo translatus*, qui a eu un assez grand nombre d'éditions au xve siècle.

Le poème commence par ce sommaire : *Comment nostre damme jeust en sa gésine* (fut couchée en ses relevailles) *de nostre doulx Sauveur Jésucrist au saint jour de Noël*, et par ces vers :

> Quant Jésucrit nostre doulx père
> Fust né de la Vierge sa mère,
> Com par l'angel fut devisez,
> Marie eust de la joye assés...

Une note comique se mêle parfois à cette pieuse composition. A propos de la présentation de l'Enfant Jésus au temple, le poète dit :

> Puiz fut au temple présenté,
> Où il moult désirez estoit
> De Syméon, *qui fain* (faim) *avoit.*

La dernière strophe du poème raconte le miracle du changement de l'eau en vin; puis vient l'épilogue ayant pour but d'enseigner : *Comment on doit honnourer nostreseigneur Jésucrist*. Il finit ainsi (f. 40 v°) :

> Or ly prions sans demourance
> Qu'il nous donne par sa puissance
> Sy en cest siècle maintenir,
> Qu'à bonne fin puissions venir,
> Et si bien ouvrer et bien faire,
> Que nous puissions tous à luy plaire,
> Aussi à la Vierge Marie.
> Amen, amen, chascun en dye.

Le poème entier compte 1729 vers, et il est terminé par cette souscription (f. 41 r°) : *Expliciunt infantie saluatoris.*

Sous ce dernier titre, on rencontre, dans quelques manuscrits de la Bible versifiée, un poème anonyme également en vers français, mais qui n'a aucun rapport avec le nôtre.

La *Passion de Jésus-Christ* est précédée de cette rubrique (f. 41 v°) : *Cy ensieut la passion de nr̄e doulx sauueur* || *Jhūcrist en rōmans lequel no' doint viure en* || *cest siecle en telle maniere cōme il scet que mestier* || *nous est z quant larme partyra de nr̄e corps* || *quil lez vueille receuoir en son saint paradis. Amē.* Cette Passion, en prose, commence ainsi : *Au temps que Jesucrist prist mort et passion en Iherusalem soubz la main de Pons Pylate qui estoit seneschal de Julius Cesar, empereur de Romme...*

C'est une traduction libre de l'évangile apocryphe de Nicodème, et ce pourrait bien être la même que celle *composée par les bons et expers mais-*

tres *Gamaliel, Nicodemus et Joseph d'Arimathie*, dont le xv*e*siècle a vu bien des éditions isolées ou jointes à celles d'une *Vie de Jésus*. A qui est-elle due? Nous l'ignorons.

Elle finit ainsi (f. 97 r°) : *Et quant les evesques ont oy la vraye reson de Nycodemus, ils se mettent les chaperons devant les yeulx et s'en vont en leurs maysons ne onques puiz ung tout ceul mot ne parlerent ne respondirent.* = *Explicit gloriosissima passio domini nostri ihũ xpĩ.*

Les six derniers feuillets contiennent quarante-six distiques moraux de Caton, accompagnés d'une traduction en quatrains. Les six premiers appartiennent à la fin du livre III ; les quarante-deux autres, au livre IV. En voici un exemple :

> *Conjugis irate noli tu verba timere,*
> *Nam lacrimis struit insidias dum femina plorat.*

> Se ta femme ploure, murmure ou grouce,
> Ne la crain pas s['] en plorant ce corouce.
> Considère de famme la nature,
> Car en plourant son aguet se procure.

Cette traduction est à peu près la même que celle qui a été imprimée plusieurs fois depuis 1530, sous ce titre : *les Mots dorez de Cathon*, ou sous d'autres titres analogues. Elle a été attribuée à Pierre Grognet ou Grosnet, mort vers 1540, thèse qui tombe forcément en présence de l'âge de notre manuscrit. Pierre Grosnet ayant fait un livre de proverbes, adages et dits moraux, a trouvé bon, pour en assurer le succès, de le publier à la suite et à la faveur des distiques moraux de Caton, dont il s'appropria une vieille traduction manuscrite qu'il retoucha par endroits, et qui est celle dont notre manuscrit contient une partie. Voici, en effet, la version de Grosnet du quatrain ci-dessus :

> Se ta femme pleure, murmure ou grouce,
> Ne la crains pas s'en parlant se courrouce.
> Considère de femme la nature,
> Car en plourant tout son argu procure.

Il paraîtrait que le véritable traducteur serait Jehan Le Fèvre, de Thérouanne, auteur du *Livre de Mathéolus*, et qui a vécu vers le milieu du xiv*e* siècle.

Dans notre volume, la place de trois quatrains est restée en blanc.

Il faisait partie de la bibliothèque des Oratoriens de Paris (?), ce qui résulte de cette mention placée en tête du volume : *Ex libris Congregationis Oratorij à Cleris. Die nona Maij. Anno* 1674.

27. TROTIER (Jehan), MOREL (Charles), et anonymes. Poésies dévotes. — In-8, de 31 ff.; encadrements et lettres ornées ; mar. brun, fil. à froid, tr. dor.

Manuscrit du commencement du xvi*e* siècle, sur VÉLIN. Les deux premiers feuillets ont été enlevés ; toutefois la pièce par laquelle débute le volume est complète du commencement, ce que prouve la grande initiale enluminée placée en tête. Cette première pièce est un hymne à la Vierge, composé de 65 vers dont voici les premiers :

> Je te supply, dame saincte Marie,
> Mère de Dieu, de piété tres plaine
> Fille du roy qui sur tous seigneurie,
> Aux orphelins mère doulce et humaine...

La pièce qui vient à la suite est pourvue de ce titre (f. 2 r°) : *Cy commence ung petit abrégé du Mistère de la passion de nostre Sauveur et redempteur Jesucrist, dont chascune ligne se commence par une lectre de la patenostre et par ordre*; elle débute ainsi :

> Prince puissant, haulte divinité,
> Aucteur de paix, ung Dieu en Trinité...

Comme le titre l'indique, la réunion des initiales de tous les vers de cette pièce forme le *Pater noster* en latin.

Le titre du morceau suivant est (f. 7 v°) : *Ensuyvent les Matines de nostre Dame en francoys. A l'honneur de sa tres sacrée et toute belle conception.*

Après ces Matines en vers, vient un *Ave Maria fait et composé par maistre* Jehan Trotier (f. 11 v°). Il est en strophes de sept vers, à rimes redoublées, chaque strophe commençant par un mot latin de l'*Ave*. Voici la première :

> Ave fleur des precieux cieulx,
> De Jesucrist la mère mère,
> Qui voys le grant Dieu des dieux d'ieulx,
> Et lequel te desclère clère,
> Tu as sans vitupère père,
> Qui pour toy saulvegarde garde
> Bien eureux est qui Dieu regarde.

Nous n'avons de cette pièce que neuf strophes et demie; les dernières, qui occupaient deux pages, manquent, et le feuillet suivant (13) porte en tête : *Fin dud'Ave Maria composé par le dessusd'.*

Ce Jehan Trotier, mort en 1501 (n. st.), était à la tête de l'association théâtrale parisienne d'Enfants sans souci.

Vient ensuite une *Oraison de la Vierge Marie*, commençant par :

> En protestant de la haulte excellence,
> Parfaict voulloir, parfonde preffèrence...

et après (f. 14 v°) : *Ensuyvent certaines clauses composées par maistre* Charles Morel *sur les motz ensuyvans. C'est assavoir : Ecce ancilla domini fiat michi secundum verbum tuum.* Nous n'avons de cette pièce que les deux premiers huitains, le feuillet suivant qui contenait les six autres ayant été enlevé. Les premiers vers sont :

> Du hault rocher de vraie éternité
> Ou vérité residoit par essence...

A la page suivante (f. 15 r°), commence une longue pièce de vers :

> Ainsy qu'on va seul son ennuy passant
> Ung jour alloye à tout par moy pensant
> Du Filz de Dieu à l'incarnation...

C'est un *Dit* de la chute de l'homme et de la conception de la Vierge, qui n'occupe pas moins de vingt-trois pages.

Il est suivi (f. 25 v°) du *Champ* (sic) *royal de la Magdalène* :

> Apres regretz et piteuses clamours
> Que jeunes cueurs quiert matières joyeuses,
> En visitant les beaulx traittez d'amours,
> Ung en trouvay de deux seurs amoureuses
> D'un seul homme...

Il compte cinq strophes de onze vers et un envoi au prince du puy.

L'*Oroison dévote de la Vierge et pucelle Marie* qui vient à la suite (f. 26 v°) est composée de onze douzains où le poète n'a employé que des rimes en *ité* et en *tion* :

> O digne preciosité,
> Marie, sainte purité,
> Mère de consolation,
> Fin de nostre mendicité...

Le volume est terminé par un *Champ royal* en l'honneur de la Conception de la Vierge :

> Alpha regnant en son trosne celique,
> Tenant les jours de la Conception
> De la Vierge clère, nette et pudicque,
> Savoir faisons à toute nation...

La dernière page est blanche.

Ce curieux recueil de poésies dévotes a été exécuté avec luxe. Les bouts de lignes sont garnis de tirets enluminés ; les initiales ornées abondent. Toutes les pages sont entourées d'une bordure peinte alternativement en or, en gris, en bleu, en rouge, en noir, et parsemée d'initiales I R (quelquefois I K) et de *coquilles*, évidemment pièce principale du blason du premier ou de la première propriétaire de ce volume.

28. **MOLINET (Jehan). Poésies. — Chroniques des Flandres et de Bourgogne.** — 3 vol. in-fol., de 201, vi-269 et viii-448 ff. ; demi-rel., tr. rouge (*rel. du* xviii° *siècle*).

Manuscrit sur papier, écrit de 1520 à 1526 ou environ.

Jehan Molinet, né dans le Boulonnais, mort en 1507 à Valenciennes, occupe une place importante dans l'histoire littéraire de son temps, malgré les défauts graves de son style. A l'exemple de son maître et ami, Georges Chastellain, auquel il succéda en 1474 en qualité d'indiciaire (archiviste) et d'historiographe de la maison de Bourgogne, il fut poète et chroniqueur. Plus tard, Marguerite de Parme, gouvernante des Pays-

Bas, le nomma son bibliothécaire. Il eut pour élève Jehan Le Maire, de Belges, son parent, qui lui succéda dans ses fonctions de la cour et qui, à son tour, donna des leçons de versification à Clément Marot.

On ne connaît que trop la version en prose faite par Molinet du *Roman de la Rose* « moralisé cler et net ». Ses poésies n'ont jamais été imprimées en entier. Quelques-unes d'entre elles ont été publiées isolément au xvi° siècle ou depuis; d'autres ont été réunies en un volume intitulé : *les Faictz et dictz*, qui vit le jour en 1531 et fut réimprimé plusieurs fois.

Notre manuscrit contient soixante-dix-sept pièces; sur ce nombre trente-huit seulement se trouvent dans l'édition originale des *Faictz et dictz*, deux ont été publiées, séparément, et trente-sept sont encore ENTIÈREMENT INÉDITES. Voici la liste de ces dernières : 1° Sermon de Billouart (f. 1 r°); — 2° Congés de Molinet retrenchiés (f. 2 v°); — 3° Os Lampadis : les Regretz et lamentations de treshault et puissant roy de Castille (Philippe le Beau, mort en 1506) (f. 3 v°); — 4° Complainte des trespassez (incomplète du commencement, par suite de l'absence du feuillet 5); — 5° Oraison de Nostre-Dame, commençant par : *Toult à par moy...* (f. 8 r°); — 6° Ballade fatrisée ou jumelle adreschant à saint Maurice (f. 11 v°); — 7° Lectres envoiées à Fenin (fol. 12 v°); — 8° Ballade figurée, commençant par : *Dame j'ay sentu les façons...* (f. 13 r°); — 9° Dictier de l'arondelle (f. 14 r°); — 10° les VI Triumphes, en latin et en franchois; incomplet de la fin par suite de l'omission d'un feuillet (f. 16 v°); — 11° Oraison à la Vierge Marie, commençant par les mots : *Ave Maria*; incomplet de deux premières strophes, par suite de l'absence du feuillet ci-dessus (f. 17 r°); — 12° Oraison à Madame sainte Anne (f. 20 r°); — 13° Dictier à ung prebstre disant sa première messe (f. 23 r°); — 14° la Responce à maistre Anthoyne Busnoys (à un *Dictier* qui précède, envoyé à Molinet) (f. 24 v°); — 15° Dictier pour la nativité du duc Charles (plus tard Charles-Quint), pièce farcie (f. 28 r°); — 16° Quolibet, sur le dicton : *Bis natus non baptizatus* (f. 29 r°); — 17° Matrimonialle alianche entre Messgrs les tres illustres enfans d'Austrice et les tres resplendissans enfans d'Espaigne; composé en 1498 (f. 29 r°); — 18° Épitaphe de dame Isabel, royne de Castille (f. 31 r°); — 19° le Voyaige du roy de France Charles VIII de ce nom quant il alla à Naples (f. 33 r°); — 20° la Complainte de la mort de la ducesse Marie [de Bourgogne] [1481], qui se peult intituler : le Pèlerin (f. 37 v°); — 21° Ceux qui sont dignes d'estre au nopces de la fille de Lédain (f. 44 v°); — 22° Dictier poetical ayant refrain (f. 48 r°); — 23° Ballade touchant le voyage d'Espaigne; en vers enchaînés (f. 47 r°); — 24° Ballade fort excellente; en vers enchaînés (f. 48 r°); — 25° à M. Gérard Watelet, médecin; pièce farcie, commençant par : *Sur toutz seigneurs estes celuy*, Confiteor Deo celi, *A qui j'envoye mes salus...* (f. 48 v°); — 26° la Nativité de mademoiselle Lyénor d'Austrice, fille de Mgr l'archiduc (f. 67 r°); — 27° le Jeu de palme (f. 71 r°); — 28° le Débat de trois nobles oiseaulx, asçavoir le roytelet, le duc, le papegay (f. 140 v°); — 29° Dictier à la benoiste Vierge Marie des cinq festes; en vers enchaînés (f. 148 r°); — 30° Euvre de poiterie; en prose et en vers (f. 173 r°); — 31° les Quatre vins franchoys (f. 175 r°); — 32° Pronostication, en prose, commençant par : *Nous vous tenons pour advertis* (f. 179 v°); — 33° le Donnet baillet au roy Loys douziesme de ce nom (f. 183 r°); — 34° le Trespas de l'empereur Federicque (f. 195 v°); — 35° Ballade, commençant par : *Manne du ciel* (f. 199 v°); — 36° Revid (*reviaus*, divertissement ?) faict en envoys aulx nopces maistre Pol de Mol, lieutenant du chasteau de Lille (f. 200 v°); — 37° Pour le premier département du Roy de Castille en Espaigne; en vers enchaînés (f. 201 v°).

Parmi les quarante pièces déjà connues, notre manuscrit contient presque toutes celles qui ont été publiées séparément et qui sont les plus importantes, en raison de leur intérêt historique, telles que : la *Robbe de l'archiduc*, la *Complainte de Grèce* (ou de *Constantinople*), la *Ressource du petit peuple*, la *Naissance de Charles, archiduc d'Autriche* (plus tard empereur Charles-Quint), ou l'*Arche de paix* (qu'il ne faut pas confondre avec le *Dictier*, cité plus haut au n° 15), et aussi le *Kalendrier mis par petits vers*. Quant à celles qui ont été comprises dans le volume des *Faictz et dictz* de Molinet, notre texte est infiniment supérieur à celui des éditions imprimées, dont la première n'a été donnée que vingt-quatre ans après la mort de l'auteur, d'après une copie tellement défectueuse et par des éditeurs parisiens si peu familiers avec les formes dialectales employées par le poète, qu'elle est absolument inintelligible en bien des endroits.

La partie inédite occupe plus de la moitié de notre volume. Elle renferme, comme on vient de le voir, un certain nombre de poésies historiques qui, malgré leur style pédantesque et boursouflé, offrent un intérêt réel, en raison de la situation officielle de leur auteur.

Ce volume a été écrit par Jean Garet, chapelain d'Arras, qui a ainsi signé au bas de la dernière page : *Jo. Garet. Cappellanus me possidet Attrebateñ*. Il a encore apposé sa signature et une date à deux endroits dans le corps de l'ouvrage; d'abord à la fin du *Dictier de l'arondelle* (f. 16 r°) : *Garet*, 1520 3ª *octobris*; ensuite, au bas du *Quolibet* (f. 29 r°) : *Garet*, 1522 24ª *novembris*. La pièce intitulée : la *Ressource du petit peuple* porte à la fin cette date : 1520 13ª *octobris*.

Ce Jean Garet peut bien avoir été un disciple ou un ami de Molinet auquel il a voué un culte particulier. En effet, à ce volume de poésies, est jointe une feuille volante contenant la liste de ce qu'il contient, avec cette annotation en tête : *Les nombres en ciffres désignent les feuilles de mon* GRAND MOLINET *escript à la main; où il n'y a pas de cifre, les vers ne sont pas en mond'. grand Molinet*.

Depuis de longues années, plusieurs littérateurs avaient annoncé le désir de publier une édition complète de ces poésies, mais cette intention est restée à l'état de projet.

Les chroniques de Jehan Molinet comprennent la période de 1474 à 1506, l'une des plus tourmentées de l'histoire de Bourgogne. Elles retracent d'une manière détaillée la grande lutte soutenue contre Louis XI par Charles le Téméraire et continuée, après la mort de ce prince, par son gendre, Maximilien d'Autriche, empereur d'Allemagne depuis 1486. Molinet émaille son récit d'une foule d'anecdotes concernant d'anciennes familles des Flandres, de France, d'Espagne et d'Allemagne. Ces chroniques ne furent publiées que de nos jours, en 1828, par Buchon, mais d'une façon peu satisfaisante et d'après des textes bien inférieurs au nôtre et moins complets.

Notre premier volume commence par une table, suivie de ce préambule : « *En cest present premier volume sont rédigiés* (sic) *par escript les cronicques de feu maistre Jehan Molinet, indiciaire et historiographe des tres-illustres maisons d'Austrice et de Bourgonne commenchans icelles cronicques en l'an mil* iiii^cLXXIIIJ *(1474) lorsque le tresredoubté et trespuissant Duc Charles de Bourgonne assiéga la tresforte ville de Nus (Nuisse), en continuant icelles tant de loables gestes, glorieuses proesses et tresnobles faictz d'armes achevés par les chevalereux champions et suppos d'icelles maisons, comme d'aultre advoüe en ce temps jusques au lamentable trespas du roy Domp Philipes de Castille, etc., quy fut en lā* xv^c *et* vj *(1506), quy sont pour le terme de xxiiij ans recoellées, escriptes et mises au net par* Augustin Molinet, *chanoine de Condet, filz dudit feu Mc Jan Molinet et ce au commandement de l'impériale majesté Maximilian par la grace de Dieu Empereur des Allemaignes toujours auguste.* »

Le second volume est terminé par cette souscription : « Icy *fine le second volume des chronicques de feu M. Jean Molinet en son vivant indiciaire de la tresillustre maison d'Austrice; iceluy second volume commenchant en l'an mil* iiij^c4^{xx}et5 *(1485), lorsque tresvictorieux prince Maximilien, archiduc d'Austrice, se prépara pour aller és Allemaignes par devers son père l'empereur Fréderic, et continuant iceux jusques au lamentable trespas du roy catholique Philipes de Castille, archiduc d'Austrice, qui fut en l'an mil* v^c *et six, qui sont pour le terme de xxij ans. Et le premier volume commenche en l'an mil* iiij^cLXXIIIJ, *alors que tresredouté et puissant Duc Charles de Bourgonne assiega la ville de Nuisse en Allemaigne, et continuant iceux jusques en l'an mil* iiij^c iiij^{xx} *et* v *(1485), qui sont pour xij ans, et les deux volumes ensemble recoeuillez sont pour le terme de xxxiiij ans.* »

A la fin de ce second volume, on a ajouté, au siècle dernier, trois feuillets contenant la copie d'une pièce en prose composée en 1506, sur le *Lamentable Trespas du Roy Philippes de Castille, archiduc d'Austrice.*

29. VAULDRAY. Ode au connétable Anne de Montmorency, à l'occasion de son rappel au pouvoir par Henri II. — In-fol., de 2 ff.; mar. La Vallière, riches compart. à fil., à fr., doublé de mar. rouge, compart. en or et en mosaïque, tr. dor. (*Lortic*).

Pièce écrite sans doute en 1547, sur vélin. En tête de la première page, sont peints l'épée et le bâton de connétable, posés en pal; sur la banderole rouge qui enroule l'épée, on lit: *Ultor iniquitatum gladius;* sur celle qui accompagne le bâton : *A mandatis tuis susperav...*

L'ode débute ainsi :

A Monseigneur monsieur le Connestable.

Après grand dueil, il survient grande joye,
Après grandz pleurs, vient de ridz plus de vingt.
Le plus grand dueil qu'impossible est que je oye,
Fut quand la mort oster mon roy me vint.
Le plus grand bien et liesse m'advint
Quand j'entendis le rapel acceptable
Que le roy feit de son bon connestable
Qui à grand tort fut long temps en absence.

> S'on eust tousjours en son conseil notable,
> L'on n'eust point faict à France tant d'offence.

Le connétable Anne de Montmorency, tombé en disgrâce auprès du roi François Ier, s'était retiré, dès la fin de 1540, à Écouen, où il s'occupait à surveiller la construction du magnifique château qui existe encore. Après la mort du roi, en 1547, Henri II s'empressa de rappeler à la cour son vieil ami et lui confia la direction du gouvernement. C'est à cette occasion qu'a été composée la pièce ci-dessus, qui est un dithyrambe en l'honneur du connétable.

> Resjouys toy, noble peuple de France,
> Montmorency, le tresprudent seigneur
> Te gardera d'ennuy et de souffrance...

s'écrie le poète ;

> Les ennemys n'auront plus hardiesse
> Venir heurter sy fort à nostre porte.

La pièce compte six dizains. Son auteur s'appelait Vauldray. Les deux premières strophes et la dernière portent, en guise de refrain : *Tousjours Vauldray*. Au surplus, il a eu le soin de glisser dans ses vers plusieurs renseignements sur sa personne, comme s'il avait deviné que son nom passerait ainsi à la postérité. Ces deux vers :

> Vostre Vauldray, *des antiques suppost*
> De la maison où estes résident,

indiquent peut-être qu'il était en dernier lieu conservateur des objets d'art du château d'Écouen.
Il ajoute ensuite :

> Vous sçavez bien et vous est évident
> Que de tous temps, voire et dès sa jeunesse,
> Qu'il a suyvy vostre haulte noblesse
> De là les montz et par toute la France,
> Et a receu de voz biens grand largesse.
> C'est donc raison s'il vous faict révérance.

C'est bien certainement l'original remis au connétable ANNE DE MONTMORENCY.

30. PYBRAC (Gui DU Faure de). Quatrains. — Pet. in-12 obl. (h. : 0,052; l. : 0,076), de 129 ff.; mar. rouge, doré en plein, dos orné, tr. dor. (*Eve ?*); étui de mar. rouge, compart. dor.

Curieux manuscrit sur papier, daté de l'année 1600. Le titre est ainsi formulé : *Quatrains* || *du Sieur de Pybrac* || *Gentil-homme François;* || *Escrit en diverses sortes de lettres, Par* || ESTHER ANGLOIS *Françoise.* || *A Lislebourg, l'an* 1600. Ce titre est entouré d'un cadre orné, dessiné à la plume. Les quatrains de ce défenseur des libertés de l'Église gallicane, puis apologiste de la Saint-Barthélemy, sont au nombre de cent vingt-six qui occupent autant de rectos des feuillets, dont les versos sont blancs. Tous sont encadrés de filets, de même que les pages blanches. L'écriture de chacun d'eux est différente.

Sur le premier feuillet de garde est collée cette note *autographe* de CHARLES NODIER :

« Voyez sur l'auteur de ce petit chef-d'œuvre de calligraphie la *Biographie univ.*, tom. XIII, p. 157, art. *English*, et c'est une petite erreur de mon vieil ami M. Suard, car Mlle *Anglois* s'appeloit bien *Anglois*. Elle étoit Françoise.

« Ses manuscrits, antérieurs à ceux de Jarry, sont beaucoup plus rares, parce qu'ils ont été exécutés pour son plaisir seulement et à l'étranger; je n'en connois qu'un autre en France.

« Ch. NODIER. »

La reliure de ce volume est délicieuse. L'ornementation, quoique très compliquée, forme un ensemble clair et gracieux; la dorure en plein est d'une grande délicatesse de touche.

31. LA GRANGE-CHANCEL. Les Philippiques. — In-4, de 143 pages chiffrées; mar. rouge, large dentelle sur les plats, doublé de tabis, tr. dor. (*rel. du temps*).

Manuscrit sur papier. Il ne contient que les trois premières de ces odes fameuses où le satirique a entassé, contre Philippe d'Orléans, régent de France, tant d'infâmes calomnies dont l'histoire a fait justice. Ces trois satires furent mises en circulation au milieu de l'année 1720, et tout porte à croire que l'exécution de notre manuscrit n'est pas de beaucoup postérieure à cette date. Elle remonte, en effet, à la période où la paternité de ces invectives n'était pas encore bien établie, ce qui résulte de cette note tirée du commentaire de notre volume : « La Grange fut exilé en Périgord; ensuitte, *accusé d'avoir fait la Satyre*, il fut confiné dans une prison aux isles Sainte-Marguerite ». Ceci nous conduit à l'année 1721. D'un autre côté, elle est forcément antérieure à l'évasion du poète, qui a eu lieu vers la fin de 1722 ou au commencement de 1723, et à plus forte raison à une date suivant de très près la mort du régent (2 décembre 1723), puisque notre volume ne contient pas les deux odes composées dans cette période.

Notre copie, en raison de son exécution luxueuse, a évidemment été faite pour un personnage marquant, du camp ennemi du régent. Elle est d'une magnifique grosse écriture, sur du papier de choix, et revêtue d'une reliure soignée (le titre : *Philippiques*, frappé sur le plat de dessus, est accompagné d'un certain nombre de demi-fleurs de lis, qui figurent aussi dans la dentelle).

Une bonne édition des *Philippiques* reste encore à faire, même après celle, si instructive, donnée par M. de Lescure (1858), et surtout après la dernière en date (1876) qualifiée pompeusement de « définitive » et qui n'est que prétentieuse. Les premières éditions, imprimées en France clandestinement, ont depuis longtemps entièrement disparu et ne nous sont connues que de nom. La plus ancienne de celles qu'on connaît a été publiée en Hollande (1723) en dehors de la participation de l'auteur (bien qu'il se fût trouvé alors dans ce pays), et son texte laisse beaucoup à désirer. Parmi celles qui l'ont suivie, la meilleure est celle imprimée par Didot jeune en 1795, et devenue rarissime (M. de Lescure n'a pu la rencontrer qu'à la bibliothèque de Rouen); et encore a-t-elle été faite à l'aide d'une copie dont le texte était sensiblement altéré. L'édition donnée à Bordeaux en 1797, par les soins du fils de l'auteur, pourrait, à cause de cela, être considérée comme parfaite, mais il n'en est rien, ce qui vient peut-être du grand âge de La Grange-Chancel fils, qui avait alors près de quatre-vingt-dix ans. Les deux éditeurs de nos jours ne sont pas arrivés non plus à faire une édition définitive. Au lieu de chercher à reconstituer le texte authentique, ils se sont bornés respectivement l'un et l'autre à reproduire le texte d'un manuscrit qui s'est trouvé en leur possession, en le corrigeant par endroits d'après d'autres leçons, et en rapportant en notes quelques variantes puisées à d'autres sources. Or il s'est rencontré malheureusement que les deux manuscrits préférés n'étaient pas des meilleurs ; de là ces contre-sens, ces phrases souvent obscures et incorrectes, ces vers dont la facture surprend chez un versificateur aussi habile que l'était l'auteur des *Philippiques*. Tous les manuscrits de ces odes ne sont pas, en effet, de valeur égale, car elles accusent des différences sensibles dans leur texte. Ces différences, d'où viennent-elles ? Il est douteux que La Grange-Chancel, ballotté de pays en pays, pendant de longues années, par le courant rapide des évènements, ait retouché son œuvre primitive, surtout pour la gâter. D'ailleurs l'influence calculée et l'intérêt immédiat de cette œuvre de haine et de vengeance inspirée par un parti politique ayant cessé avec la mort du régent, survenue trois ans et demi après l'apparition des *Philippiques*, il n'y avait plus lieu pour l'auteur de s'en occuper à partir de ce moment, où, au contraire, il s'agissait pour lui de se faire pardonner son crime et de revoir sa patrie. En effet, à partir de 1729, on le voit exclusivement adonné au théâtre, et, dès 1732, on rencontre sous sa plume des signes non équivoques d'un repentir sincère des erreurs du passé. Ainsi donc, si les *Philippiques* n'avaient pas reçu leur forme définitive du premier coup, elles n'auraient pu être retouchées qu'après l'évasion de leur auteur et avant la mort de Philippe d'Orléans, c'est-à-dire dans le cours de l'année 1723. Or, comme certains vers offrent jusqu'à trois ou quatre leçons différentes, il est inadmissible de mettre sur le compte de La Grange-Chancel, dont on connaît l'étonnante facilité poétique, tous ces tâtonnements, toutes ces modifications successives, pour la plupart mauvaises, nous le répétons à dessein, et qu'il aurait faites dans l'espace d'une année. Les nombreuses variantes qu'on rencontre dans les manuscrits des *Philippiques* ne proviennent donc que des conditions dans lesquelles s'opérait leur propagande clandestine, des erreurs de lecture de la part des scribes, et indubitablement aussi des velléités de certains copistes de corriger le modèle sous prétexte de l'améliorer; ce fait est constant dans l'histoire des textes manuscrits. Dès lors on a plus de chance de trouver le texte le plus pur dans les transcriptions les plus anciennes.

La nôtre remplit parfaitement ces conditions. Une comparaison attentive de notre texte avec ceux des éditions publiées nous autorise à pro-

4

clamer sa supériorité. Nous ne nous arrêterons pas à toutes les leçons évidemment préférables que notre manuscrit offre presque à chaque strophe; nous nous bornerons à en citer quelques-unes. Dans la deuxième ode, strophe XIV, les textes imprimés donnent ces vers relatifs à Pierre le Grand :

> Toi qui de ta famille entière
> N'as fait qu'un vaste cimetière,
> De tes neiges, de tes glaçons,

où le dernier vers n'a pas de sens, tandis que notre manuscrit les écrit ainsi correctement :

> Toi, qui de ta famille entière
> As fait un vaste cimetière
> Dans tes neiges et tes glaçons.

Le dernier vers de la strophe suivante porte dans d'autres manuscrits tantôt « *le silence* de Villars », expression qui manque de justesse, tantôt « *la disgrâce* de Villars », qui dépasse la réalité des faits et est en outre l'antithèse de ce que le satirique voulait dire, tandis que dans le nôtre nous trouvons le mot approprié à la circonstance : « *le changement* de Villars », mot confirmé au surplus par une note du commentateur que nous rapporterons plus loin.

La dixième strophe de la troisième ode se présente, pour ses six derniers vers, sous deux formes différentes. Dans l'une, le poète, en s'adressant à Thémis, lui parle ainsi :

> Pourquoi, pour prévenir *leur* (?) chute,
> *Sous tant de bras* (?) qu'il persécute
> N'est-il pas encore abattu?
> *Soit par force ou par industrie,*
> Tout crime fait pour la patrie
> Devient un acte de vertu !

La seconde n'en diffère que dans les deux avant-derniers vers; elle porte :

> *Entends tout un peuple qui crie :*
> « Un crime fait pour la patrie
> Devient un acte de vertu ! »

M. de Lescure, choqué, à bon droit, de l'incorrection et même du manque de sens des deux premiers vers, déclare que « le poète n'hésite ni devant une faute de morale, ni *devant les fautes de français* », et ajoute : « on pourrait lire *ta chute* (de Thémis) », sans proposer de correction pour le vers suivant qui est absolument incompréhensible. Or notre manuscrit démontre que ce non-sens et ces fautes ne sont pas imputables au poète, mais à des copistes, et rétablit ainsi la clarté parfaite de la strophe :

> Pourquoi, pour prévenir leur chute,
> Tant de *braves* qu'il persécute
> *N'ont-ils pas* encore abattu
> *Le Tyran et la Tyrannie?*

Un crime fait pour la patrie
Devient un acte de vertu!

Le texte des *Philippiques* est écrit dans notre exemplaire aux rectos des pages dont les versos sont réservés pour les annotations. L'auteur de ces dernières demeure inconnu; il comptait au nombre des ennemis du duc de Saint-Simon sur lequel il porte ce jugement (p. 106) : « Vain, et plus fier qu'il n'est petit », et il ajoutait une foi complète à toutes les calomnies répandues par le poète contre le régent et sa famille. Certaines de ces annotations ont passé textuellement dans d'autres manuscrits et de là dans des éditions imprimées; quelques-unes nous offrent des commentaires différents de ceux admis jusqu'à ce jour. Ainsi, à propos de l'attitude du maréchal de Villars qui a assez exercé la sagacité des commentateurs, notre annotateur s'exprime ainsi (p. 98) : « M. de Villars ayant été nommé Président du Conseil de Guerre, on crût *qu'il avoit changé*, mais la suite l'a pleinement justifié. » En ce qui concerne « la Prêtresse antique » de la deuxième strophe de la troisième ode, tous les commentateurs attribuent ce rôle à la princesse de Rohan de Montauban, née Bautru de Nogent, tandis que notre annotateur dit que c'était madame Nancré, qu'il qualifie aussi de « maîtresse de Terrat, chancelier du Régent, intrigante du commerce incestueux de ce prince avec sa fille ». Cette personne appartenait-elle à la famille de Dreux de Nancré? A l'époque de la régence, il n'y avait qu'une Mme de Nancré, ne portant aucun titre : c'était Bonne de Lajéard, épouse de Jacques-Joseph de Dreux de Nancré, frère du marquis de Nancré, notre ambassadeur en Espagne. Sa belle-sœur, la comtesse de Nancré, était une demoiselle de Montmorency-Logny. C'est d'ailleurs à l'éditeur futur de ce monument de la satire qu'il appartient d'élucider ce point.

32. LA GRANGE-CHANCEL. Les Philippiques. — VERGIER (du). Parodie de la dernière scène de *Mithridate*. — Documents historiques relatifs à la mort de Louis XIV et à la Régence. — In-8, de 2 ff. et 189 pp.; mar. olive, dent., tr. dor. (*rel. du* xviiie *siècle*).

Important manuscrit, écrit vers 1725, sur papier. Il est pourvu de ce titre : *Recueil de pièces très curieuses, contenant ce qui s'est passé au Parlement le lendemain de la mort de Louis 14; avec son Testament et son Codicile. Et* les Philippiques *en* six *Odes, par M. de la Grange.* Voici le détail de ces pièces : 1° *Relation de ce qui s'est passé au Parlement le 2 Septembre 1715, le lendemain de la mort de Louis 14. Copiée d'après le sieur* Isabeau, *Greffier en chef du Parlement de Paris* (pp. 1-13); — 2° *Testament de Louis XIV* (pp. 14-26); — 3° *Codicile,* etc. (pp. 27-43); — 4° *Mémoire que le Parlement a écrit à* Mgr *le Duc d'Orléans, Régent, au sujet des prérogatives que prétendoient les Ducs et Pairs au Parlement* (pp. 44-67). Ces quatre pièces ont entre elles une liaison intime. La séance du Parlement tenue le lendemain de la mort de Louis XIV a débuté par le renouvellement des contestations de la part des ducs et pairs au sujet de certaines prérogatives qu'ils s'attribuaient, en exigeant, entre autres, que le premier président fût obligé d'ôter son bonnet au moment où il recueillait le vote de chacun d'eux, ce qui leur valut le sobriquet de *bonnetiers*. La lecture du testament du défunt roi et de son codicille eut lieu ensuite, et le reste de la séance a été consacrée à l'examen de toutes les questions se rattachant à l'établissement de la régence, ce dont nous trouvons ici un compte rendu détaillé (pp. 29-43).

Le *Mémoire* transcrit à la suite est un pamphlet dirigé contre les ducs et pairs, en réponse à leurs prétentions. La rédaction en est attribuée au président Potier de Novion. Une origine peu relevée y est donnée à un certain nombre de familles honorées de la pairie, telles que celles de Crussol, de la Trémoille, de Béthune, de Luynes, de Cossé-Brissac, de Vignerot-Richelieu (« René de Vignerot, domestique et joueur de luth chez le cardinal de Richelieu, le servit si adroitement dans ses plaisirs, qu'il consentit à lui donner sa sœur, qui en étoit devenue éperdument amoureuse; il le substitua ensuite à son duché de Richelieu; la mère de ce Vignerot avait épousé en secondes noces un fauconnier »), de Saint-Simon, de la Rochefoucauld, de Villeroy, d'Estrées, de Grammont, de Noailles, d'Aumont, de la Porte-Meilleraye (« Charles de la Porte, maréchal de la Milleraye (*sic*), père du feu duc de Mazarin, était petit-fils d'un avocat fameux en ce Parlement, dont le père était apothicaire à Parthenay »), d'Harcourt, d'Épernon, de Villars, Goyon de Matignon, de Clermont-Tonnerre, etc. Ce Mémoire a été imprimé à l'époque même, sans titre, lieu ni date, et cette plaquette de 28 pages est devenue extrêmement rare.

Mais la partie la plus intéressante de notre recueil commence aux *Philippiques*. Jusqu'à ce moment on ne connaissait que cinq odes. M. de Lescure a constaté que l'existence d'une sixième ode n'a été révélée que dans la seconde édition des *Aventures de Pomponius*, roman allégorique, anonyme, dû au R. P. Labadie (Rome, 1728); il déclare, en outre, n'en avoir rencontré le texte nulle part, sauf la mention qui en a été faite dans la transcription du titre d'un manuscrit du catalogue de Belin junior, de 1797 (n° 2458). Ce manuscrit est le nôtre. L'ode inédite qu'il renferme est placée comme quatrième. En voici le début :

> Toi, qui contre la Macédoine
> Vomis des foudres éloquens
> Et toi qui lanças contre Antoine
> Des traits plus forts et plus piquans,
> As l'univers pris pour arbitre,
> Je vais, orné du même titre
> Faire ouïr de contraires sons,
> Et c'est en suivant d'autres traces
> Que le nom qui fit vos disgrâces
> Sera l'objet de mes chansons.

Cette ode, qui compte dix-huit strophes, loin d'être une satire contre le régent, est au contraire entièrement consacrée à l'éloge de ce prince, ce qui a motivé sans doute son exclusion de toutes les éditions des *Philippiques*. En raison même de ce caractère particulier, elle offre un intérêt réel pour l'histoire de l'incubation de ces invectives empoisonnées. A quel moment faut-il placer la composition de cette ode inédite? Plusieurs passages témoignent qu'elle est postérieure à la conspiration de Cellamare, et même à la disgrâce du cardinal Alberoni, ce qui nous reporte à la fin de l'année 1719. Malgré la place numérique qui lui a été assignée dans ce manuscrit, on est porté à croire qu'elle est antérieure à la première ode. Le poète y paraît agir sous l'influence de la sympathie générale qui accompagnait les débuts du gouvernement du régent. Il est tout entier à l'admiration des mesures prises pour le salut de l'État, tout entier à l'encouragement de Philippe d'Orléans de persévérer dans la même voie. Faisant allusion aux conspirations ourdies contre ce prince, il s'écrie :

> Mais non, la France, plus fidèle,
> S'intéresse trop à tes jours ;
> Tandis que tu veilles pour elle,
> Elle veille pour ton secours...

Nous sommes ici loin de ces provocations au régicide qui vibrent dans la troisième ode, où La Grange-Chancel pousse le Parlement lui-même à oser « abattre le Tyran » ! Le fameux satirique ne paraît pas encore en être arrivé à la période fatale où, se laissant dominer par des influences malsaines, il trempera sa plume dans du fiel.

Il ne nous paraît pas admissible que La Grange-Chancel, après avoir largement propagé les trois premières odes, après avoir pris position comme ennemi déclaré du régent, ait subitement changé de sentiment, hypothèse qui se trouve écartée par le caractère des deux dernières odes, de la dernière surtout où il poursuit encore de ses traits acérés l'ombre même du défunt. Il est vrai que, pour obtenir l'adoucissement des rigueurs de son emprisonnement, il fit, dans une ode, appel à la clémence de celui qu'il avait si cruellement outragé, mais cette composition subtile, dépourvue d'un élan sincère, sent trop la ruse de guerre, et l'ode qui nous occupe, dont les tendances se tiennent dans les sphères élevées de l'intérêt général, ne saurait lui être assimilée. Au surplus, ce qui semble prouver péremptoirement qu'elle est antérieure aux véritables *Philippiques*, c'est cette particularité singulière que la huitième strophe offre, dans ses quatre premiers vers, les idées et en partie les expressions mêmes des quatre derniers vers de la treizième strophe de la première ode, tandis que les six derniers vers de notre ode sont presque identiques avec les vers correspondants de la dix-septième strophe de la première ode. La voici d'ailleurs en entier :

> Je le vois suivre les exemples
> Et des Titus et des Trajan ;
> Je le vois défendre nos temples
> Des attentats du Vatican ;
> Je vois nos armes négligées,
> Nos finances mal dirigées
> Passer en de plus dignes mains,
> Et le Cyclope impitoyable [de Pontchartrain]
> N'a plus le pouvoir effroyable
> Dont il accabloit les humains.

Comment supposer que, pour obtenir sa grâce, La Grange ait, dans cette palinodie, non seulement employé la forme poétique de ses sanglantes invectives, mais qu'il ait même emprunté des passages entiers à l'une de celles qu'il eût cherché à se faire pardonner? En la plaçant comme première en date, tout s'explique naturellement. Cette prétendue quatrième ode n'ayant, sans doute, reçu aucune publicité, puisqu'on n'en connaît aucune autre copie, le poète n'aura vu aucun inconvénient à lui faire quelques emprunts, pour faire l'éloge rétrospectif des commencements du gouvernement du régent.

Voici la dernière strophe de cette ode :

> Poursuis, Prince, tu dois m'en croire ;
> Dans tous les cœurs désabusés,
> Les Tributs qu'on doit à ta gloire
> Ne te seront plus refusés.
> Non, non, ne crains plus que l'envie,
> Dans le plus long cours de ta vie,
> Ose plus rien empoisonner,
> Puisque, changeant de mélodie,
> Mon luth, par sa palinodie,
> Est forcé de te couronner.

Nos cinq autres odes offrent un grand nombre de leçons excellentes et souvent toutes nouvelles. La dernière ode ne compte que sept strophes, tandis qu'elle en a habituellement huit tant dans des manuscrits que dans des éditions imprimées.

Les annotations qui accompagnent ces odes, et qui occupent les versos des pages, sont très nombreuses. Certaines de ces notes apportent des renseignements nouveaux. Ainsi le poète anonyme que La Grange désigne dans la 28e strophe de la première ode par ces vers :

> Et quoique atteint de mille crimes,
> Celui dont on craint peu les rimes,
> N'éprouve pas le même sort,

serait Roy, selon les uns, l'abbé Nadal, ou Saurin, selon d'autres ; notre annotateur dit : l'abbé Houdart de la Mothe. A propos du comte de Guiche, colonel des gardes françaises, cité dans la 19e strophe de la deuxième ode, nous trouvons un trait curieux emprunté à une conversation entre ce colonel et le jeune roi Louis XV.

Les *Philippiques* sont suivies de la fameuse *Parodie de la dernière scène de Mithridate*. Tous les écrivains contemporains ignorent le nom de son auteur, et la désignent comme étant l'œuvre d'un sottisier anonyme. On a dit aussi qu'elle était due à la plume de Voltaire. Notre manuscrit en attribue la paternité à cet infortuné Vergier ou du Vergier, ami de La Fontaine, qui paya de sa vie (août 1720), le soupçon d'avoir été l'auteur des *Philippiques*. Voici la note de notre commentateur qui paraît être bien renseigné sur cette affaire : « Le sieur du Vergier, Provençal de nation, et commissaire de marine, a fait cette *Parodie*. Il fut assassiné peu de temps après, à Paris. M. Moreau, procureur du roy au Châtelet, son parent, fit informer, mais il eut ordre de cesser ses poursuites, ce qui a fait attribuer sa mort à gens puissans. » Le texte donné par notre manuscrit diffère sensiblement en bien des endroits de celui inséré dans l'édition de 1795 des *Philippiques*.

Enfin, notre volume est terminé par cette *Épitaphe du Régent* :

> Passant, ci gist un Esprit fort
> Dont le sort fut digne d'envie :
> Il a sû jouir de la vie,
> Et n'a point aperçu la mort.
> On dit qu'il ne crut point à la Divinité,
> Mais c'est une imposture insigne :
> Plutus, l'Amour et le Dieu de la Vigne
> Lui tinrent lieu de Trinité.

Ce curieux manuscrit a appartenu à Arthur Dinaux, qui a écrit, sur un feuillet de garde, une note relative aux éditions des *Philippiques*.

33. RECUEIL DE RONDEAUX DE TABLE, avec musique. — 2 parties en un vol. in-8, de 160 pp. et 3 ff. (table), et de 151 pp. et 2 ff. (table); mar. vert, fil. à fr., tr. dor. (*reliure du* xvii° *siècle*).

Manuscrit de la fin du xvii° siècle, sur papier. Il contient cent quinze pièces, toutes accompagnées de la musique notée.

Ce curieux volume a successivement appartenu à Méon, à Veinant et à Dinaux ; ce dernier y a mis cette note sur un feuillet de garde : « Il y a de la gaillardise dans ce recueil. »

34. RECUEIL DE VAUDEVILLES, anciens et nouveaux. — In-4, de 291 pp. et 4 ff. (table); veau fauve, fil., tr. rouges (*reliure du* xviii° *siècle*).

Manuscrit sur papier, exécuté en 1748. Il provient de la collection de Viollet-le-Duc père qui lui a consacré cette petite note, dans sa *Bibliothèque poétique* (t. II, p. 55) : « Ce manuscrit de pièces assez libres a appartenu à Mme de Laboissaye ; il est orné de ses armes dessinées sur le titre, et porte sa signature. C'est un monument précieux des mœurs de cette époque. Certes on ne trouverait pas aujourd'hui une femme de la société qui osât avouer posséder un livre de l'espèce de celui-ci. »

En raison de cela, nous n'entrerons pas dans les détails au sujet du contenu de ce volume, nous bornant à compléter sous d'autres rapports la note trop sommaire de Viollet-le-Duc.

Les pièces qu'il renferme sont au nombre de cent. S'il y en a beaucoup de libres, il y en a aussi de fort gracieuses, comme fond et comme forme. Quelques chansons sont de caractère politique ; d'autres ont l'allure satirique, telles que le *Songe de l'abbé de Grécourt*. Beaucoup d'airs ont été empruntés au répertoire de l'Opéra-Comique d'alors et à celui du Théâtre italien. On y trouve une musette de Mouret, plusieurs airs de Rameau, etc. Trois pièces sont accompagnées de la musique : un *Rondeau* (Mon cher Colin, qu'allez-vous faire?), un air du *Paysan*, de Dornet, 1745 (Dis-moy, Guillot, que dois-je faire?), la *Fileuse* (Un peu d'aye est utile...).

Le titre est entouré d'un cadre peint, au bas duquel on lit le nom de celui qui a écrit ce volume : *De B^{lieu}* (Beaulieu) *scripsit* 1748. La même date figure à la suite de la signature de Mme de Laboissaye qu'on lit sur un feuillet de garde. Les ouvrages nobiliaires gardent un silence absolu sur la famille de cette dame dont les armes, accolées à celles de son mari, sont peintes au lavis sur le titre : *D'azur* (?) *à trois têtes de léopard* (?); accolées avec celles-ci : *De... à un chevron d'or, accompagné de trois canettes* (?), 2 et 1.

35. RECUEIL de duos et de chansons, avec musique. — 2 vol. in-8 carré; mar. rouge, fil., tr. dor. (*rel. du* xviiie *siècle*).

Recueil fort intéressant du siècle dernier, sur papier. Le nom de la personne pour laquelle il a été exécuté est imprimé en lettres d'or sur les plats de la reliure : M^de DE MONTIEU.

Le premier volume, consacré aux duos, est ainsi composé : 1° Petit Dialogue pastoral (*M'aimes-tu, mon berger?*); — 2° Duo (*En amour, c'est au village — Qu'il faut prendre des leçons*); — 3° Duettino (*Ah! qu'il est doux de s'enflammer!*); — 4° Duo bachique (*Depuis deux mois je nous som's aperçu...*); — 5° Le Baiser, duo anacréontique, dédié à Mad^e de M*** (*Un doux baiser, Titire, ma chère âme!*); — 6° Duo-parade, Isabelle et Pierrot (*As-tu pû trahir ta foi!*); — 7° Dialogue imité d'Horace, entre Silvandre et Silvie (*O! l'heureux tems, jeune Silvie...*); — 8° Rondeau (*Non, je ne crains plus, Éricie...*); — 9° Écho, duo de travail pour la voix (*Écho! Écho! répondés à la voix qui m'enchante!*); — 10° Pastorale en Coriphée (*Voici venir l'hirondelle...*); — 11° Petit duo (*Oui, ma folie c'est de l'aimer...*); — 12° Pour la dédicace d'un salon à manger (*Dieu des buveurs, dieux des gourmands...*); — 13° Duo bachique (*J'aime Bacchus, j'aime Manon*); — 14° Églé et Lycas (*Qu'ils sont charmants, les jours de la jeunesse!*); — 15° Dialogue (*Je te fuis, je te fuis...*); — 16° Duo : Lise et Colin (*Il soupire! Regarde-moi!...*); — 17° Le Bouquet refusé (*Non, laisse-moi, Lucas!...*); — 18° Le Dépit et le raccommodement, dialogue (*Non, non, je ne veux plus d'amant, Lycas!*); — 19° Duo de Silvain (*Dans le sein d'un père ton cœur va voler...*); — 20° Duo (*J'abandonne une infidèle...*); — 21° Trio de femmes et d'hommes affligés, tiré du 1er intermède de *Psiché* de Molière; paroles italiennes (*Deh! piangete al pianto mio, sassi duri!...*).

Le second volume, composé d'airs, chansons, etc., renferme : 1° Épitaphe de Mad^e de Montieu (*Esprit, grâces, talens, beauté...*); — 2° L'Amante cloîtrée, rondeau (*Pauvre Sophie!*); — 3° Air tendre (*Qu'avez-vous fait de mon amour?*); — 4° L'Image de la Vie (*Au bord d'un clair ruisseau...*); — 5° Ronde de table (*Messieurs, chantez tous avec moi...*); — 6° L'Age d'or (*Il fut un temps, ô ma chère Glicère!...*); — 7° Cantabile (*Quels doux accens!*); — 8° A une Belle enrhumée (*Tandis que des tendres désirs — La flamme nous consume...*); — 9° Cadet sans soucis (*Dans les champs de la victoire...*); — 10° Air (*D'où vient que mon cœur soupire?*); — 11° A Éléonore (*Je ne sais pas ce que je sens...*); — 12° A Daphnis (*Cher Daphnis! de la plus tendre amante...*); — 13° Chanson (*Rosine me dit chaque jour...*); — 14° Air sérieux (*Funeste amour! cruel tyran des cœurs...*); — 15° Air d'Ariane (*Ah! j'étais autrefois innocente et tranquille...*); — 16° Air (*Dans les erreurs d'un songe...*); — 17° Ariette (*Vole à nos voix, dans nos bois...*); — 18° Air de Roland (*C'est l'amour qui prend soin lui-même...*); — 19° Ariette (*Cher souve-*

rain des tendres âmes...); — 20° Air champêtre (*Rien ne me plait s'il n'est de Lisette...*); — 21° Air (*Que d'attraits! que de majesté!...*); — 22° Chansonnette (*Près de sa porte l'autre jour...*); — 23° Chansonnette (*Églé sous un ombrage frais...*); — 24° Air (*Lorsque le Créateur mit l'homme sur la terre...*); — 25° Un Peu plus tôt, un peu plus tard, chanson (*Lise voyait deux pigeons...*); — 26° Air de la séduction, dans *Armide* (*Au printems de votre âge...*).

Qui était cette Mme ou Mlle de Montieu ? Nous n'avons pu le découvrir. Elle était morte à la fleur de l'âge avant l'achèvement du second volume, qui porte en tête son épitaphe ainsi conçue :

> Esprit, grâces, talens, beauté, cet assemblage
> Eut du rapide éclair l'éclat et le passage,
> Et s'anéantit dans ce lieu :
> Ci-gît Montieu !
> Pleurés, mes yeux : ci-gît Montieu !

Le copiste qui a exécuté ce recueil ne s'est point oublié : il a inscrit son adresse sur un feuillet de garde du premier volume : NAPPIER, *musicien, copiste de musique, rue Dauphine, la 1ère maison qui fait le coin de celle Mazarine, carrefour de Bussy*.

36. DIVERTISSEMENT offert, par les religieuses et les demoiselles pensionnaires de la communauté des Filles-Dieu, à leur abbesse, Sophie de Pardaillan de Gondrin d'Antin, Grande Prieure et abbesse de Fontevrault (en vers). — In-8, de 18 ff. de texte et 8 pp. de musique; mar. vert, fil., fleurons, armes, doublé de soie rose (*reliure du xviii° siècle*).

Manuscrit de la seconde moitié du xviii° siècle, sur papier.

La prieure et les religieuses de la communauté des Filles-Dieu, pour témoigner à leur abbesse leurs sentiments de reconnaissance de ce qu'elle daignait séjourner parmi elles, imaginèrent de lui offrir un divertissement allégorique, mêlé de chants. Le départ précipité de l'abbesse ayant empêché l'exécution de ce plan, on dut se borner à lui présenter le libretto de la fête projetée; et c'est cet exemplaire de dédicace que nous avons sous les yeux.

En tête, figure une épître dédicatoire à « Sa Grandeur », d'où nous avons tiré les renseignements qui précèdent. Quelques lignes placées à la suite nous apprennent que « dans l'amusement que l'on prend la liberté d'offrir à Madame, les Demoiselles Pensionnaires sont les interprètes des sentiments de la communauté ». C'est donc à ces pensionnaires qu'est due la composition du divertissement dramatique, qui est en vers, bien entendu. Chacune des trois parties qui le composent est précédée d'un argument en prose servant de commentaire. Dans la première, sept demoiselles, représentant sept vertus, dont l'abbesse offrait une « image parfaite de leurs différents charactères » (la Piété, la Douceur, l'Humilité, la Justice, la Chasteté, la Prudence et la Charité), « chacune avec des habits et des attributs relatifs à leur personnage, viennent, sous la conduite de la Reconnoissance, réciter des vers à l'honneur des vertus et de l'illustre personne qui les possède si éminemment ». Dans la seconde partie, quatre petites pensionnaires débitent leurs compliments à l'abbesse. Dans la troisième, des camarades plus âgées, symbolisant les quatre saisons et en costumes appropriés, devaient réciter de nouveaux vers, « pour faire connoître à Madame que ses religieuses des Filles-Dieu, dans toutes les saisons et dans tous les instants, seront toujours occupées de prouver à Madame leur tendre et respectueux attachement ». Cette petite fête intime devait être terminée par des chants. La musique de la partie vocale est jointe à la suite. Si la muse qui a inspiré ce scénario a une certaine grâce juvénile et naïve, la copie de notre exemplaire témoigne que les pensionnaires des Filles-Dieu étaient passablement brouillées avec l'orthographe.

Une seule ligne de texte et les armes frappées sur les plats de la reliure, armes surmontées de la couronne ducale et de la crosse d'abbesse, nous apprennent que l'héroïne de la fête appartenait à la maison de Pardaillan de Gondrin d'Antin. C'est Julie-Sophie DE PARDAILLAN DE GONDRIN D'ANTIN, appelée Mme d'Épernon, arrière-petite-fille de Mme de Montespan, et sœur du dernier duc d'Antin. Elle fut la dernière abbesse de Fontevrault.

Sur un des feuillets de garde, se trouve collé un patron de semelle, avec cette légende : « Juste mesure du pied de la sainte Vierge, tirée d'un de ses souliers (sic). » Nous n'en garantissons pas l'exactitude métrique. On ajoute qu'il y a « une indulgence de trente jours accordée à ceux qui diront trois Ave Maria et baisera (sic) la mesure ».

Une dédicace écrite à la page en regard nous apprend que ce volume a été donné à Mlle Fanny de Menou, le 28 octobre 1824.

37. **RECUEIL D'AIRS CHOISIS**, avec musique notée. — In-12, de 18 ff.; miniatures; mar. vert, milieu et dent. dor., doublé de soie jaune, tr. dor. (*rel. du* XVIIIe *siècle*).

Manuscrit de la fin du XVIIIe siècle, sur papier. Voici son contenu : 1° Air du *Devin du village*, de J.-J. Rousseau (*Si des galants de la ville...*); — 2° Air tendre (*Ah! que vos yeux, Iris...*); — 3° Ronde de table (*Ne songeons qu'à rire et boire...*); — 4° Rossignol, de l'Opéra-Comique (*Toi dont le ramage tendre...*); — 5° *Les Petits Riens*, vaudeville (*Les Petits Riens, enfans d'une aimable folie...*); — 6° *Le Philosophe*, vaudeville (*Je ne forme point de désirs...*); — 7° Air du *Devin de village* (*Je vais revoir ma charmante maîtresse...*); — 8° Ariette nouvelle (*Livrons nos cœurs à la tendresse...*); — 9° Musette du 5e acte du ballet des *Sens* (*La paix et l'innocence règlent tous nos plaisirs...*); 10° Ariette (*Auprès de celle que j'aime...*); — 11° *La Façon de le faire*, vaudeville (*Amans, qui marchez sur les traces des petits maîtres de la cour...*); — 12° Chanson de table, en duo (*Divin Baccus, sous ton empire...*); — 13° *La Nouvelle Rose* (*Tendre fruit des pleurs de l'Aurore...*); — 14° Air tendre (*Venez, Amour, venez embellir la nature...*); — 15° Duo nouveau (*Régnez, charmante Iris...*).

Ce recueil de pièces charmantes est orné de ONZE DESSINS EN COULEURS, sous forme d'en-têtes et de culs-de-lampe, représentant des fleurs, des fruits, des insectes, etc. De la bibliothèque Van der Helle.

BELLES-LETTRES.

AUTEURS PROVENÇAUX.

(Le titre : AUTEURS FRANÇAIS, a été omis par mégarde avant le n° 17).

38. RECUEIL DE POÉSIES PROVENÇALES : Roman de Daurel et de Beto, Mystère de la Passion, Chansons, Poésies dévotes. — In-8 ; non relié.

Manuscrit sur papier, daté de 1345, d'une haute importance pour la littérature provençale.

M. Paul Meyer, professeur au Collège de France, ayant bien voulu l'examiner, a constaté qu'il renferme dix pièces, dont huit ne se rencontrent dans aucun des manuscrits connus jusqu'à ce jour.

Voici son contenu :

1° *Débat entre la Vierge et la croix*, commençant ainsi :

> E alem tot en un die
> E gran rey volie venir
> A son sirvent per morir...

Pièce unique, qui, d'après les derniers vers, pourrait bien être de Matfre Ermengaut, auteur du *Breviari d'amor*. Elle est terminée par cette souscription : *Finito libro, sit laus et Christo Ament. Anno Dñi* M° ccc° xlv Ar.

2° *Lo Favre d'Uzeste* :

> Lox es que hom se deu alegrar.

Cette pièce se trouve dans plusieurs chansonniers.

3° Chanson :

> Quant ben me suy apesat...

Pièce également connue. Elle est suivie de cette mention du nom du propriétaire du volume : *Iste liber est* Arnaldi Grini *de Togete* (?) *et de las portas et de Aux*.

4° *Les Sept Joies de la Vierge* :

> Voleds audir los .vij. gaus principaus
> Que n'ayo el filh de Dieu lo mayre sperital...

Cette rédaction diffère de celles qu'on connaît déjà.

5° Fragment d'un fableau :

> A vos que et[z] aysi dirai
> Unas paucas novas que ay...

Texte inconnu jusqu'ici.

6° *Les Quinze Signes du Jugement* :

> Senhors humilmens m'entendets
> D'una punsela cum parlet...

Rédaction jusqu'ici inconnue de cette pieuse légende sur la seconde venue du Christ.

7° *Lo Tractat dels noms de [la] mayre de Dieu* :

> Aquel senher que fetz cel e terra mar
> E formec tot quantes e fay lo mon durar...

Pièce inconnue, composée de trente-six quatrains alexandrins.

8° Les Heures de la Vierge : *Romans de las hores de la crot ad matutinas* :

> Jhesu crist veray senhor
> Que per mi paubre pecador...

Pièce inconnue.

9° Mystère de la Passion : *Aysi comença la pasio Jhesu Christ a sant Peyre a sant Johan e disti... a Jhesu* :

> Maestre sius platz aturar
> Sos autres te volem demandar.

Pièce capitale de ce recueil. On ne connaît, en effet, que trois pièces ou fragments de pièces du théâtre sacré provençal du moyen âge.

10° *Le Roman de Daurel et de Beto* :

> Plat vos auzir huna rica canso
> Entendet la si vos plas escotar la razo
> D'un rica duc de Franca e del comte Guio
> De Aurel lo joglar e de l'enfan Beto.

Cette chanson de geste va être prochainement publiée par M. Paul Meyer pour la Société des anciens textes français.

AUTEURS ITALIENS.

39. DANTE. La Divina Commedia. — In-fol., de 155 ff.; lettres ornées; demi-rel., dos et coins de vél. blanc.

Précieux manuscrit, daté de 1357, sur papier. A la première page, sur une sorte de console divisée en trois compartiments horizontaux, peints en jaune, en rouge et en vert, et bordés de rouge, est inscrit ce titre : *Dantis Aligherij* || *de Florentia comedia* || ∞ CCCLVII. Au-dessus de ce titre, se trouve l'indication du nom du premier propriétaire de ce manuscrit, Georges Calderari, indication écrite de la même main que le poème entier et suivie aussi de la date de 1357 : *Iste liber est domini magistri Georgij*... DE CALDERARIIS, *quem Deus ipsum benedicat in corpore et in anima. Amen ∞ CCCLVII.*

Le texte, commençant au feuillet suivant, est précédé de cette rubrique : *Incipit comedia Dantis Aligherij de Florentia* || ĩ qª *tractatur de uicijs et vertutibus* (sic) *penis et* || *premijs et diuiditur in tria canticha primũ* || *cst de infernis et inferno. Secondum de pur* || *gandis et purgatorio. Tercum* (sic) *de beatis e par* || *adiso. Primum quidem triginta quatuor cantus* || *in se continet. Secondum triginta tres tantũ.* || *Tercium uero non discrepat a secundo nuõ* [*numero*]. || *Et sic pro totum centum cantus ample* || *titur ambitus comedie.* || *Incipit primus cantus primi cantici in qº* || *prohemizatur breuiter totum opus*. Chaque chant est précédé d'un sommaire en latin. L'*Enfer* finit au verso du f. 71 par cette souscription : *Explicit prima canticha comedie dantis In qua trattat*ʳ || *de penis inferni*. Au-dessous, une ligne d'écriture a été grattée. Le feuillet qui suit est blanc. Le *Purgatoire* finit au f. 143 vº et le *Paradis* s'arrête avec le douzième vers du sixième chant.

Chacun des trois livres est orné d'une grande initiale en couleurs renfermant une figure en buste. Celle de l'*Enfer* est sans doute censée représenter Dante lui-même, vêtu d'une robe écarlate et coiffé d'un bonnet brun; celle du *Purgatoire* fait voir un personnage ayant les mains jointes, dans l'attitude de la prière, vêtu d'une robe d'un vert foncé, avec col et poignets jaunes, et coiffé d'une toque jaune; celle du *Paradis* offre l'image de la Béatrice tenant un oriflamme jaune avec une croix et une bande rouges. Chaque chapitre commence par une initiale peinte.

Ce qui rend précieux ce manuscrit, c'est sa date certaine et la correction de son texte. Il a été écrit, en effet, trente-six ans seulement après la mort de Dante. Parmi les manuscrits avec date authentique, il n'y en a que huit qui soient antérieurs au nôtre. Le plus ancien est celui de lord Ashburnham, daté de 1335; des sept autres, six sont conservés en Italie, et un seul, écrit en 1351, fait partie de notre Bibliothèque nationale. Parmi les manuscrits de Dante non datés, il n'y a qu'un petit nombre qui puissent être considérés comme antérieurs au nôtre. Le plus célèbre des dantophiles d'aujourd'hui, M. Ch. Witte, à qui on doit une excellente édition critique de la *Divine Comédie* (Berlin, 1862, in-4º), y a établi, après trente-cinq ans d'études, que les manuscrits les plus corrects de cette épopée sont : celui de *Santa Croce*, daté de 1343 et conservé à la Laurentienne de Florence; 2º celui du Vatican, dont l'exécution avait été attribuée à Boccace; celui de la Bibliothèque de Berlin; 4º celui du duc de Sermoneta. La comparaison de notre texte avec celui de l'édition de Witte nous a permis de constater que notre manuscrit doit être rangé parmi les meilleurs. Exécuté par un copiste intelligent et attentif, il est presque exempt de leçons modernes qui déparent la majeure partie de ses aînés, et les incorrections y sont peu nombreuses.

40. PETRARCA (Fr.). Canzoniere. — In-fol., de 64 ff.; encadrement et lettres ornées; ais de bois recouverts de veau fauve, fil. à fr., tr. dor. (*rel. italienne du* xvº *siècle*).

Beau manuscrit exécuté en Italie à la fin du xivº siècle, sur VÉLIN. Il commence par ce titre en rouge : *Francisci petrarce* || *laureati poete re¾* *uulgarium fragmenta incipiunt*. ꝶ. Il est divisé en deux parties. La première, renfermant les sonnets et *canzoni* en l'honneur de Laure de son vivant, est terminée par cette souscription (f. 44 v°) : *Francisci petrarce poete laurati / de dilecte Laure sue uita / quam uiginti uno annis laudădo* || *decantauit liber primus uulgarium carminum explicit. deo grās am̃*. Le dernier sonnet de ce livre est celui qui commence par :

Arbor vittoriosa trionfale,

tandis que les éditeurs modernes le font suivre encore d'une *canzone* et de deux sonnets qui figurent ici au second livre. Les quarante et un derniers vers de la première *canzone* et les trente-cinq premiers de la seconde manquent. On y trouve (f. 21 v°) un madrigal, commençant par :

Donna mi vene spesso nella mente...,

qui ne paraît pas avoir été recueilli dans les éditions imprimées.

Le second livre porte ce titre : *Rerum uulgarium laureati poete Francisci petrarce liber secundus de recessu* || *a uita presenti amate sue Laure incisci*. ꝶ. Il finit par la célèbre *canzone* à la sainte Vierge.

Il est à remarquer qu'au milieu de ces poésies ayant Laure pour sujet, le copiste a intercalé des sonnets et des *canzoni* adressés à des personnages divers et qui n'ont aucun rapport avec elle.

Les vers en général se suivent par deux et quelquefois par trois sur la même ligne.

La première page est entourée d'un cadre composé d'une bordure en compartiments filigranés peints en or, autour de laquelle s'enroulent des rinceaux en couleurs. Les quatre coins de ce cadre se détachent en médaillons. Celui du haut, du côté gauche, renferme un laurier, par allusion au nom de l'amante du poète, laquelle est représentée à mi-corps dans le médaillon faisant pendant. Entre ces deux médaillons s'en trouve un petit avec la figure de Cupidon armé de son arc et portant une corbeille de fruits. Dans un des médaillons du bas, on voit un chien entravé par un bâton attaché à son collier; dans l'autre est un monogramme surmonté d'une couronne. Entre ces médaillons est un beau cartouche renfermant un écusson dont les armoiries ne sont plus reconnaissables, écusson tenu par deux anges et surmonté d'un casque ayant pour cimier une jeune fille qui tient de la main droite une corne d'abondance et a dans la gauche une banderole avec les initiales F. P. V. (Francisci Petrarcæ Versus?). Le cartouche entier est tenu par deux léopards. Les montants verticaux du cadre sont coupés chacun par un médaillon contenant un monogramme composé de lettres B. L.

L'initiale V. du premier sonnet (*Voi ch' ascoltate...*) renferme une petite miniature, très-finement peinte, représentant Pétrarque écrivant ses poésies. Chaque pièce de vers commence par une initiale en couleurs.

A la fin du volume, à la place d'une souscription grattée, on lit celle-ci, d'une écriture du xv° siècle : *Petrarcei Carminis dulcedine captus* BERNARDINUS BARBUS, Franc¹. Pet¹. *filius, Musa♃ emulator, volumen hoc, diuo♃ Auribus non indignus, sibi posterisque, et optimo♃ tm̄ Amico♃ gratuito usui, peculiari sumptu studuit compandum : ne computetur in Assem.*

41. PETRARCA (Fr.). Trionfi. — In-8, de 41 ff.; lettres ornées; ais de bois recouverts de mar. rouge du Levant, fil. à fr. et riches compart. dorés, tr. dor. (*reliure italienne du xv° siècle*).

Charmant manuscrit du xv° siècle, sur VÉLIN. Il commence par ce titre, en trois lignes, en lettres capitales or et azur : *Trionfi dello egregio* M' || F. *Petrarca. Trionfo* || *dello Amore felicime*[*nte*].

L'écriture ronde de ce volume est fort belle. Les titres des six triomphes et ceux des chapitres sont or et azur, et l'éclat de l'or est vraiment surprenant; les initiales sont peintes en camaïeu d'or sur fond de couleurs variées. La marge intérieure de la première page est ornée d'un montant de bordures or et couleurs. Dans le bas de cette page, deux anges tiennent une couronne de laurier entourant un écusson armorié : *D'azur à l'écrevisse de gueules en pal.*

La reliure, de style vénitien, est presque dorée en plein.

42. BOEZIO (A. M. T. S.). Della Consolazione filosofica, volgarizzato da maestro Alberto della Piagentina, fiorentino. — In-4, de 79 ff.; vélin.

Beau manuscrit exécuté en Italie au xiv° siècle, sur VÉLIN.

Cette traduction anonyme, en vers et en prose, du traité célèbre de Boèce (voir plus haut, le n° 22), est d'Alberto della Piagentina, dit le maître Alberto de Florence, qui la fit en 1332, pendant son emprisonnement à Venise. Elle commence ainsi sans aucun titre :

> Io che compuosi già uersi τ cantai
> Con studio fiorito, son costrecto
> Di scriuer canti di tristitia τ guai
> Eccho le lacerate nel mio pecto...

Le morceau en prose qui suit cette pièce de vers débute par ces lignes : *Quando mecho queste cose tacito ripensaua et lacrimosa lamentansa collo stile scriuea, sopra lo mio capo stare una femina e veduta di volto molto da riuerire, co' ochi ardenti...*

Le volume finit ainsi : *Se infignere nõ ui uolete, grãde necessitade di probitade ue imposta. Conciosia che i uostri acti fate dinançi alliocchi del giudice che tutto dicerne. — Explicit liber iste. Grã sit tibi xp̃e.*

Les sommaires des chapitres sont écrits sur les marges, le plus souvent en latin, quelquefois en italien.

Cette traduction, dont les manuscrits du xiv° siècle sont rarissimes, a été publiée par D.-M. Manni, à Florence, en 1735.

43. ALBERTI (Leone Battista). Il Cane, traducto in lingua patria per Piero di Marco Parenti, Fiorentino. — In-8, de 32 ff.; lettres ornées; ais de bois recouverts de mar. brun, ornements à froid, tr. dor. (*reliure italienne du* xv*e siècle*).

Manuscrit de la seconde moitié du xve siècle, sur VÉLIN. Il commence par une épître dédicatoire de *Piero di Marco Parenti à Lionardo di Benedecto Strozi,* épître qui offre de l'intérêt pour l'histoire de la renaissance des études grecques en Italie. L'initiale dorée de cette épître est enchâssée dans les entrelacs d'une bordure en couleurs; il en est de même pour l'initiale de l'opuscule dédié, qui est précédé de ce titre : *Comincia il Cane di M. Baptista Alberti, traducto, etc.* (comme ci-dessus). Le volume est terminé par le mot : *Finit. B. F.*

Le petit opuscule latin intitulé *Canis* a été consacré par le célèbre architecte florentin à l'éloge de son chien. Il est écrit avec beaucoup de grâce et d'esprit : à certains passages on croirait qu'il s'agit non d'un animal, mais d'un personnage. Cette traduction italienne ne paraît pas avoir été imprimée.

C'est l'exemplaire même dédié à Benoît STROZZI dont les armes (*d'or, à une fasce de gueules chargée de trois croissants d'argent*) figurent au bas de la première page, au milieu d'une couronne de laurier tenue par deux anges.

HISTOIRE

AUTEURS GRECS ET LATINS

44. EUSTATHE. Commentaires sur Denys le Périégète (en grec). — In-4, de 200 ff.; lettres ornées; mar. fauve, fil. à fr., milieu et fleurons en or, tr. dor. (*Lortic*).

 Manuscrit sur papier, exécuté probablement en Italie vers la fin du xve siècle. Il commence par cette rubrique écrite au-dessous d'un en-tête peint : Ἐυσταθίου εἰς τὴν διονισίȣ περιήγησιν. Suit l'épître dédicatoire à Jean Ducas, sans aucun titre spécial.

 Ce commentaire a été publié bien des fois, et en dernier lieu par M. Ch. Müller, dans le t. II des *Geographi græci minores* (édition Didot, 1861). Dans les prolégomènes de cette édition (p. xxxix), notre manuscrit est compris dans un classement par familles. Comme beaucoup d'autres, il ne contient pas la fin du commentaire, bien qu'il soit complet en lui-même; il s'arrête avec les mots : ...γλυκέως γράφων καὶ φράζων qui correspondent à la treizième ligne de la page 400 de l'édition Didot.

 Une seconde main italienne a ajouté de temps en temps quelques corrections tirées sans doute d'un autre manuscrit. L'écriture de ce volume est fort belle.

45. STRABO. De Situ orbis terræque descriptione. (Traduction latine de GUARINI de Vérone.) — In-fol., de 211 ff.; ais de bois recouverts de veau brun gaufré, tr. dor. (*rel. italienne du* xve *siècle*).

 Manuscrit sur papier, exécuté à Ferrare en 1456.
 Nous n'avons ici qu'un second volume de cette traduction, comprenant les neuf derniers livres (IX-XVII.) Il porte en tête le titre général : *Strabo de situ orbis*, et plus bas, cette rubrique : *Strabonis de situ orbis liber Oc-*

tauus explicit. Sequitur eiusdem liber nonus. Les dernières lignes du texte sont : *Ceterum ĩ cesariana portione & reges ĩ potentatu consistentes p'ncipes & decuriones & hoc tēpore & supioribus annis sunt sempq3 fuerunt. Finis.* La rubrique finale porte : *Strabonis de situ orbis terreq3 descriptione liber de‖cimus septimus et ultimus a* Guarino Veronensi ĩ *latinũ ‖ conuersus linguam, absolutus est anno Christi* Mcccc° lvi° ‖ *tercio Idus Iulias Ferrarie.*

Il a donc été terminé du vivant et peut-être même sous les yeux de ce célèbre humaniste qui, à cette date, professait avec éclat à Ferrare.

On a répété bien des fois que Guarini n'avait traduit que les dix premiers livres de Strabon, et cette assertion provient de ce que, dans la première édition latine du grand géographe, celle de Rome, 1470 environ, on n'a publié que les dix premiers livres de la version de Guarini, en les faisant suivre, pour les sept autres livres, d'une traduction due à Grégoire Typhernas. Jean André, auteur de l'épître dédicatoire au pape Paul II, placée en tête de cette édition, se borne à déclarer que la partie concernant l'Europe (livres I-X) est de la version de Guarini, et que celle relative à l'Asie et à l'Afrique a été prise sur le manuscrit autographe de Typhernas.

Déjà au siècle dernier, F.-Sc. Maffei a prouvé (*Verona illustrata*, II, 131), sur le vu des manuscrits autographes de Guarini, que ce grand helléniste a traduit tout l'ouvrage de Strabon. La rubrique finale de notre volume confirme cette démonstration, et, ce qui la complète, c'est que la traduction des sept derniers livres contenue dans notre manuscrit, et qui n'a jamais été publiée, diffère entièrement de celle de Typhernas.

Guarini traduisit Strabon sur l'ordre du célèbre pape Nicolas V.

46. DICTIONARIUM montium, silvarum, fontium, lacuum, fluviorum, paludum, stagnorum et marium. — **POMPONIUS MELA.** Cosmographia. — In-fol., de 110 ff.; bas., tr. jasp. (*rel. du* xviii° *siècle*).

Manuscrit du xv° siècle, sur papier. Le premier ouvrage, d'un auteur anonyme, débute par un prologue commençant ainsi : .... *equidem fessus a labore quodam egregio et aliquali otio vires restaurare cupiens, venit in mentem...* Ce dictionnaire est divisé en huit parties, consacrées respectivement aux montagnes, aux forêts, aux sources, aux lacs, aux fleuves, aux marais et aux mers ; chacune de ces parties est rédigée selon l'ordre de l'alphabet.

La Description de la terre par Pomponius Mela est précédée de cette rubrique (f. 87 r°) : *Cosmographię Pomponii Melle prohemium incipit*, et terminée (f. 110 v°) par le mot : τέλος.

La reliure de ce volume porte les mêmes armoiries, avec attributs et devise, que notre manuscrit de Térence décrit plus haut, au n° 12.

47. JUSTINUS. Ex Historiis Trogi Pompei. — In-4, de 130 ff.; lettres ornées ; vélin.

Manuscrit sur vélin, exécuté en Italie au commencement du xv° siècle.

Les deux premiers feuillets contiennent une pièce de vers, commençant par :

<blockquote>Nihil immune est odiumq_; perit...</blockquote>

et finissant ainsi :

<blockquote>Dic mihi musa virum Troie, qui primus ab oris.</blockquote>

L'écriture de la majeure partie de la première page est effacée. Au haut de la troisième page, on lit le nom du copiste ou peut-être de la copiste de ce manuscrit, en lettres d'or : Ceneura Anogarolis (peut-être : A Nogarolis), *scripsi manu mea inmaculata*.

Le texte de Justin est précédé de ce titre également en lettres d'or : *Liber primus iustini felicit' incipit*. Il finit ainsi (f. 130 r°) : *...ad cultiorem uite usum traductvm ĩ formã prouĩcie redegit. Finis*. Initiales enluminées en or et en couleurs. Notes marginales en grec et en latin.

Au dos du volume on a écrit que ce manuscrit date de 1390 ; nous ne voyons pas d'où l'on a pu tirer cette date.

48. POLYBIUS. Historiarum libri superstites, e græco in latinum sermonem conversi per Nicolaum Perottum. — In-fol., de 190 ff.; bordures et lettres ornées ; demi-rel. veau, tr. dor.

Manuscrit sur vélin, exécuté en Italie au xve siècle. Il commence par cette rubrique : *Nicolai Perotti in Polibii historiar‖vm libros prohemivm incipit fœliciter ‖ ad Nicolavm Qvintvm Pontificem M‖aximvm*, et est terminé par ces mots : ΘΕΩ ΧΑΡΙΣ ΚΑΙ ΤΜΝΤΡΙ (sic).

La première page est ornée d'une grande initiale enlacée par d'élégants entrelacs. Au bas de cette page est une bordure de même style renfermant au centre un rond avec des armoiries effacées. Six autres grandes initiales enluminées décorent ce volume.

Cette traduction des cinq premiers livres de Polybe a été imprimée pour la première fois à Rome en 1473.

49. CURTIUS (Quintus). De Rebus gestis Alexandri magni. — In-4, de 166 ff.; bas., tr. rouge (*rel. du* xviiie *siècle*).

Manuscrit sur vélin, exécuté en Italie dans la première moitié du xve siècle. Il ne commence qu'au troisième livre de cette histoire : *Inter hec Alexander ad conducendum....* et finit par cette ligne du dixième et dernier livre : *omnisq_; memoriɇ ac nomini honos habetur*. La place des rubriques et d'initiales des livres a été laissée en blanc. Notes marginales.

La reliure porte les mêmes armoiries que celles de notre Martial, décrit plus haut au n° 10.

L'ouvrage de Quinte-Curce a été imprimé pour la première fois à Rome, vers 1470.

50. SALLUSTIUS (C. Cr.). Catilinaria et Jugurthina bella. — **CICERO (M. T.).** In L. Catilinam. — **CATILINA (L.).** In

M. T. Ciceronem. — Pet. in-fol., de 62 ff. (le dernier est blanc); lettres ornées; mar. rouge, riches compart. à fr., tr. dor. (*Lortic*).

<blockquote>
Manuscrit sur VÉLIN, exécuté en Italie au commencement du xv° siècle. Le premier ouvrage est précédé de cette rubrique : *Incipit liber de Catilinario bello Salvstii Crispi*. La Guerre de Jugurtha (f. 14 v° à 42 v°) est terminée par la rubrique : *Explicit Ivgvrthinvm*. Les quatre Catilinaires, dépourvues de titres, occupent les ff. 43 à 58 r°, suivies du discours prononcé au Sénat par Catilina, en réponse à la première harangue de Cicéron. Le mot *Finis* termine le volume.

Belles initiales à entrelacs, en or et en couleurs.
</blockquote>

51. **CÆSAR (J.). De Bello Gallico, Civili, Alexandrino, Africano et Hispaniensi Commentaria.** — In-fol., de 203 ff.; lettres ornées; bas., tr. jaspée (*rel. du* xvIII° *siècle*).

<blockquote>
Manuscrit sur papier, exécuté en Italie à la fin du xv° siècle. Il commence par la *Guerre des Gaules* sans aucun titre. Les sept livres des commentaires sur cette guerre sont suivis de la continuation de Hirtius (f. 76 v°). La *Guerre civile* commence au f. 89 r°, la *Guerre d'Alexandrie* au f. 120 v°, la *Guerre d'Afrique* au f. 168 r°, enfin la *Guerre d'Espagne* au f. 191 v°, finissant ainsi (f. 203 r°) : ... *Quarum laudibus et uirtute;* plus bas: *Deo gratias,* et le nom du scribe : GEORGIUS. Au-dessous on lit: Τελως. NICOLAUS SCARAMPUS, *Antonij Scarampi filius, comentarioru̅ horum possessor Dei munere iuit Anno natiuitatis Domini M.D.XVIIII* (1519), *in donzena di Antog Thylesi di molta excellentia et furia. Vale a voi mi ricomãdo, a di discenom chi nõ ha roba mal se avra su la pratia dal resto.*

Au VII° livre de la Guerre des Gaules, on trouve les leçons correctes: *Segusianis, Ambluaretis, Blannoviis, Helvetiis,* etc.

La reliure porte les mêmes armes et devises que notre manuscrit n° 46 ci-dessus.
</blockquote>

52. **CÆSAR (J.). De Bello Gallico commentaria.** — In-4, de 114 ff.; encadrements et lettres ornées; mar. olive, compart. à fil. à la Grolier, tr. dor. (*Lortic*).

<blockquote>
Manuscrit sur VÉLIN, exécuté en Italie dans la première moitié du xv° siècle.

Dépourvu de titre, il commence par : *Gallia est omnis* || *diuisa in partes tris* (sic), et finit ainsi : *Iis litteris cognitis Rome dierum uiginti supplicatio redditur.* Il ne contient donc que l'œuvre de J. César, sans la continuation de Hirtius.

La première page est entourée d'un joli encadrement en or et en couleurs, formé de rinceaux et de feuillages. L'initiale G renferme un portrait d'homme à mi-corps, jeune et beau de figure, avec une longue chevelure blonde, vêtu de noir et tenant une épée haute. Ce portrait, fine-
</blockquote>

ment peint, est sans doute celui du premier propriétaire de ce volume dont les armes figurent au bas de la page : *de sinople au lion de sable armé et lampassé de gueules*; l'écu est tenu par deux enfants chaussés de petites bottes rouges et n'ayant qu'un mantelet pour tout vêtement.

Chacun des sept livres du commentaire de la Guerre des Gaules est orné d'une riche initiale, combinée avec une bordure qui s'étend sur trois côtés de la page.

Un timbre de bibliothèque, composée d'une croix accompagnée des initiales P M, a été frappé à plusieurs endroits de ce volume.

53. **JOSEPHUS (Flavius). Antiquitates judaicæ. — De Bello judaico. (Ruffino Aquileiensi interprete.) — Gr. in-fol., à 2 col. (relié en 2 vol.), de 188 et 222 ff.; miniatures et lettres ornées; mar. brun, compart. dor. et à fr., tr. dor.** (*rel. anglaise moderne*).

Précieux manuscrit sur vélin, de la première moitié du xiie siècle, ayant appartenu à l'abbaye des Bénédictins de Saint-Tron, dans la province de Limbourg (Belgique), où, sans doute, il a été exécuté.

La première partie commence à la seconde page par cette rubrique, disposée en guise de titre courant et s'étendant à la page en regard : *Incipit. plogvs. Iosephi. in. Hystoria. Antiqvitat'. ivdaice*. L'initiale H du prologue est accompagnée à droite de plusieurs lignes de texte, très courtes et écrites alternativement en rouge et en noir : (H)*istoriã* || *conscribe*||*re dispo*||*nentibus* || *non unã* || *nec eandẽ* || *uideo ei'*||*dem stu*||*dij cau*||*sam sed* || *multas* || *existere*. || *& ab al*||*terutro* || *plurimũ* || *differentes*. A la suite de ce prologue viennent les sommaires des chapitres du livre premier, terminés par ces lignes en lettres onciales alternativement en rouge et en vert : *Expliciũt*. || *Capitula*. || *Incipit*. || *Liber. prim'*. || *Flavii. Io*||*sephi. His*||*toriarvm*. || *Antiquita*||*tis. Ivdaicæ*. Chacun des vingt livres des Antiquités judaïques est précédé d'un semblable sommaire des chapitres. Le tome II commence avec le livre XIVe. Le fameux passage du livre XVIII, relatif à Jésus-Christ, passage sur la paternité duquel la critique ne s'est pas encore prononcée d'une manière définitive, figure ici au f. 60 r°. Il est écrit en lignes alternativement rouges et vertes : *Fuit autem eisdem [Tiberii] temporibus* I H C (Jhesus) *sapiens vir, si tamen virum eum nominare fas est. Erat enim mirabilium operum effector, et doctor hominum eorum qui libenter qua vera sunt audiunt. Et multos quidem Iudeorum, multos etiam ex gentibus sibi adjunxit.* Xp̄c (Christus) *hic erat. Hunc accusatione primorum nostre gentis virorum cum Pilatus in crucem agendum esse decrevisset, non deservervnt [cum] hij qui ab initio eum dilexerunt. Apparuit enim eis tertio die iterum vivus : secundum quod divinitus inspirati prophetæ vel hæc, vel alia de eo innumera miracula futura esse predixerant. Sed et in hodiernum [diem] christianorum qui ab ipso nuncupati sunt et nomen perseverat et genus.* Les mots entre crochets ont été ajoutés postérieurement à l'encre noire.

Les Antiquités judaïques sont terminées (f. 94 v°) par cette inscription en lettres capitales, disposées sur neuf lignes alternativement en rouge et en vert : *Explicit. Liber. XX^s. Flavii.* || *Iosephi. Hystoriarvm. Anti* ||

quitatis. Iudaicæ. || *Feliciter. Amen.* || *Post. Viginti. Libros.* || *Antiquitatvm Seqvntvr* || *Alii Libri Nvmero. VII.* || *De. Bello.* || *Ivdaico*. Au verso du feuillet suivant, commence le prologue de la Guerre des Juifs par une rubrique en trois lignes et par ces mots : *Quoniam* || *bellvm quod cvm* || *popvlo romāno* || *gessere Ivdei, omni* || *um maximū quę nostra ętas vidit* ... La souscription finale (f. 220 v°), en grandes onciales, en rouge et vert, porte : *Explicit.* || *Liber. VII.* || *Flavii. Io* || *sephi. Hy* || *storiog* || *raphi. De.* || *Bello. Iv* || *daico*.

Le texte est d'une belle et grosse écriture. Les titres courants sont rubriqués et encadrés de vert; il en est de même des nombreux sommaires marginaux disposés en manchettes. L'ouvrage compte cinquante et un cahiers de huit feuillets; chacun de ces cahiers porte son numéro d'ordre, inscrit au milieu d'un ornement, au bas de la première et de la dernière page.

Ce qui assure à ce superbe manuscrit une haute valeur au point de vue de l'art, c'est sa remarquable décoration. Il ne contient qu'une grande composition, mais elle est magistrale. Elle occupe la page entière qui sépare le prologue du texte du premier livre des Antiquités (f. 3 r°). Les deux initiales I N du premier mot du texte (*In*) servent de base à cette composition. L'ornementation de ces lettres, renfermée entre deux listels d'or, rappelle la décoration des émaux rhénans de cette époque. La lettre I est placée au milieu de la lettre N et derrière sa barre oblique, ce qui forme trois lignes verticales terminées à leurs extrémités par un médaillon; un septième médaillon est au centre, au point d'intersection des deux lettres. Les sujets de ces médaillons nous offrent, sur un fond bleu ou vert, les Six Jours de la création et le Christ enseignant. A celui du centre touchent deux médaillons, représentant chacun une femme couronnée, assise sur un trône, un sceptre en main et la tête nimbée; c'est sans doute la personnification de l'Ancien et du Nouveau Testament. Au-dessus et au-dessous de ces médaillons on voit les quatre fleuves du Paradis, sous la figure d'hommes à moitié vêtus et tenant des urnes d'or renversés d'où l'eau se répand. L'ensemble de cette composition, qu'un fond général rouge fait vigoureusement ressortir, est circonscrite sur les côtés par les listels dorés de la lettre N, reliés entre eux, en haut et en bas, par des listels ondoyants aussi dorés, auxquels s'adaptent de petits ornements qui remplissent les vides. Au-dessous de cette composition, on lit la suite du texte en lettres d'or : ... *principio creavit* || *Deus celō et terram*. Le tout est entouré d'une bordure encadrée de listels argentés et décorée de feuilles entablées sur fond noir; elle est ornée de huit médaillons engagés, dont les sujets sont : un homme mangeant et buvant, le sacrifice d'Abraham, deux évangélistes ou prophètes, Jésus en croix, l'Église symbolisée par une femme assise et tenant une croix, un corps dans un cercueil, Jésus délivrant les âmes des limbes. Ce tableau, très compliqué et très clair cependant, nous offre un type parfait de l'art décoratif du xiie siècle et du symbolisme ingénieux qui fait sa gloire. L'attitude des personnages est noble et elle frappe par son cachet antique; le coloris est d'une tonalité fort discrète. Nous donnons, au catalogue illustré, une reproduction de cette belle page.

Le reste de la décoration de ce manuscrit ne consiste qu'en grandes initiales historiées (qui ont souvent près de 16 centimètres de hauteur), mais la majeure partie de ces initiales sont des chefs-d'œuvre d'ornementation. Elles se divisent en deux catégories : les unes sont peintes en rouge, bleu et vert; dans d'autres, l'or est associé à ces couleurs. A cette seconde catégorie appartiennent : l'initiale H du prologue des Antiquités, qui représente l'auteur écrivant son livre; celles du IX° et du X° livre du même ouvrage; celle (Q) placée en tête du prologue de la Guerre des Juifs, représentant l'auteur offrant son volume à un empereur accompagné de sa femme(?); et celle du premier livre de ce second ouvrage, représentant un homme détachant des grappes de raisin qu'il fait tomber dans un vase. Dans les initiales de la première catégorie, tout en couleurs, on distingue deux mains différentes. Celles du XI° et du XV° livre des Antiquités sont d'un artiste moins habile et moins expert dans l'art d'harmoniser les nuances; toutes les autres, et il y en a vingt et une, sont d'une remarquable beauté de dessin qu'un sage emploi des couleurs fait admirablement valoir. Ce sont des rinceaux fleuronnés dont les méandres sont tracés avec un goût parfait, combinés avec de gracieux entrelacs et auxquels on a quelquefois associé des chimères. Notez que l'artiste ne s'est jamais répété et que les mêmes lettres se présentent sous des formes différentes. Incontestablement on ne saurait trouver, sous ce rapport, un plus beau spécimen de l'art décoratif du XII° siècle. Afin qu'on puisse juger de la beauté de ces initiales, nous donnons la reproduction de quelques-unes dans notre catalogue illustré.

Nous avons dit que ce manuscrit avait appartenu au monastère de Saint-Tron. En effet, au bas de plusieurs pages, on lit : *Liber Sancti Trudonis*, et, à l'une, on a encore ajouté à la suite : *et Sancti Eucherii*. Au surplus, sur deux pages restées en blanc, et sur les deux feuillets de la fin, on lit la copie de plusieurs bulles émanant des papes et des évêques de Liège, portant concession des privilèges et confirmation des donations à l'abbaye de Saint-Tron. La première page est entièrement occupée par la copie d'une bulle non datée du pape Alexandre III, qui gouverna l'Église de 1159 à 1181 (*Alexander episcopus, servus servorum Dei, dilectis filiis* Winico, *abbati monasterii Sancti Trudonis ejusque fratribus...*), avec le fac-similé du sceau pontifical. La page blanche qui précède la Guerre des Juifs contient la copie d'une bulle du pape Lucius III, successeur d'Alexandre III, dans laquelle se trouve rapportée une charte émanant de Baudouin, évêque d'Utrecht, datée de 1184 ; elle porte également un fac-similé du sceau pontifical. Les deux derniers feuillets contiennent la copie des pièces suivantes : 1° *Henricus secundus, Leodiensis episcopus,* Wederico, *abbati ecclesiæ Sancti Trudonis* (accordant à l'abbaye de Saint-Tron l'église paroissiale de Notre-Dame, sise audit bourg, et l'église *de Mieles*; datée de 1163); — 2° *Alexander prepositus et arch[idiaconus] Leodiensis ecclesie...* Winico, *abbati Sancti Trudonis* (relative à la même concession; datée de 1171) ; — 3° *Rodulfus, Leodiensis episcopus,* Wederico, *abbati...* (relative à l'église Notre-Dame ; datée de 1171); — 4° du même au même, au sujet de l'église *de Mieles*; sans date; — 5° Confirmation des privilèges de l'église de Saint-Tron, par Arnold, archevêque de Trèves ; datée de 1177.

Le côté intéressant de ces documents consiste en ce qu'ils contiennent une foule de noms de cardinaux, évêques, etc., cités comme témoins ou comme signataires de ces privilèges. L'écriture de ces copies est bien du xii° siècle, mais postérieure à celle du manuscrit.

Au commencement de notre siècle, ce précieux volume a appartenu à un couvent de Portugal; à l'époque de l'invasion de ce pays par l'armée de Napoléon Ier, il fut offert à un général anglais pour avoir protégé le même couvent. M. Didot l'a acquis de feu M. Boone, libraire de Londres.

54. JOSEPHUS (Flavius). De Bello Judaico (RUFFINO AQUILEIENSI interprete). — Gr. in-fol., à 2 col., de 109 ff.; lettres ornées; mar. La Vallière, riches compart. à fr., tr. dor. (*Hagué*).

Beau manuscrit sur VÉLIN, du xii° siècle. Il commence par cette rubrique : *Post antiquitatis libros uiginti. hi se||quuntur qui captiuitatis iudaice. et || excidij iherl'm [Iherusalem] inscribunt' numero VII*[te] *|| Flauij iosephi hystoriographi liber pri||mus de bello iudaico incipit. c'p.* 1. Le texte finit à la première colonne de la dernière page, par ces mots : ... *quod eam solum p om͞ia que scripsi habuerint coniecturam.* Au-dessus, on lit sept vers qui nous apprennent que le scribe de ce volume a copié le Flavius Joseph entier, c'est-à-dire tout ce qui en avait alors été traduit en latin, ce qui démontre qu'il a existé de la même main un premier volume contenant les Antiquités.

<blockquote>
Solus ego Josephum scripsi totumque peregi
Nec socius mecum scriba vel alter homo.
Ergo domus felixque penus cui talia condo...
</blockquote>

Une dernière ligne nous donne le nom de ce scribe : *Anima* WALTHERI *scribe requiescat in pace. Orate fratres. Amen.*

Ce nom de Walther, ainsi que l'ornementation des grandes initiales placées en tête de chacun des sept livres de cet ouvrage, fait présumer que notre manuscrit a été exécuté dans une abbaye bénédictine de la Belgique ou des bords du Rhin. Son écriture offre beaucoup d'analogie avec celle du manuscrit décrit à l'article précédent. Il provient, en effet, de la Belgique, et a figuré en dernier lieu à la deuxième vente du marquis d'Astorg (1870). Sa conservation ne laisse rien à désirer.

55. OROSIUS (Paulus). Chronica. — EUTROPIUS et PAULUS DIACONUS. De Gestis Romanorum. — RUFUS FESTUS. Breviarium de Gestis Romanorum. — PSEUDO-CALLIS-THENES (?). Gesta Alexandri. — EGINHARDUS. Gesta Karoli imperatoris. — MONACHUS SANGALLENSIS. Gesta Karoli imperatoris. — JOANNES Presbyter. Epistola ad imperatorem Emanuelem. — ROBERTUS MONACHUS. Expeditio Hierosolimitana. — In-4, de 226 ff.; ais de bois recouverts de vélin blanc, compart. et médaillons à fr., fermoirs (*rel. du* xv° *siècle*).

Précieux manuscrit sur VÉLIN, exécuté au xii° siècle. Voici quelques détails sur les ouvrages qu'il renferme :

L'abrégé de l'histoire de Paul Orose est précédé de cette rubrique (f. 1 r°) : Incipit liber Orosii prb'i, au-dessus de laquelle on lit ce titre d'une écriture postérieure : Excerptū ex libro Pauli Orosii pbr̃i. Le texte commence par ces mots : *Ego initium miserie hominum ab initio peccati primi hominis ducere institui...*, et finit ainsi (f. 27 v°) : *... et Heliam vocari de pronomine suo percepit.*

L'Histoire romaine d'Eutrope, revue et continuée par Paul Diacre, auquel appartiennent entièrement les sept derniers livres, est précédée de cette rubrique (f. 28 r°) : Incipit lib' De Origine Romani ĩpii. Le texte commence par : *Primus in Italia, ut quibusdam placet, Ianus regnavit...*, et finit ainsi (f. 96 v°) : *et ejus in loco Anastasius presbyter ordinatus est.* Cet ouvrage, divisé habituellement en dix-huit livres, n'en a ici que dix-sept, les livres XII et XIII étant compris dans un chapitre unique. Notre texte diffère considérablement de celui de la nouvelle revision faite par un continuateur de Paul Diacre, dont nous avons le travail dans le volume décrit à l'article qui suit.

Immédiatement au-dessous, se trouve le Résumé des victoires et des provinces du peuple romain, qu'on a souvent réimprimé à la suite d'Eutrope et d'Aurélius Victor. Le nom de son auteur a été désigné de plusieurs manières. La rubrique de notre manuscrit l'appelle Rufinus Consul (Incip' liber Rvfini Consvl' De Gestis Romano24); mais, dès les premières lignes du texte, il se transforme en Rurfus (sic, pour Rufus) Festus (*Pio perpetuo dño Valentiniano imperatori et semper augusto, Rurfus Festus v. c. [vir consularis]*). Habituellement on l'appelle Sextus Rufus. Ce résumé finit ainsi (f. 103 r°) : *Quibus cupidior regni quam gloriȩ Ioviani in imperio acquievit.* La terminaison habituelle de cet ouvrage, où l'auteur promet à l'empereur Valens de consacrer un autre travail à sa louange, terminaison qui ne comporte que quelques lignes, a été grattée dans notre volume à l'époque même de son exécution et remplacée par la rubrique du prologue de l'opuscule suivant. Notre texte de Rufus offre de nombreuses variantes avec les éditions imprimées.

L'histoire d'Alexandre le Grand, placée à la suite, est précédée d'un prologue commençant ainsi (f. 104 v°) : *Certamina et victorias excellentium virorum infidelium ante adventum Christi quamvis extitissent pagani, bonum et utile est omnibus Christianis ad audiendum et intelligendum...* Le texte, précédé de cette rubrique : Incipivnt Gesta Alexandri, débute par cette phrase (f. 105 r°) : *Sapientissimi namque Egiptiorum serentes mensuram terrȩ atque divinantes undas maris et celestium et stellarum ordinem computantes, tradiderunt universo mundo altitudinem doctrinȩ in magicisartitus.* Il finit ainsi (f. 143 v°) : *... quippe insistente Ptolomeo, cuius sororem Lisimachus in matrimonio habuerat, insidiis circumventus occisus est.*

Cette histoire romanesque d'Alexandre le Grand, auquel on donne pour père l'Égyptien Nectanebus, paraît être une version latine de l'original grec d'un auteur qu'on désigne sous le nom de Pseudo-Callisthène, version différente de celle attribuée à Julius Valerius, et publiée en dernier lieu par M. Ch. Müller à la suite d'Arrien (Bibliothèque grecque Didot). Elle se rapproche, dans une certaine mesure, du texte souvent imprimé au xv° siècle sous le titre de : *Historia* [ou *Liber*] *Alexandri*

Magni de preliis, et elle nous offre une rédaction bien plus complète que les autres, attendu qu'elle s'occupe même des successeurs d'Alexandre le Grand.

La Vie de Charlemagne par Eginhard est précédée de cette rubrique (f. 143 r°) : *Incipivnt Gesta Karoli imp'.*, et terminée par cette phrase (f. 155 r°) : *Hęc omnia filius eius Ludewicus qui ei divina misione successit in conspectu eodem brevi naris quam celerrime poterat per obitum eius summa devotione adimplere curavit.* Texte excellent.

Elle est suivie du premier livre de la vie du même empereur par un moine de l'abbaye de Saint-Gall, vie dont les manuscrits sont fort rares. La rubrique est (f. 155 r°) : *De uirtutibus Ka.* Le texte commence par : *Omnipotens regum dispositor ordinatorque...*, et finit ainsi : *... invenit in eo loco in quo steterat ille quasi carbonem teterrimum et modo extinctum. Explicit.*

L'épître du prêtre Jean est censée adressée à l'empereur grec Manuel et doit se rapporter à l'année 1165. Elle est précédée d'une rubrique et commence ainsi (f. 165 v°) : *Presbiter Johannes, potentia et virtute Dei et Domini nostri Jesu Christi, rex regum et dominus dominantium, Emanueli Romeon gubernatori salute gaudere et ad altiora grã ditandi....... Nunciabatur apud maiestatem nostram quod diligis excellentiam nostram...* Les derniers mots sont (f. 168 v°) : *... fac palacium filio tuo qui nasciturus est, qui est rex regum, et dominus dominantium erit terrę, et habebit palacium illud adeo.* Cette épître diffère beaucoup de celles qui ont été publiées à l'adresse des empereurs d'Allemagne et des rois de France.

Enfin, le dernier ouvrage de notre volume est le récit de la première croisade, fait en huit livres par Robert, moine de Saint-Remy, de Reims, témoin oculaire. Il a été publié plusieurs fois. Le texte de notre manuscrit est excellent. La rubrique du prologue est (f. 168 v°) : *Incipit plogvs sequentis operis*, et celle du Ier livre (f. 169 r°) : *Incip' expeditio ierosolimitana.* Un grand nombre de chapitres sont suivis de vers rimés, écrits à l'encre rouge. Voici ceux du premier :

> Qui legis hęc dicta,
> Ne sit tibi mens male ficta.
> Urbani pape
> Dulcia verba cape.

Le texte finit ainsi (f. 226 r°) : *... qui in Trinitate perfecta vivit et glorificatur Deus per omnia secula seculorum. Amen.* Il est suivi d'une courte épître du patriarche de Jérusalem.

Les feuillets de garde collés contre les plats de la reliure contiennent un fragment de quelque index dans lequel chaque mot est expliqué par d'autres mots analogues ou synonymes. Ce fragment, d'une écriture du xe siècle, sur quatre colonnes, se rapporte à la lettre E. Voici un exemple : *Extudit : tondendo extorsit et excludit.*

Les deux feuillets de garde placés en tête du volume appartiennent à un recueil de lettres concernant la juridiction ecclésiastique. L'écriture est de la fin du xie siècle. Les deux feuillets servant de gardes à la fin contiennent, d'une écriture du xie siècle, un fragment des offices de la fête de tous les saints.

Ce précieux manuscrit a très probablement appartenu à l'abbaye de Saint-Victor de Paris. D'après l'usage suivi dans cette célèbre bibliothèque, les titres des ouvrages contenus dans le volume ont été écrits sur une petite feuille de papier collée sur le premier feuillet de garde, vers la fin du xv° siècle, par un gardien de la librairie. Notre volume a une semblable étiquette dont le haut a été gratté, pour effacer la trace de son origine. Il en est de même d'une inscription qui se trouvait sur le plat de dessus de la reliure.

56. DARES PHRYGIUS (Pseudo-). De Excidio Trojæ. — ANONYMUS. Virgilii Aeneidos Synopsis. — EUTROPIUS et PAULUS DIACONUS. Historia miscella. — ANONYMI : Vita et gesta Apollonii regis Tyrii. — Translatio sancti Stephani protomartyris. — De Quodam Divite impio qui per beatum Laurentium salvatus est. — Translationes reliquiarum sanctæ passionis D. N. Jesu Christi a Constantinopolitana urbe ad civitatem Parisiensem, an. D. 1239 et 1241. — JACOBUS DE VITRIACO. Historia Hierosolymitana. — In-fol., à 2 col., de 187 ff. ; lettres ornées ; mar. citron, dos orné (*rel. française du* xvii° *siècle*).

Précieux manuscrit sur vélin, de la fin du xiii° siècle. Il commence par cette rubrique : *Incipit ep[isto]la cornelij ad salustianum cri‖spū in t'iano⁊ hystoria q̃ in g[re]co a darete ‖ hystoriographo fcā ‖ est*. Cette lettre de Cornelius Nepos à Salluste n'est pas plus authentique, comme on le sait, que le prétendu original grec de Darès le Phrygien sur lequel aurait été faite la présente traduction par Cornelius Nepos. Il ne reste rien de la véritable *Iliade* de Darès, citée par les auteurs anciens, et la relation écrite sous le couvert de son nom n'est qu'une supercherie d'un auteur latin du haut moyen âge. Elle a été imprimée bien des fois. Dans notre manuscrit, elle est terminée (f. 9 v°) par cette rubrique : *Hucusq͞ hystoria Daretis psc̄ipta ‖ fuit. Que autē secunt' leuipendens ‖ iō ñ t'nstuli. q͞m in greco uolumine ‖ minime repperj*. Cette addition commence par ces mots : *Igitur Eneas cum adhuc apud Troiam...* et finit ainsi : *Hyrcomeneus Palamonam, Epystrophum, Scidium*.

Le résumé de l'Énéide de Virgile qui vient à la suite (f. 10 v°), commence par cette rubrique : *Eneidum p̄sa sump̄ de u'‖gilio. qualit' enais a troia discessit. ‖ q̃ Romano⁊ fundauit impium*. Le texte débute par ces mots : *Eneas vero dum regem interfectum vidisset...*, et finit par ceux-ci (f. 24 v°)... *Eneas Lavininiam in matrimonium optataque Latini regna adeptus est et regnavit annis tribus. Primus in Italia ante ipsum, ut quibusdam placet, regnavit Ianus*. Cette dernière phrase relie cet opuscule à l'ouvrage qui suit, précédé par cette rubrique (f. 25 r°) : *Nomina Regum Italico⁊ ante vrbem conditam*. C'est la compilation de Paul Diacre, connue sous le nom d'*Historia miscella*, où l'écrivain lombard fit entrer l'ouvrage d'Eutrope, considérablement retouché par lui et qu'il continua jusqu'en 795 environ ; compilation refondue depuis par un anonyme et poursuivie jusqu'en 806. Elle commence par ces mots : *Primus in Italia, ut quibusdam placet, regnavit Ianus*. Cet ouvrage, qui offre plusieurs lacunes dans notre manuscrit, est divisé en vingt-sept livres, dont le dernier finit ainsi (f. 155 v°) : *Aderant autem et metropolitani, Nicenus videlicet et Kiucenus episcopi, presentibus quoque prius consiliariis cum Theodoro.*

L'Histoire d'Apollonius de Tyr qui vient après (f. 156 r°), commence par cette rubrique : *Incip' vita ut gesta apollonij regis || tirij q̃ ipē dictau'*, et finit par ces mots (f. 166 r°) : *... alterum in byblioteca sua posuit. Explicit Hystoria apollonij regis.*

Immédiatement au-dessous commence une courte biographie du philosophe Secundus. Elle débute ainsi : *Secundus fuit phylosophus ; hic phylosophatus est omni tempore vitę sę silentium conservans et pytagoricam ducens vitam*, et finit par ces mots (f. 167 v°) : *... Religiose legentem tres pariter custodi sancta Trinitas. Amen.*

La Translation des reliques de Saint-Étienne de Constantinople à Rome est une traduction de la relation grecque publiée plusieurs fois. Elle est précédée de cette rubrique (f. 167 v°) : *Incipit translatio sc̃i Stephani pthomar || tyris a Constantinopolitana urbe ad urbē || Romam.* Le texte commence par ces mots : *Totius veritatis auctorem immo veritatem ipsam....*, et finit ainsi (f. 169 v°) : *... Solu stili immutatione latius aliquantulum digessimus.*

A la suite de ce dernier mot, se trouve le titre rubriqué du récit d'un miracle opéré par saint Laurent, titre que nous avons rapporté plus haut. Le texte commence ainsi au feuillet suivant : *Temporibus domni Alexandri secundi papę et Cyrici imperatoris, fuit quidam prepotens et magnus vir in partibus Saxonię dives valde...*

Il est suivi d'un autre récit hagiographique, celui de l'Image de Notre-Dame de Sardenay, pourvu de cette rubrique (f. 171 r°) : *Incipit || de ymagine bē marie de Sardenay.* C'est une rédaction abrégée du récit publié plusieurs fois et en dernier lieu dans les *Historiens occidentaux des croisades*, t. II, pp. 513-514. Elle finit à la page suivante.

Nous arrivons maintenant à la pièce capitale de notre volume. C'est un récit détaillé des trois translations des saintes reliques de la Passion, de Constantinople à Paris, et de leur dépôt dans la Sainte-Chapelle, translations qui eurent lieu en 1239 et 1241. M. Miller, de l'Institut, a eu l'honneur de découvrir, dans notre manuscrit même, ce document précieux pour l'histoire de saint Louis, et il l'a publié dans le *Journal des Savants*, 1878 (pp. 295-302). M. N. de Wailly l'a reproduit ensuite dans la *Bibliothèque de l'École des Chartes*, 1878 (pp. 408-415), et M. L. Delisle a donné les variantes du manuscrit de Charleville (*ibid.*, 1879, p. 143-144). La rubrique initiale de notre manuscrit indique inexactement le contenu de cette relation (f. 172 r°) : *Incipit t'nslatō sc̃e corone dn̄i nr̄i ihu || X̃i a Constantinopolitana vrbe ad ciuitatē || parisiēn fc̃a āno dn̄i || m° cc.° xli regnāte ludouico || filio lu || douici || regĩs f'n || corum.*

Notre volume est terminé par l'histoire de l'Orient, due à Jacques de Vitry, évêque de Saint-Jean-d'Acre, puis cardinal et patriarche atin de Jérusalem, mort en 1240. Elle est précédée de cette rubrique (f. 174 v°) : *Incipit Hystoria ih'osoli || mitana abbᵉuiata magr̃i* Jacobi Acconēn. epĩ. || *Cur dn̄s t'rā scām uariis flagellis τ sub || alternis casibus exposuit. Capitl'm.* 1. Elle est incomplète de la fin et s'arrête avec la rubrique du chapitre lix.

L'écriture de ce manuscrit, qui provient de la bibliothèque Minutoli-Tegrimi, est de plusieurs mains.

57. COLLONE (Gaufridus de). Libellus super reliquiis sanctorum et sanctarum quæ in Monasterio Sancti-Petri-Vivi Senonensis continentur, et de fundatione dicti Monasterii, etc., etc. — In-4, de 144 pp.; lettres ornées ; mar. citron, riches compart. en or et à fr., tr. dor. (*Hagué*).

Précieux manuscrit sur VÉLIN, écrit à l'abbaye de Saint-Pierre-le-Vif de Sens, en 1293.

Geoffroy de Courlon (*Gaufridus de Collone*), moine bénédictin de cette abbaye, est principalement connu comme auteur d'une chronique universelle depuis la naissance de Jésus-Christ jusqu'à l'an 1295. Le fond réel de cette œuvre est une chronologie historique des archevêques de Sens, autour desquels l'auteur a groupé des faits empruntés à l'histoire hagiographique, à celle du monastère de Saint-Pierre-le-Vif, à celle de la papauté, de la France et des principaux États de l'Europe. Cette chronique n'a été publiée qu'en 1876, au nom de la Société archéologique de Sens, par M. G. Julliot.

Parmi les autres ouvrages de Geoffroy de Courlon qui ne sont connus que de nom, se trouve l'important recueil que nous allons décrire. Celui qui le sauva de la destruction et en parla un peu avec quelques détails fut Dom Hugues Mathoud, prieur de l'abbaye de Saint-Pierre-le-Vif, qui s'en servit pour sa dissertation sur les Origines de l'Église de Sens (*De vera Senonum origine christiana*; Paris, 1687). Enfoui pendant plus de deux siècles sous la poussière de la bibliothèque abbatiale, ce manuscrit fut exhumé une première fois en 1540 par le Père Bureteau, moine célestin du couvent de Sens, qui en tira parti pour son travail, resté inédit, sur l'histoire de cette ville. « Lors du pillage de l'abbaye par les huguenots, dit M. Julliot, il est enfoui sous les ruines de la maison abbatiale, et c'est dans les décombres que Dom Mathoud le retrouve en 1656. » Ce vénérable prieur a écrit sur les marges de la première page de notre volume une petite note sur son auteur, en y ajoutant ce qui suit pour consigner sa découverte : *Hoc libro usus est p. Burel' Cœlestin' anno 1540. Citat quidem hunc librum ex Buretello Domnus Victor Roseron (?) in Cronico suo anni 1650, sed non vidit; quem tandem reperi anno tantum 1656. D. Hugo Mathoud B'*. Afin de bien constater le droit de propriété de son monastère sur ce livre, il écrivit au bas de la même page : *Monasterij S. Petri Vivi Senonensis Congreg. S. Mauri. 1656.* Malgré cette précaution, il paraît que ce volume n'y resta pas longtemps. Sa destinée demeura inconnue et les Sénonais déploraient sa perte, lorsqu'il reparut en 1864 à la vente de la bibliothèque du docteur Michelin, de Provins, accompagné d'une note trop sommaire qui ne faisait nullement pressentir son importance. C'est là qu'il fut acquis par M. Didot.

Il commence par ce titre en rouge : *Incipit libellus editus super reliquiis sanctoȝ et || sanctaȝ que in monast'io scī petri uiui senoneñ || continentur et quomodo translate seu donate || fuerũt, et de fundatõne dcĩ monast'ii P'logus.*

Le prologue nous apprend que Geoffroy de Courlon a compilé cet opuscule par ordre du prieur pour servir au sacristain de guide-indicateur des saintes reliques conservées dans l'abbaye.

Une description sommaire de ces reliques est suivie d'une table des chapitres du volume entier, laquelle est précédée de cette rubrique qui fait connaître que ce travail a été rédigé en 1293 : *Hee sunt rubrice reliquiarũ monasterii sancti peti* || *viui senoneñ et qua4dam mat'iarũ libello p'sentis* || *cõscriptarũ anno dnĩ. M°. CC°. nonagesimo tercio.* Cette histoire des reliques sénonaises est intercalée au milieu d'un récit assez long de la venue du Christ, de sa vie et de sa passion, de la vie de la Vierge, suivie de nombreuses légendes et relations hagiographiques, entremêlées de faits relatifs à l'Église de Sens, en corrélation souvent avec l'histoire politique du pays et des contrées voisines.

A la suite, nous trouvons (p. 65) un récit sommaire de la fondation du monastère de Saint-Pierre-le-Vif par Théodechilde, fille de Clovis, ce qui fournit à notre auteur l'occasion de rapporter à sa façon une généalogie des rois des Francs antérieurs à celui-ci, à commencer par Priam, *primus rex Francorum.* Ce récit embrasse l'histoire de Basole, duc d'Aquitaine, prisonnier de Clovis, puis moine à Sens, et se poursuit jusqu'à la mort de sainte Théodechilde dont il nous fait connaître l'épitaphe, de même que celle de Basole, second bienfaiteur du nouveau monastère auquel il avait donné le bourg de Mauriac, en Auvergne.

A titre de complément, viennent ensuite : 1° une chronologie historique assez détaillée des abbés de Saint-Pierre-le-Vif (pp. 70 à 86), s'arrêtant à Jacques de Champigny qui gouvernait le monastère au moment de la rédaction du volume ; 2° une chronologie des archevêques de Sens (pp. 89-93) ; 3° une liste des rois de France (pp. 96-97). Ces trois listes ont été tenues au courant jusqu'au siècle dernier, aux pages blanches réservées à la fin de chacune d'elles.

L'ensemble de toutes ces parties contient le germe, la première pensée de la Chronique de Geoffroy de Courlon, rédigée deux ans plus tard ; bien mieux, le prologue presque tout entier de notre premier opuscule (« *Quoniam, ut ait Iheronimus, Paulus apostolus Christi ad pedes Gamalielis legem Moysi se didicisse gloriatur* », *per quod nobis datur intelligi,* etc.), et plusieurs chapitres ou passages ont passé textuellement, sauf de rares changements, dans la chronique en question. Ce qui plus est, notre manuscrit la dépasse de beaucoup relativement à l'histoire de l'abbaye de Saint-Pierre-le-Vif, par les nombreux détails qu'il contient et que le chroniqueur n'a pas fait entrer dans son grand ouvrage, et surtout par sa chronologie des abbés de ce monastère qui fournit nombre de renseignements absolument nouveaux. C'est ainsi que les notices consacrées aux trois abbés qui ont gouverné le monastère du vivant de notre auteur, et qui sont Geoffroy de Montigny, Simon de Charlieu et Jacques de Champigny, dépassent de beaucoup celles données par la *Gallia christiana* et par d'autres ouvrages spéciaux.

Notre manuscrit a en outre l'avantage considérable de nous éclairer, par Geoffroy de Courlon lui-même, sur sa famille et ses liens de parenté, ce qui permet de rectifier les renseignements erronés et contradictoires que ses biographes nous ont légués sous ce rapport. D'après la *Gallia christiana* (XI, 141), il serait issu d'une sœur d'Asceline de Courlon, mère de l'abbé Geoffroy de Montigny, dont, par conséquent, il aurait été cousin germain, tandis que M. Tarbé (*Histoire de Sens*) le dit frère de cet abbé. Notre chroniqueur déclare clairement (p. 33) qu'il était fils de la sœur de ce Geoffroy de Montigny, et par conséquent neveu de ce dernier *(prout ego frater* GAUFRIDUS *dictus* DE COLLONE *hujus loci monachus et sacerdos indignus, vidi, ascribere dignum duxi. Anno* M° *CC. octogesimo secundo, monasterio nostro vacante per mortem bone memorie domini* GAUFRIDI *abbatis,* SORORIS CUIUS FILIUS FUI, *accidit,* etc.). Il a donc eu pour mère une demoiselle de Montigny, et pour grand'mère Asceline de Courlon. L'épithète *dictus* DE COLLONE, qu'il se donne lui-même, prouve qu'il ne portait pas le nom de son père, qui demeure inconnu, et qu'il tirait le sien de son village natal, propriété de sa famille du côté de son aïeule. C'est en raison de cette parenté qu'il consacra à son oncle Geoffroy de Montigny une notice de six pages débutant par des renseignements généalogiques qui nous apprennent que cet abbé, fils de Guy de Montigny-Laucout (et non Lancour ni Lencoup), chevalier, était neveu de Norman, abbé de Saint-Remy de Sens, et cousin de Guillaume Jutard, aussi abbé du même monastère, et des frères Gauthier et Gilon Cornu, et de Henri et Gilon Cornu, neveux des précédents, tous les quatre successivement archevêques de Sens et issus d'une famille de chevalerie. Notre chroniqueur appartenait donc à l'une des plus vieilles maisons champenoises.

Notre manuscrit ne s'arrête pas avec les opuscules que nous avons décrits. A la suite de la liste des rois de France, vient l'*Office de sainte Vénère*, vierge et martyre, originaire de Nevers et dont les reliques étaient conservées à l'abbaye de Saint-Pierre-le-Vif. Cet office, accompagné de la musique notée (pp. 98-100), est suivi du récit de la passion de cette sainte (pp. 101-111), et de plusieurs hymnes et proses avec la musique notée (pp. 112-118).

Le volume est terminé par un calendrier servant d'*Ordo missarum*, calendrier qui emprunte une grande importance aux annotations qui l'accompagnent. Il contient, en effet, un essai d'obituaire de l'abbaye de Saint-Pierre-le-Vif, lieu de sépulture des archevêques de Sens et de la haute noblesse du pays. C'est très probablement Geoffroy de Courlon lui-même qui a noté aux jours correspondants, non seulement le décès de ses contemporains, mais même ceux appartenant au passé, autant qu'il a pu en avoir une connaissance exacte. D'une part, il sert ainsi de complément à la chronologie des archevêques de Sens et à celle des abbés de Saint-Pierre-le-Vif qui précèdent, et où la date des décès est ordinairement restreinte à l'indication de l'année ; de l'autre, il nous fournit des renseignements nécrologiques relativement à des personnes étrangères à l'Église de Sens. Voici quelques exemples de cette dernière catégorie : 4 janvier : *Obiit Agnes, uxor Anselli de Salligni, militis* ; — 13 janvier : *Obiit Theodericus, comes Montis Belias* [Montbéliard] *et Theodericus, filius ejus* ; — 8 février : *Obiit Guido de Rotanis, armiger,* etc.

Dom Mathoud a exprimé l'opinion que ce manuscrit était l'autographe même de Geoffroy de Courlon, ce qui ne nous paraît être vrai que dans une certaine mesure. Il contient, en effet, trois sortes d'écritures. Les quatre-vingt-dix-sept premières pages ainsi que le calendrier, écrits en grosse gothique, avec beaucoup de régularité, sont de la main d'un scribe habile dans lequel nous ne saurions voir notre auteur, par cette raison qu'il nous paraît légitime de n'attribuer à un autre qu'à ce dernier les additions faites à la chronologie des archevêques de Sens, et au calendrier, additions exécutées par une autre main, d'une écriture courante et très fine. Une troisième main a écrit toute la partie relative à sainte Vénère.

58. TAXES prélevées sur les églises du monde entier par la cour de Rome. Formules de serments, etc. (En latin.) — In-fol., de 208 ff.; bordures et lettres ornées; veau brun (*anc. rel.*).

Précieux manuscrit sur VÉLIN, exécuté en Italie à la fin du xve siècle et ayant appartenu au cardinal Pierre RIARIO et au pape JULES II.

En tête se trouve une table des églises cardinalices de Rome, précédée de ce préambule : *In Civitate Romana sunt quinque ecclesiæ, quæ patriarchales dicuntur; et sunt : Ecclesia Beati Joannis Lateranensis, quæ habet priorem; Ecclesia S. Petri, quæ habet archipresbiterum, qui debet esse Cardinalis; Ecclesia S. Pauli, quæ habet abbatem; Ecclesia S. Marie maioris, quæ habet archipresbiterum; Ecclesia S. Laurentii foris muros, quæ habet abbatem.* Cette liste est suivie de celle des évêchés du monde entier divisés en provinces ecclésiastiques, liste disposée selon l'ordre géographique. Elle est terminée par celle des rois chrétiens, et par deux chapitres dont l'un expose les causes qui ont amené la nécessité de l'incarnation divine, et l'autre rapporte les différentes opinions au sujet du moment précis où cette incarnation a eu lieu. Cette première partie de notre volume, lui servant d'introduction, occupe les dix-sept premiers feuillets, qui sont à deux colonnes, tandis que le reste est à longues lignes. Quatre feuillets suivants ont été laissés en blanc. Les trois premiers ont été utilisés en partie pour la transcription : 1° de la donation faite en 962 au pape Pascal Ier par Louis le Débonnaire, de la ville de Rome avec ses dépendances, de l'exarchat de Ravenne, etc., donation suivie du texte de la confirmation de l'empereur Othon ; 2° du récit des cérémonies de la prestation de serment par Charles-Quint après son élection (*Quæ sunt secuta in electione Caroli Regis Romanorum in dieta Vormatiensi*). L'écriture italienne de ces pièces paraît être du xviie siècle.

Le verso du f. 22 est occupé par une belle miniature représentant l'écu armorié du fameux pape Jules II (della Rovere) : *D'azur, au chêne englanté d'or*, surmonté des clés en sautoir et de la tiare. Un paysage sert de fond à cette peinture entourée d'un cadre en or et en couleurs. Au-dessous, dans un cartouche, sont les armes du fameux cardinal Pierre RIARIO : *Coupé d'azur et d'or, avec une quintefeuille d'or sur l'azur*. Les mêmes armoiries se trouvent répétées dans les parties inférieures d'une belle bordure qui décore la page en regard. A cette page commence une liste d'archevêchés, évêchés et abbayes du monde entier, avec l'indication du montant de la redevance qu'ils devaient au Saint-Siège. En tête de cette liste est celle des abbayes de Rome, par la raison indiquée dans cette entrée en matière : *Romana ecclesia sub se continet Abbates infrascriptos : et ideo in hoc opusculo preponitur ordine alphabeti pretermisso, quia omnium ecclesiarum caput est et magistra*. L'initiale R de ce préambule, faisant corps avec la bordure, porte au centre les armes du pape Jules II, avec les attributs.

Cette liste, qui nous permet de juger des revenus que la papauté tirait des églises de la chrétienté, est surtout précieuse en ce qu'elle constitue la statistique de la juridiction de la cour de Rome au xvie siècle et celle des abbayes, prieurés, etc., du monde catholique. Une main postérieure y a consigné tous les changements survenus dans le montant de la taxe, surtout par suite des réunions de nouvelles églises, chapelles, etc., à celles déjà imposées. Le premier nom de la liste est celui de l'archevêché d'Auch (*Auxitanensis ecclesia habet archiepiscopum... X*^{m}.), taxé à 10,000 florins d'or ou ducats, non compris les six abbayes de son archidiocèse imposées séparément. La taxe la plus élevée de toutes était prélevée sur l'archevêché de Rouen, taxé à 12,000 ducats. Canterbury, Cologne, Mayence et Trèves étaient taxés à 10,000 ducats ; Narbonne, à 9,000 ; l'abbaye de Cluny et l'évêché de Langres, à 8,000 ; Liège, à 7,200 ; Carcassonne, Cambray, Metz et Sens, à 6,000 ; Tournai et Toulouse, à 5,000 ; Utrecht, à 4,600 ; Salisbury, à 4,500 ; Auxerre, à 4,400 ; Arras, Bordeaux, Bourges, Chartres et Reims, à 4,000, de même qu'Orléans, dont la taxe cependant a été réduite à 2,000 ducats par Grégoire XI ; Lyon et Londres, à 3,000 ; Annecy, à 2,650 ; Dublin, à 2,600 ; Strasbourg et Tours, à 2,500 ; Agen, à 2,440 ; Alby, Arles et l'abbaye de Westminster, à 2,000 ; Avignon, à 1,800 ; Angers, à 1,700 ; Agde, Avranches et Florence, à 1,500 ; Marseille, à 700. Paris payait 3,500 ducats ; l'abbaye de Saint-Denis, 6,000, et celle de Saint-Germain-des-Prés, 8,000, taxe réduite de moitié par le pape Urbain V. Dans cette table curieuse ne sont pas comprises les abbayes de fondation royale en France, qui, à ce qu'il paraît, n'étaient tenues à aucune redevance à l'égard du Saint-Siège.

Toute cette partie est décorée avec un luxe exceptionnel. L'initiale du nom de chaque archidiocèse ou diocèse (et il y en a plus d'un millier) est renfermée dans un carré à fond d'or (de dimension variée, mais dont le minimum est de 2 millim. 1/2 de côté) richement enluminée, avec une variété infinie de motifs d'ornementation ; il y a des pages où neuf ou dix de ces initiales superposées, se touchant sans aucune interruption, forment une bordure éclatante. Au surplus, à chaque nouvelle lettre de l'alphabet, dont les dimensions sont plus grandes que celles des autres, la page est décorée, sur les trois côtés extérieurs, d'une belle bordure à rinceaux et feuillages.

Pour apprendre aux agents du fisc papal le rapport entre les monnaies des pays étrangers et les ducats romains, une main du xvie siècle a copié au f. 158 une table d'équivalence dressée par Sixte Saguaci, doyen de Cassano. Elle est précédée de ce titre : *Ad officium dominorum præsidentium Annonæ Almæ urbis, pro receptione sue partis annatarum, vz* [*videlicet*] *xxix pro Centenario, interesse nosce valorem et cursum monetarum secundum antiquam Cameræ apostolicæ consuetudinem ; idcirco, ad communem ipsorum utilitatem, cura et diligentia mea* Sixti Saguacii, *decani Cassanensis, dictorum Dominorum presidentium et portionariorum Notarii et Capellani, earum cursus infrascriptus est.* Cette curieuse table nous apprend que trois francs ou livres de France valaient alors deux ducats romains ; la livre sterling d'Angleterre, quatre ducats ; sept florins du Rhin, quatre ducats, etc.

Le reste du volume (f. 159-205) est occupé, d'un côté, par une série de formules d'engagements que les dignitaires ecclésiastiques pourvus de bénéfices étaient tenus de souscrire en faveur du payement de la taxe à laquelle ils étaient imposés, sans compter les cinq services habituels qu'ils devaient en outre fournir au profit des familiers et officiers du pape et des cardinaux ; de l'autre côté, par une série de formules des serments que devaient prêter à chaque souverain pontife tous les fonctionnaires et officiers de sa cour, grands et petits, depuis le camerlingue jusqu'au chef des cuisines (*supracoquus*). On y trouve aussi des formules de serments que prêtaient les patriciens de Rome, les recteurs des provinces, les gouverneurs des châteaux-forts, les archevêques et évêques du monde entier, etc. ; enfin une formule d'abjuration à l'usage des schismatiques, la formule du serment de vassalité prêté au pape Alexandre V par Jacques Orsini, comte de Tagliacozzo, et une semblable formule à l'usage des membres de la maison Malatesta. Au bas de la formule de serment à l'usage des Correcteurs des lettres apostoliques, on lit : *Die .xxi. Augusti.* Mccccxlviiij (1469) *iurauit* Fabriani, et au-dessous : S. Cousin. Toutes ces formules sont en latin, sauf celle à l'usage des fonctionnaires municipaux (*officiales*) de la ville de Rome, laquelle est accompagnée d'une traduction en italien (*reducta in vulgari pro clariori intelligentia omnium officialium*).

Aux deux derniers feuillets, on lit, d'une écriture postérieure à celle du volume, une liste d'églises de France dont la taxe a été réduite, et la copie d'un bref du pape Urbain V, du 3 mars de la première année de son pontificat (1363 n. st.), par lequel il concédait cette réduction (*Ordinatio et reductio decimæ de Francia persolvi consuetæ*). Une note finale fait connaître de semblables réductions opérées sur les églises de la Hongrie.

Ce précieux et beau volume, composé par le cardinal Pierre Riario et exécuté par son ordre pour son oncle, le pape Sixte IV, a ensuite, comme on l'a vu, appartenu au pape Jules II, un autre neveu du précédent.

AUTEURS FRANÇAIS

59. **MANDEVILLE** (Jehan de). Voyages d'outre-mer. — In-4, de 90 ff. ; miniature, bordures et lettres ornées ; velours cramoisi.

Manuscrit sur vélin, de la fin du xiv° siècle. Il débute par ce préambule servant de titre : *Cy apres cõmence le liure Iehan de Mandeuille* || *chlr̃ lequel est fait et compilé de plus's choses et merueilles q̃ le dit chlr̃ a veues par les pties* || *du monde ou il a esté...* Ce préambule est suivi de la table des cent chapitres qui composent cet ouvrage ; le tout occupe les trois premiers feuillets, et le quatrième est blanc. Le texte des Voyages est précédé de cette rubrique (f. 5 r°) : *Cy apres cõmence le liure Iehan de*

Mandeuille || *chlr̃ lequel parle de la terre sainte et de merueille'* || *que il y [a] veues*. Le premier cahier du texte (ff. 5 à 12) ayant manqué, a été très habilement refait à l'imitation de l'écriture du volume. L'ouvrage lui-même finit avec le chapitre 99, terminé par les mots (f. 89 v°) : *Cy fine Mess. Iehan de Mandeuille*. Ce chapitre est suivi d'un épilogue où l'auteur rappelle la date de son départ (1322) pour les pays d'outre-mer, et celle de la rédaction de sa relation (1356), à l'âge de 68 ans ; il finit ainsi (f. 90 r°) : *Qui en Trinité vit et regne par touz les siecles des siecles. Amen. Explicit Mandeuille.*

Ce volume est fort bien écrit et assez richement orné d'initiales enluminées, de bouts de lignes diaprés et quelquefois de bordures en branches de houx feuillées d'or et de couleurs. A la première page du récit a été copiée une jolie miniature de présentation à fond rouge fleurdelisé, avec l'écu de France dans le haut. Mandeville en costume de pèlerin, et déjà vieillard, offre à genoux son livre à un personnage debout, en tenue de grand-maître des Hospitaliers, ce que l'on reconnaît à la croix rouge cousue sur son manteau blanc que recouvre une tunique écarlate ; personnage censé, sans doute, représenter le roi Charles V, ce qui concorde bien avec l'écu de France et le fond fleurdelisé.

Jean de Mandeville, chevalier, « nez et nourris d'Angleterre de la ville de Saint-Aubin », en 1288 (et non au commencement du xiv° siècle, comme disent les biographes, puisqu'il dit lui-même : « Et à XXXIIII ans me parti de nostre pays [en 1322] »), visita non seulement la Terre-Sainte, mais aussi Constantinople, Rhodes, Chypre, l'Égypte, l'Asie jusqu'en Chine et l'Afrique musulmane. Partout il a recueilli les légendes, observé les curiosités, apprécié les mœurs et les moyens d'existence des différents peuples. Son ouvrage, qui est l'une des plus anciennes relations écrites en français sur les pays de l'extrême Orient, a longtemps été regardé comme fabuleux, mais aujourd'hui on reconnaît volontiers la parfaite sincérité de l'auteur. Il était naturellement fort crédule, il admettait comme vrais les récits fantaisistes qu'on lui faisait entendre, mais bien que son livre témoigne d'un jugement assez léger, il n'est cependant guère inférieur, pour les amateurs d'histoires vraies et des traditions fabuleuses, à la relation de Marco Polo. Mandeville, dans un traité de cosmographie, établit l'existence des Antipodes.

Les voyages de Mandeville ont été publiés dès 1480 et bien des fois depuis, mais dans un texte rajeuni et altéré ; on les a traduits en presque toutes les langues. On a souvent agité la question de savoir s'il a rédigé sa relation en français ou en anglais, quoiqu'il nous édifie lui-même à cet égard dans son livre. En effet, dans le prologue de notre manuscrit (et sans doute aussi dans celui de tous les autres exemplaires), il s'exprime ainsi : « Et sachiés que je eusse cest livret mis en latin pour plus briefement deviser, mais pour ce que plusieurs entendent mieux roumant que latin, *je l'ay mis en roumant*, par quoy que chascun l'entende, et que les seigneurs et les chevaliers et les autres nobles personnes qui ne sçevent point de latin ou pou, qui ont esté oultre mer sachent et entendent se je di voir [vrai] ou non... » Au surplus, cela se trouve confirmé tantôt dans l'énoncé du titre, tantôt dans la souscription finale des éditions du xv° siècle de la traduction latine de cette œuvre (voy. Brunet) où il est dit : *Editus primo in lingua gallicana a milite suo auctore, etc.*

60. VIE DE SAINT JÉROME. — Gr. in-fol., de 5 ff. prél. et 54 ff. chiffrés; encadrements et lettres ornées; mar. rouge, riches compart. à petits fers, tr. dor. et ciselées, fermoirs en argent (*Du Seuil*).

Manuscrit sur VÉLIN, de la fin du xve ou du commencement du xvie siècle, orné de QUATRE BORDURES de toute beauté.

La première page ne contient que ce titre : *Sensuit la tressaincte vie, mort et* || *miracles de monsr sainct hierosme* || *translatée et redigée de latin en frācoys* || *nouuellement.* La table des chapitres occupe les trois feuillets suivants.

Ce livre, divisé en trois parties, n'est pas une traduction d'un ouvrage latin comme le titre pourrait le faire croire, mais une compilation souvent un peu fantaisiste. L'auteur déclare, en effet, dans le prologue, qu'un grand personnage (« ung personnaige, dit-il, auquel je suis attenu de obéir ») l'ayant prié de « luy rédiger et translater de latin en francoys la vie, mort et miracles » de ce père de l'Eglise, il a « mis peine de plusieurs des escriptz du glorieux Hierosme RECUEILLIR SA SAINTE VIE, et *translater de latin* en francoys *sa glorieuse mort* et trespassement, *réciter les grans et merveilleux miracles* faictz par luy après sa mort, etc. » La vie du saint commence par ces mots : *La multiplication des hereticques qui eslevez par subtilité de naturel engin......*

La seconde partie est une traduction d'une prétendue épître d'Eusèbe de Césarée, qualifié de disciple de saint Jérôme et témoin de sa mort (bien qu'il fût décédé avant la naissance même de saint Jérôme), épître adressée à l'évêque Damase et à Théodore, sénateur de Rome. Le dernier feuillet de texte est refait.

La troisième partie consiste en une traduction d'une épître de saint Augustin à Cyrille, évêque de Jérusalem, sur « les louenges et magnificences » de saint Jérôme, suivie de la réponse de l'évêque Cyrille contenant « la narration des miracles faictz par sainct Hierosme après sa mort », épîtres qui ne sont pas plus authentiques que celle d'Eusèbe de Césarée. Elle finit ainsi : *.... le glorieux sainct Hierosme, plain de bonté et charité sera nostre intercesseur et nous obtiendra [que soyons] compris au nombre des bons et colloquez en corps et ame à la celestielle gloire. In secula seculorum. Amen.*

Ce volume a été exécuté avec grand luxe. Le texte, d'une grosse écriture, est orné de belles initiales peintes en or et couleurs, de bouts de lignes diaprés, de rubriques, etc. Mais ce qui lui assure une bonne place parmi les chefs-d'œuvre d'ornementation de l'époque, ce sont ses quatre larges bordures placées au prologue et à la première page de chacun des trois livres (ff. 5 prél., 1, 90 et 125). L'influence de l'art flamand y est complète. Sur un fond d'or peu éclatant, se détachent, sans aucun point de jonction, tantôt des fleurs variées avec leur feuillage, tantôt des branches chargées de fruits. Des papillons, des libellules et d'autres insectes animent cette flore épanouie, rendue avec une fidélité remarquable. La conservation de ce volume, provenant de la collection Yemeniz, est parfaite.

La reliure à petits fers, dite *à l'éventail*, doit être comptée parmi les chefs-d'œuvre de Du Seuil. On en trouvera une reproduction au catalogue illustré.

61. HISTOIRE UNIVERSELLE jusqu'à la mort de Jules César. — Gr. in-fol., à 2 col., de 338 ff.; miniatures, bordures et lettres ornées; mar. brun. fil. à fr., tr. dor. (*anc. rel.*).

Admirable et précieux manuscrit sur VÉLIN, orné de DEUX GRANDES MINIATURES (offrant ensemble onze sujets) et de QUARANTE-SEPT moyennes. Exécuté vers le milieu du XIVe siècle, il a appartenu ensuite au connétable LOUIS DE LUXEMBOURG, COMTE DE SAINT-PAUL, et à la maison de Clèves.

Au commencement du volume se trouve une table des matières qui n'occupe pas moins de vingt-trois pages. Elle porte en tête un titre rubriqué qui compte cinquante-neuf lignes, dont les premières sont : *En ce liure ci est contenu p̃miere∥ment le genesi, et le fait des hebri∥eux, et oment il alerent en egip∥te; après du roy ninus et de semi∥ramis sa feme...*; et les dernières : *... Et en la fin oment ∥ il* [Jules César] *fu tuez de greffes el capitole de rõme.*

L'ouvrage compte deux parties. La première, divisée en cent soixante-dix-sept livres, embrasse l'histoire du monde depuis la création jusqu'à la naissance de Jules César. Elle commence par ces mots (f. 13 r°) : *Quant dieux ot fait le ciel et ∥ la terre τ les yauues douces ∥ τ salées τ le souleil τ la lune ∥ et les estoilles et il ot chascũ ∥ omandé selonc son ordre...* Le chapitre XXXVI, relatant la mort de Joseph, est terminé par cette souscription (f. 48 r°, 1re col.) : *Ci fine le genesi en francois.* Le reste de cette page et la suivante sont blanches. Le chapitre XXXVII est précédé de cette rubrique (f. 49 r°) : *Ci parole du roy ninus et quãs ans il regna.* Le dernier chapitre de cette première partie raconte « comment Pompeius abati les murs de Jherusalem »; il est terminé par cette ligne (f. 189 v°) : *Ci fine le fait des rõmains.*

La seconde partie compte cent quarante-huit livres. Elle porte en tête cette rubrique : *Ci omẽce li faiz des rõmaĩs opilé ẽseble de saluste et de suetoine τ de lucã. Cilz p'm̃ liure est de iuli' cesar.* Le texte débute ainsi : *Chascuns homs à qui dieux a dõné ∥ senz τ entendem̃t se doit pener que il ∥ ne gaste le temps en oyseuse...* Il finit par cette phrase relative aux meurtriers de J. César (f. 338 r°, 1re col.) : *Tieux y ot qui soccistrent de ces greffes meis∥mes dont il orent occis cesar*; elle est suivie de cette souscription : *Ci termine suetoines la vie τ la geste cesar.*

On ne connaît pas l'auteur de cette compilation faite, croit-on, pour la première partie à l'aide de la Bible, de Tite-Live, d'Orose, de Pierre Comestor et de Vincent de Beauvais. Elle a joui pendant longtemps d'une certaine célébrité, à en juger par le nombre de manuscrits qui nous en sont parvenus. Les exemplaires complets sont fort rares; le plus souvent on ne rencontre que la première partie de cet ouvrage.

Au point de vue de l'illustration, le nôtre est d'une richesse et d'une beauté exceptionnelles. La première miniature, qui n'a pas moins de vingt centimètres de largeur sur quatorze et demi en hauteur, renferme sept compartiments reposant sur un fond doré et semé de feuilles de houx, et relié par un cadre commun. Chacun de ces compartiments, dont le fond varie alternativement, représente un épisode de la Création du monde. Cette peinture magistrale décèle de précieuses qualités de dessin et de coloris. L'ensemble de la composition est séduisant, grâce aussi à son côté décoratif. Elle porte un cachet italien assez prononcé, et il est possible qu'elle soit sortie des mains d'un artiste de l'école d'Avignon, qui s'y était formée sous l'influence des papes. On en jugera, d'ailleurs, par la reproduction que nous en donnons au catalogue illustré.

Les seize autres miniatures qui ornent la première partie de cette histoire (ff. 21 v°, 49, 51 v°, 63 v°, 65 v°, 76 v°, 88, 98 v°, 110 v°, 114, 121 v°, 129 v°, 132 v°, 143, 156 v°, 170 v°), quoique d'un artiste inférieur à celui au pinceau duquel nous devons le frontispice, offrent en revanche plus d'intérêt historique. Ce sont le plus souvent des batailles et des sièges de villes, qui nous fournissent de précieux renseignements sur les costumes, les armes, les armures, le matériel de guerre, etc., du xiv° siècle. Ne pouvant pas les décrire séparément, nous nous bornons à signaler les plus intéressantes : Mariage d'Abraham avec Sarah (f. 21) ; — Jason revenant sur un vaisseau avec la Toison d'or (f. 65) ; — Didon recevant Énée sur le rivage (f. 76) ; — Reddition à merci de la garnison d'une ville (f. 110 ; on en trouvera une reproduction au catalogue illustré, en raison des costumes civils et militaires qu'elle offre) ; — Couronnement d'Alexandre le Grand (f. 114) ; — Chasse fabuleuse aux éléphants à l'aide des porcs et des truies (f. 121) ; — Reconstruction de Carthage (f. 170).

La seconde partie s'ouvre par une grande miniature renfermée dans un beau cadre architectural et divisé en quatre compartiments. Le premier, dont le fond pourpre est couvert de charmants rinceaux en or, nous offre la scène de la Naissance de Jules César conformément à la tradition antique, c'est-à-dire avec le recours à l'opération dite césarienne. Les trois autres compartiments représentent des scènes assez obscures : un vieillard recevant un homme agenouillé ; un évêque au milieu de deux personnages, un empereur sur le trône, sans doute Jules César. On trouvera au catalogue illustré une reproduction de cette intéressante peinture.

Trente et une autres miniatures décorent cette seconde partie (ff. 203 v°, 215 v°, 235 v°, 257 v°, 259, 265 v°, 267, 269, 270, 272 v°, 276, 277 v°, 278, 280 v°, 283 v° 289, 292, 297, 303, 306 v°, 312, 313, 316 v°, 318 v° 319, 321, 322, 324, 326, 329, 337). Nous signalerons plus particulièrement les suivantes : Conquête de la Bretagne par Jules César (f. 203) ; — Siège d'Alésia (f. 235) ; — Passage de Rubicon (f. 257) ; — Escadre et songe de Pompée (f. 265) ; — Siège de Marseille (f. 269) ; — Bataille navale devant cette ville (f. 270) ; — Retour de Pompée auprès de sa femme (f. 297) ; — César recevant la tête de Pompée (f. 312) ; — Délivrance d'Arsinoë, sœur de Cléopâtre (f. 319) ; — Meurtre de César (f. 337).

Toutes ces miniatures sont tantôt sur fond doré uni ou guilloché, tantôt sur fond quadrillé d'un dessin varié.

Là ne se borne pas la richesse de décoration de ce volume : il faut y ajouter de belles bordures historiées ou formées de branches de houx, des milliers d'initiales en or et en couleurs, des bouts de lignes enluminés et des centaines de rubriques. Le numéro d'ordre de chaque livre est indiqué en guise de titre courant en chiffres romains peints en or et en azur sur un fond diapré. Le tout est d'une grande fraîcheur.

Au bas de la première page du texte (f. 13), on a peint après coup un écusson d'armoiries d'un membre de la maison princière de Clèves. Il est : *écartelé de* Clèves *et de* la Mark, *à un lambel d'azur ; sur le tout : de* Bourgogne *moderne, chargé au centre d'un écu d'or à un lion de sable, qui est* Flandres. Dans la bordure extérieure, on a peint deux fois l'emblème du même personnage : un van d'or, accompagné d'une banderole avec la devise : *A jamais!*

A la fin du volume, on lit d'abord la signature : *Loys de Luxēbourg*, qui est celle du connétable Louis de Luxembourg, comte de Saint-Paul, décapité en place de Grève en 1475 (voy. *Isographie des hommes célèbres*), et au-dessous : *Phe de Cleues*, qui est peut-être la signature de Philippe de Clèves, né en 1467, fils du duc Jean le Belliqueux, et successivement évêque d'Amiens, de Nevers et d'Autun.

62. GUILLAUME DE TYR. Le Roman d'Eracles, ou Histoire des établissements fondés en Orient par les Croisés, traduite en français et continuée jusqu'en 1231. — In-fol., de 219 ff., à 2 col.; miniatures et lettres ornées ; ais de bois recouverts de cuir brun estampé, avec clous en cuivre (*reliure du* xv° *siècle*).

Précieux et beau manuscrit sur vélin dont l'écriture ne paraît pas être postérieure au milieu du xiii° siècle, orné de vingt-cinq miniatures, sous formes d'initiales historiées.

Une partie du premier feuillet ayant été enlevée avec la miniature, le commencement du texte manque. La traduction de l'ouvrage de Guillaume de Tyr, qui offre une histoire des croisés depuis 1095 jusqu'en 1183, traduction attribuée à Bernard, le trésorier de Corbie, finit vers la fin du xxii° livre, à la première colonne du recto du f. 182, de cette manière : *Si manda le conte de triple, si li pria, et il et li baron, qu'il receust la baillie du reaume, et de l'enfant, a. x. ans, tant que li enfes fust d'aage.* La continuation vient immédiatement, sans aucune séparation : *Li cuens de triple respondi que volentiers recevroit la baillie*, etc. Cette continuation, compilée, à ce qu'on croit, par Bernard le Trésorier, d'abord jusqu'en 1190 d'après la chronique d'Ernoul (dont la quatrième édition a été donnée en 1872 par M. de Mas-Latrie), et depuis cette date jusqu'en 1231 d'après des documents originaux, forme la fin du xxii° livre (une colonne et demie) de notre manuscrit et les quatre livres suivants, dont le dernier clôt le volume (f. 219 v°), par cette phrase :... *Li empes ᴛ li chlr̄ ‖ li firent uolentiers quanqil deuisa. Si cum il ‖ lauoient en couent, et li rois atant sen tint.* Les titres des livres sont rubriqués, sauf pour quelques-uns dont la place est restée en blanc, mais il n'y a aucun sommaire. Le chiffre de chaque livre est inscrit au haut des pages en guise de titre courant. De temps à autre, une phrase ou un mot, oubliés dans le texte, sont écrits au bas de la page et entourés d'un cadre rouge. Chaque chapitre commence par une initiale en couleur.

Feu M. Paulin Paris, de l'Institut, a reconnu que le texte du présent manuscrit et de celui décrit à l'article qui suit, est de beaucoup supérieur au texte des manuscrits utilisés jusqu'à ce moment pour des éditions imprimées. Aussi l'a-t-il pris pour base de son édition, mais qui ne va pas au-delà de la traduction anonyme de Guillaume de Tyr (Paris, Firmin-Didot, 1879-1880, 2 vol. gr. in-8°). « Je me suis réglé, dit-il dans sa préface (p. xvi), sur deux excellents manuscrits qui appartiennent encore au cabinet de l'illustre Ambroise Firmin-Didot. »

L'illustration de ce volume n'en est pas moins précieuse. Elle consiste, comme nous l'avons dit, en initiales historiées, placées en tête de chaque livre (ff. 9, 13 v°, 18 v°, 23 v°, 29, 34 v°, 40 v°, 46, 51 v°, 58 v°, 67 v°, 75, 82 v°, 90, 98 v°, 108 v°, 119, 131, 142, 151 v°, 160, 182 v°, 197 v°, 202, 213). La lettre elle-même est peinte le plus souvent en couleur brique relevé de blanc, sur un fond bleu, diapré ou pointillé de blanc, sur lequel se détache également la composition ayant trait au principal sujet du livre. Ces miniatures, d'une rare finesse de pinceau, sont de véritables petits chefs-d'œuvre, et fournissent des documents d'un grand intérêt pour les costumes ecclésiastiques, militaires et civils, pour l'architecture militaire, pour l'histoire des armes, des armures et de l'art de la guerre au XIIIe siècle. Celle du livre XI représente un navire d'une forme très curieuse, transportant en Pouille le prince Bohémond accompagné de Darinbert, patriarche de Jérusalem. Toutes ces peintures sont d'une grande fraîcheur.

Au XVe siècle, ce manuscrit a appartenu à un nommé Lyonnet d'Oureille, qui a apposé sa signature au bas de la dernière colonne du texte et sur la garde, au commencement du volume. Sur le second plat de la reliure, une bande de vélin, collée sur la peau de daim qui recouvre la reliure estampée, porte ce titre écrit par une main du XVe siècle : *Godefroy de Billon* (sic) *qui fust l'ung des preux et Roy de Jérusalem*.

63. **GUILLAUME DE TYR**. Le Roman d'Eracles, ou Histoire des Croisés, traduite en français et continuée jusqu'en 1261. — In-fol., de 332 ff., à 2 col.; miniatures et lettres ornées; ais de bois recouverts de veau brun estampé, avec clous et coins en cuivre, et fermoirs en sangles de cuir, avec armatures en cuivre ciselé (*reliure du* XVe *siècle*).

Précieux et beau manuscrit sur VÉLIN, du commencement du XIVe siècle, orné de QUARANTE-NEUF MINIATURES.

Le texte commence par ces mots, sans aucun titre : *Les anciennes estoi‖res dient q̃ eracles ‖ qi fut ml't bons cres‖tiens : gouu'na lë‖pire de rõme...* La traduction de l'ouvrage de Guillaume de Tyr finit ici (f. 236 r°) d'une autre manière que dans le manuscrit précédent. La phrase qui dans celui-ci terminait le volume après les mots : *si manda le conte de triple*, a été remplacée ici par une autre période qui compte neuf lignes pleines; elle commence par les mots : *τ por ce quil se fioit* ... et finit par ceux-ci : *... se touz li fes τ touz li gouernem̃ȝ des ‖ besoignes nestoit baillez au conte* *de triple* (voy. édition P. Paris, t. II, p. 469). La fin de cette page et la suivante ont été laissées en blanc, pour marquer la séparation entre le texte traduit et la continuation. Cette partie est divisée en vingt-deux livres, dont les titres (absents quelquefois) sont écrits en latin, le plus souvent en noir. Les chapitres sont chiffrés.

Cette première continuation (jusqu'en 1231) commence ainsi (f. 237 r°) : *Li quens de triple respondi q̃ volent's‖ receuroit la baillie. par si quil ne ‖ fust garde de l'enfant...,* et finit (f. 292 r°) par ces mots : *... li empereres ι li ch'l'r le ‖ firent volentiers ce que il deuisa. si cõ‖me il auoient acoustume ι li Roys ‖ atant sen tint,* ce qui correspond à la fin du manuscrit précédent.

A partir du second chapitre de cette continuation, notre manuscrit porte de longs intitulés de chapitre, en rubriques, qui ne figurent pas dans l'édition de l'Académie des inscriptions. Le texte n'est plus divisé en livres, et offre de nombreuses et importantes variantes. Plusieurs chapitres sont demeurés entièrement inédits, de 1210 à 1229.

Une seconde continuation, d'un auteur anonyme, dit de Rothelin, copiée à la suite, est précédée de cette rubrique : *Cõment li sarrazin cou‖rurent sus aux crestiens qui estoiẽt ‖ en iherusalem.* Le texte débute ainsi : *En grant peril laissa Fedric ‖ les crestiens en la sainte cité ‖ de iherusalem...*

Le second chapitre de cette continuation offre une description de la Ville sainte sous ce titre : *En quel estat la cité de Iherusalem et li saint lieu estoient à cel jour.* Elle commence par ces mots : *Pour ce que li plus des bons crestiens parolent...,* et finit ainsi (f. 296 r°) : *... qui nestoiẽt mie obeissanz à Rõme, si ome on disoit.* Cette description a été publiée plusieurs fois, et en dernier lieu par M. Paulin Paris (t. II, pp. 475-487), d'après le présent manuscrit. « On y reconnaîtra, dit-il, d'assez nombreuses variantes de forme et de fond. »

Elle est suivie (f. 296 r°) d'une seconde relation plus particulièrement consacrée aux Saints-Lieux de Jérusalem et de ses environs, but des pèlerinages (*Nous vous auons dit omẽt la s'te cité de ierl'm seoit au iour q̃ Salehadin ζ li autre sarrazin la conquistrent* ...), et de la description des localités de la Terre-Sainte (f. 296 v°) auxquelles s'attachaient de pieuses légendes (*Pres dyluec estoit leglise S. Anne la mere Nostre dame* ...). Elles ont été insérées dans l'édition de M. P. Paris (t. II, pp. 488-495). Peu de manuscrits contiennent ces précieux textes de topographie sacrée (voy. *Inventaire sommaire des manuscrits de l'Eracles,* par M. le comte Riant, membre de l'Institut; dans les *Archives de l'Orient latin,* t. 1er (1881), pp. 247-256). La Société de l'Orient latin en a donné une édition avec variantes, dans les *Itinéraires français* (t. Ier, pp. 141-175), en cours d'impression.

Le chapitre suivant (f. 298 r°) est intitulé : *Les plogues de la pphetie le filz Agap* (*Vous avez oy une ptie des lieus et des s. pelerinages* ...). Cette relation comprend, outre le prologue, deux chapitres. Vient ensuite la continuation de l'histoire de Salehadin et de ses successeurs, terminée par cette rubrique (f. 301 v°) : *Ci define li .xxvj. liures. Et omence li vĩteseptiesmes liures : Federic l'empereur dalemaigne.* L'histoire de la croisade de saint Louis clôt le volume, dont les dernières lignes (f. 332 r°) sont : *Adont estoit li an de lincarnation nostre seigneur. Mil. CC. ζ LXJ* (1261). *Explicit.*

Pour cette seconde continuation, notre volume offre également d'excellentes leçons dont on n'a encore pu profiter.

Les miniatures, toutes à fond d'or, tantôt ont la forme d'initiales historiées, tantôt elles sont placées en tête des livres ou chapitres, en dehors des initiales. Un grand nombre sont divisées en deux compartiments. Elles offrent un remarquable spécimen de l'art de l'époque; on y trouve les mêmes documents instructifs que celles du manuscrit précédent et d'autant plus intéressants que leurs dimensions sont beaucoup plus grandes. Il serait trop long de les décrire séparément; nous nous bornerons à enregistrer qu'elles sont placées aux ff. suivants: 1, 13, 21, 28, 36, 44, 52 v°, 61 v°, 69 v°, 78, 88 v°, 102, 112, 122, 132 v°, 144 v°, 157, 170 v°, 186, 198, 210 v°, 222, 242, 243 v°, 244 v°, 245, 246, 248, 250 v°, 252 v°, 254, 256, 258, 260 v°, 263, 265 v°, 269, 271, 273 v°, 275, 278 v°, 281 v°, 284 v°, 288, 292, 301 v°, 304 v°, 319 v°, 325. Parmi les plus intéressantes, nous citerons : Assaut de la ville de Nicée; au-dessous, la fuite de la femme de Soliman, avec ses deux fils, sur une galère de forme élégante (f. 21); — Les Croisés devant Antioche (f. 36); — Prise d'Antioche (f. 44); — Élection de Godefroy de Bouillon, avec vue du Saint-Sépulcre (f. 69); — Mort de Godefroy de Bouillon et couronnement de Baudouin (f. 78); — Siège de Tyr (f. 112); — Le Messager du fils de Saladin devant le comte de Tripoli en costume d'Hospitalier (f. 242); — Supplice de la sorcière phénicienne (f. 244); — Empoisonnement de Guillaume de Tyr par un agent d'Héraclius, archevêque de Césarée (f. 245); — Archevêque de Tyr apprenant au pape la prise de Jérusalem (f. 252); — Siège de Tripoli, et Saladin en présence du chevalier vert (f. 254); — Richard Cœur-de-Lion et son armée devant Jérusalem (f. 258); — Assaut donné à Damiette (f. 284); — Frédéric II, empereur (f. 302); — Départ de saint Louis pour la croisade (f. 314); — Saint Louis fait prisonnier (f. 325). Les dernières miniatures sont d'une autre main.

Les estampages de la reliure consistent en compartiments fleurdelisés; les cuivres ciselés des sangles servant de fermoirs portent les initiales C affrontées. A l'intérieur est collé un ex-libris gravé, avec ces armoiries : *d'azur à trois chevrons d'or, celui du haut écimé et surmonté d'une étoile d'argent;* couronne de comte.

64. HAYTON ou HAYCON. La Fleur des hystoires de la terre d'Orient (rédigé sous la dictée de l'auteur par Nicolas FALCON). — Livre de toutes les provinces [ecclésiastiques] de l'universel monde, etc. — In-4, de 93 ff., miniatures, encadrements et lettres ornées; ais de bois recouverts de veau brun estampé, clous en cuivre et fermoirs, tr. dor. (*reliure du* xv° *siècle*).

Précieux manuscrit sur VÉLIN, orné de TROIS MINIATURES d'une grande beauté et exécuté au commencement du xv° siècle, probablement pour VALERAN DE LUXEMBOURG, connétable de France.

Le texte commence par un prologue précédé de cette rubrique : *Cy cōmence le liure de la fleur des hystoires* || *de la terre dorient lequel frere haycon seigneur du* || *Corc, cousin germain du Roy de Armenie com*||*pila par le cõmandemt du pape Climẽt le quint* || *lan de ñres. CCC. z sept en la cité de poitiers.*

Hayton ou Haycon, prince d'Arménie, seigneur de Corghos, en vue de l'île de Chypre, après avoir pris part aux affaires publiques de son pays, embrassa l'état monastique dans un couvent des Prémontrés, en Chypre, puis reçut du pape Clément V l'administration d'une abbaye du même ordre, établie à Poitiers, où il mourut vers 1308. L'ouvrage qu'il laissa lui assure une place assez importante parmi les historiens du xive siècle. Son travail est divisé en quatre parties. La première est consacrée à la description géographique et ethnographique de « la terre d'Asie » (la Chine y est désignée sous le nom de Cathay) ; la seconde offre l'histoire des mêmes contrées ; la troisième s'occupe des Tartars, la quatrième « parle du passaige de la Terre-Sainte ». Cette dernière partie, la seule qui ait été rédigée sur la demande du pape Clément V, n'est qu'un mémoire développé, soumis au souverain pontife et au roi de France Philippe le Bel, au sujet de l'opportunité et de la possibilité d'une dernière tentative pour arracher la Terre-Sainte aux mains des infidèles, avec exposition d'un plan de campagne. Ce curieux mémoire est ici terminé par cette souscription (f. 76 v°) : *Cy fine le liure des histoires des pties* || *dorient compilé par religieux hõme* || *frere haycon frere de lordre de premonstr̃ iadis* || *seigneur du Corc cousin germain du roy dar*||*menie sur le passaige de la terre sainte par* || *le cõmandement du souuerain perè nostre* || *seigneur lapostole Clement quint en la cité* || *de poitiers lequel liure ie* NICOLE FALCON *es*||*cris premierement en françois si comme le*||*dit frere* HAYCON LE DICTOIT DE SA BOUCHE *sans* || *note ne exemplaire et de rõmant le tñs*||*lata en latin en lan nostre seigneur* MILLE || TROIS CENS ET SEPT *ou moys daoust. deo grãs.*

Cet ouvrage a été longuement analysé et apprécié par M. Paulin Paris, dans l'*Histoire littéraire de la France*, t. XXV (1869), pp. 479-507. C'est la version latine de Nicolas Falcon, mentionnée ci-dessus, qui a été imprimée d'abord à Haguenau en 1529 et plusieurs fois depuis, ainsi qu'une traduction française, due à Jean Le Long d'Ypres, mais sans le quatrième livre, traduction qui parut pour la première fois en 1529, à Paris, tandis que la présente rédaction française, « le plus exact, le plus ancien des textes français de la relation d'Hayton, dit M. P. Paris, celui de Nicolas Falcon, reproduction apparemment de la dictée du prince arménien, bien que traduit en anglais dès la fin du xvie siècle, n'est pas encore publié et mériterait certainement de l'être ».

Les manuscrits de cette relation sont fort rares. Les miniatures qui décorent le nôtre sont d'incontestables petits chefs-d'œuvre.

La première, placée en tête du volume, a pour sujet la Présentation du livre par l'auteur, en habit de prémontré, au pape Clément V, accompagné de deux cardinaux.

La seconde (f. 12 v°) représente le Festin d'un empereur, assis entre sa femme et son fils, et servi par deux rois. Deux joueurs d'instruments sont placés en avant de la table. Elle est d'un intérêt spécial pour le costume.

La troisième (f. 21 r°) offre la réunion de plusieurs scènes : c'est la Vision de Gengis Kan, son couronnement, et la représentation de la vie pastorale des Tartars. On en trouvera une reproduction au catalogue illustré.

Dans ces miniatures, à fond quadrillé, la finesse des têtes et des mains est surprenante, l'expression des physionomies est vraie, et le coloris heureusement combiné pour faire valoir l'ensemble et les détails.

Une quatrième miniature, qui figurait en tête de la dernière partie du livre de Hayton (entre les ff. 56 et 67), a malheureusement été enlevée avec le feuillet entier.

Les pages ornées de peintures sont encadrées de riches bordures en or et en couleurs. Le volume est, en outre, décoré d'une foule de charmantes initiales avec appendices en feuilles de houx et de bouts de ligne enluminés. Les sommaires des chapitres sont rubriqués.

La partie mise à la suite du livre de Hayton, porte en tête cette rubrique (f. 77) : *Cy cōmence le liure de toutes les proufces* || *de luniuersel monde et de toutes les citez* || *qui y sont et deuise τ nōme les noms dicell'* || *citez et quantes il en y a en chascune pro* || *uince selō le sauoir τ pouoir de leglise rōmaie*. Cette page est aussi entourée d'une belle bordure. Le livre est divisé en quatre parties, dont les sommaires font l'objet d'un prologue rédigé en français, mais elles ne se suivent pas dans le même ordre. La première partie contient le dénombrement des églises patriarchales et cardinalices de Rome, suivi d'une liste d'évêques relevant directement du saint-siège sans faire partie d'aucune province ecclésiastique, et d'un catalogue d'évêchés du monde catholique divisés en provinces ecclésiastiques. La seconde partie « fait mention de tous les chasteaulx et citez que tient le souldan de la partie d'Egipte et qui sont plus du royaume de Iherusalem ». La troisième partie s'occupe du mode d'élection de l'empereur du saint empire romain ; la quatrième offre une liste de rois chrétiens, avec la distinction entre ceux qui sont couronnés et sacrés par le souverain pontife ou son mandataire, et ceux qui ne le sont pas. Ces quatre parties sont rédigées en latin ; la dernière finit par cette rubrique (f. 93 r°) : *Explicit liber puīciaƶ* || *de toto orbe terraƶ*. Le texte est chargé d'annotations d'une écriture postérieure à celle du volume. Cet ouvrage offre le même cadre général que celui décrit plus haut, n° 58.

La dernière page, ainsi que les feuillets de garde qui suivent, contiennent la copie d'une bulle du pape Nicolas V, datée de 1453.

Ce beau volume a été exécuté pour un membre de la branche française de la maison de Luxembourg, et plus particulièrement de la branche de Ligny, dont les armes (*d'argent au lion de gueules, la queue nouée, fourchée et passée en sautoir, armé et couronné d'or, lampassé d'azur ; au lambel d'azur de trois pendants*) occupent le milieu de la grande initiale de la première page et sont encore répétées dans la bordure surmontées d'un heaume (on trouvera au catalogue illustré la reproduction de cette page). D'après l'âge du manuscrit, il n'a pu être fait que pour le dernier membre de la branche de Ligny, Valeran III de Luxembourg, comte de Saint-Paul et de Ligny, châtelain de Lille, connétable de France mort le 19 août 1413, et qui eut un fils naturel légitimé, Jean dit Hennequin, seigneur de Haulbourdin, guerrier célèbre, décédé en 1466, sans enfants de Jacqueline de la Tremoille, sa femme. La branche issue d'un frère puîné de Valeran III, à laquelle appartenait le connétable Louis, comte de Saint-Paul, décapité par ordre de Louis XI, portait une autre brisure dans ses armoiries et plus tard les armes pleines de Luxembourg. On voit en outre, dans toutes les bordures de notre manuscrit, une ceinture disposée en forme d'Y et sur laquelle est écrite en lettres d'or la devise : Vostre vueil. Ce beau volume est dans sa première reliure, dans les estampages de laquelle on remarque des listels composés de lions, de fleurs de lis, etc. Le titre, écrit à la main sur une bande de vélin, est collé sur le second plat, et recouvert d'une feuille de mica fixée au moyen d'un petit cadre en cuivre.

Il provient de la Belgique et a figuré dans la deuxième vente de la bibliothèque du marquis d'Astorga (1870), où il fut adjugé à 4,200 fr.

65. **LES GRANDES CHRONIQUES DE FRANCE**, dites de Saint-Denis. — 2 vol. gr. in-fol., à 2 col., de 269 et 281 ff. ; miniatures et lettres ornées ; ais de bois recouverts de mar. noir, fil., tr. dor. (*anc. rel.*).

Fort beau manuscrit sur vélin, exécuté au xve siècle et orné des trente-trois miniatures. Le texte, précédé de cette rubrique : *Ce sont les Grans* || *Croniques de* || *france selon ce* || *que il sont com*||*posée* (sic) *ē leglise de* || *Saint Denis en* || *France*, commence par les mots : *Cil qui ceste œure com-*||*mence*. La chronique s'arrête à l'avènement de Charles VI, et finit ainsi (f. 262 r°) : *lequel auis fut raporté aux dis ducs* || *lesquielx le consentirent et orent agreable*. Au f. suivant, une main du xve siècle aussi a relevé sommairement la mention de quelques faits particuliers racontés ici, avec des renvois à l'ouvrage : *La mort des moisnes de Saint Martin de Tours est au tierch livre de Charlemaine ou tierch chappitre*, etc.

Chaque livre est précédé d'une table de chapitres, dont les sommaires sont encore répétés une seconde fois en rubriques, à leur place respective ; les titres courants sont aussi rubriqués. En un mot, ce manuscrit est exécuté avec grand soin et largement décoré. Le premier feuillet original a été remplacé au siècle dernier par une transcription du texte manquant, faite sur un manuscrit de la bibliothèque de Saint-Germain-des-Prés, ce qui résulte d'une note inscrite sur la garde du volume. M. Didot, tout en conservant ce feuillet, en a fait faire un autre à l'imitation de l'écriture du manuscrit, et ce travail délicat a été exécuté par M. Pilinski avec une perfection vraiment extraordinaire. Ce feuillet, entouré d'une jolie bordure, porte en tête deux miniatures accolées, dont l'une représente le *translateur* de ces chroniques dans son cabinet de travail, et l'autre, un roi (Dagobert?) et une reine assistant à la construction de l'abbaye de Saint-Denis.

Les autres miniatures représentent presque tous les rois de France, depuis Clovis jusqu'à Charles V, tantôt assis sur le trône, tantôt debout, tantôt à cheval, seuls ou accompagnés. En voici la liste : t. 1er : Clovis (f. 15); — Chilpéric (f. 33); — Gontran (f. 57 v°); — Clotaire (f. 72); — Charlemagne à cheval (f. 98); — Charlemagne à cheval recevant un messager (f. 112); — Charlemagne à la tête de ses guerriers (f. 120); — Saint Jacques de Compostelle apparaissant à Charlemagne (f. 131); — Charlemagne recevant un messager de Ganelon (f. 142); — Louis le Débonnaire (f. 150 v°) ; — Charles le Chauve (f. 177) ; — Louis le Barbe (*sic*), ou le Bègue (f. 192) ; — Lothaire (f. 206) ; — Louis V (f. 208 v°) ; — Hugues Capet (ibid.) ; — Robert II (f. 209 v°) ; — Henri Ier (f. 214) ; — Philippe Ier (f. 219 v°) ; — Louis (VI) le Gros (f. 231 v°) ; — Louis (VII) le Juste, ou le Jeune (f. 256) ; — t. II : Philippe Dieudonné (Philippe-Auguste) (f. 1) ; — Louis VIII (f. 40) ; — saint Louis, la tête nimbée, debout sur un autel *devant lequel est agenouillée une famille de quatre personnes* (f. 44) ; — Philippe le Hardi (f. 80) ; — Philippe le Bel (f. 99) ; — Louis le Hutin (f. 125) ; — Philippe le Long (f. 126 v°) ; — Charles le Bel (f. 131 v°) ; — Philippe de Valois (f. 144) ; — Jean le Bon (f. 187) ; — Charles V (f° 235 v°).

Un certain nombre de ces miniatures sont remarquables par leur finesse ; presque toutes sont d'une étonnante fraîcheur. Dans quelques-unes on remarque de curieux monuments d'architecture civile et militaire.

Cet exemplaire provient aussi de la Belgique, et il a figuré dans la deuxième vente du marquis d'Astorga (1870), où il a atteint le prix de 8,400 fr.

66. **HISTOIRE DE BERTRAND DU GUESCLIN, CONNÉTABLE DE FRANCE**, traduite de rime en prose par ordre de Jehannet d'Estouteville. — In-fol., à 2 col., de 141 ff. ; miniatures et lettres ornées ; veau brun estampé (*rel. du* xve *siècle*).

Précieux manuscrit sur VÉLIN, exécuté en France dans la première moitié du xve siècle, et orné de CINQ MINIATURES, dont une grande.

Les cinq premières pages contiennent une table des chapitres, précédée d'une rubrique de vingt-huit lignes commençant ainsi : *Si commence la table* || *du liure historial des* || *fais de feu mess. ber* || *tran duglesquin jadis* || *duc de moulines* [Molina, en Castille] *conte de longue* || *uille connestable de france...* Le texte débute par ces mots : *Tous ceulx qui les* || *cuers ont gentilz* ᴛ || *aiment et desirent* || *honneur noblesse* ᴛ || *gentilesce...* La souscription finale : *Explicit le liure de bertran du* || *glesquin iadis connestable de france,* est suivie de ces vers :

> En un temps qui a yver nom
> Ou chastel royal de Vernom [Vernon]
> Qui ist aux champs et à la ville,
> Fist JEHANNET DESTOUTEVILLE,
> Du dit chastel lors capitaine,
> Aussi de Vernômel sur Saine
> Et du roy escuier de corps
> *Mettre en prose,* bien m'en recors,
> Ce liure cy *extrait de rime*
> Complect en mars dix et ıx ^{mo}
> Qui de l'an la date ne scet
> Mil ccc. quatre vins et sept.

Au-dessous se trouve une signature monogrammatique, où l'on pourrait lire : *Carles Lattre...* (la même signature se lit au haut du feuillet de garde en tête du volume). Plus bas, d'une écriture du XVIe siècle, ces vers :

> Par plain[e]s, vaulx, mer, fleuves, feu, roc,
> Dieu mon esprit saulve et mon bloc.

L'original sur lequel a été faite cette traduction en prose exécutée en mars 1387 (1388 n. st.) par ordre de Jehannet d'Estouteville, n'est autre que le récit en vers dû à un trouvère de l'époque, nommé Cuvelier, et qui a été publié en 1839 par E. Charrière, sous le titre de *Chronique de Bertrand du Guesclin*. Cette version, toutefois, n'est qu'une reproduction tronquée de la chronique rimée. Les manuscrits en sont extrêmement rares, au point que notre Bibliothèque nationale n'en possède qu'un exemplaire (f. fr. n° 4995), mais qui pourrait bien être l'original copié sous les yeux de Jean d'Estouteville. Elle a été publiée à Paris en 1618 par Claude Ménard.

La miniature servant de frontispice (h. : 0,107 ; l. : 0,171) offre un grand intérêt historique. Elle représente DU GUESCLIN DEVANT LE ROI CHARLES V assis sur le trône et assisté des dignitaires de sa cour. Le connétable, couvert d'une armure sur laquelle on voit ses armoiries, a un genou à terre ; derrière lui se tiennent debout deux dames et deux hommes, dont l'un est habillé de rouge. La tête du grand guerrier est finement modelée, de même que celle du roi ; nous avons là, bien certainement des portraits fidèles. Cette peinture est d'ailleurs remarquable dans son ensemble et dans tous ses détails, et nous en donnons une reproduction au catalogue illustré. La page est entourée d'une bordure de feuilles de houx, reliée à une belle initiale enluminée.

Les quatre autres miniatures sont d'un artiste moins habile. En voici les sujets : 1° le Captal de Buch se rendant à du Guesclin à la bataille de Cocherel, en 1364 (f. 34 v°) ; — 2° la bataille de Montiel, en 1369 (f. 57 v°) ; — 3° deux Juifs, accusés de la mort de la reine d'Espagne, sont brûlés dans un champ clos par le feu du ciel (f. 72 r°) ; — 4° le roi Charles V remet à du Guesclin, en 1370, l'épée de connétable, en présence de plusieurs grands officiers de la couronne (f. 115 r°).

La conservation de ce volume est parfaite. Au haut de la première page on voit cette signature : Mlle *Deslyons de Fontenelle*.

67. FUNÉRAILLES D'ANNE DE BRETAGNE (par Pierre CHOQUE, dit *Bretagne*, roi d'armes). — Pet. in-fol., de 66 ff. ; miniatures et lettres ornées ; mar. rouge, fil., tr. dor. (*rel. du* XVIIIe *siècle*).

Fort beau manuscrit sur VÉLIN, exécuté vers 1515. C'est la relation officielle des funérailles de l'épouse de Louis XII, décédée au château de Blois, le 9 janvier 1513 (1514 n. st.). Le roi en fit faire un certain nombre d'exemplaires pour les offrir, avec une dédicace spéciale, aux princes du sang et aux parents de la défunte. Chacun de ces exemplaires fut orné de ONZE MINIATURES, peintes sur les modèles fournis par le célèbre Jean Perréal, dit *Jean de Paris*.

Le présent exemplaire aurait été offert, sur la foi de la dédicace, à un comte de Nansot, qualifié de cousin de la reine. Or comme on ne rencontre aucun personnage de ce nom parmi les proches d'Anne de Bretagne, il pourrait y avoir là quelque supercherie, d'autant plus que les deux premières lignes de la dédicace contenant le nom de ce personnage ont été écrites sur un grattage. Cette dédicace en vers, due aussi au roi d'armes Bretagne, est placée au-dessous d'une peinture représentant les armes de la défunte, avec supports, emblème et devises (f. 1º vº). Elle est ainsi conçue :

>Noble seigneur, saige, estimé de Nansot conte
>Ouez cestuy escript et ce piteulx conte.
>Prestez vos yeulx à faire ycy lecture,
>Ou veoir pourrez soubz piteuse figure
>Qu'a fait la mort, par sa cruelle oultrance,
>D'avoir meurtry la noble Royne de France,
>*Vostre cousine*, en sa fleur de jeunesse.
>Que l'on nommoit l'espoir de gentillesse,
>Des bons la mère et la gloire des dames.
>Dont moy, qui suis son hérault et roy d'armes,
>Le mien récit contenant vérité
>Je vous présente en toute humilité.

Dans notre catalogue de 1878, nous avons décrit un manuscrit semblable de ces funérailles (nº 67), contenant la même relation et orné de miniatures à peu près identiques (placées ici au f. 13 vº, 16 rº, 18 rº, 20 vº, 27 rº, 43 rº, 45 rº, 47 vº, 59 rº et 63 rº), dont nous ne répéterons pas les sujets. Sur les marges sont peintes aussi les armoiries des principales villes que traversa le cortège funèbre depuis Blois jusqu'à Paris. Le texte est identique dans toutes ses parties, et terminé par une épitaphe en vers.

A la première page, qui est blanche, on lit : *Ex libris Natl. Bellotte, 1694* ; au haut de la page suivante : *Don Ottauio Secusio*.

Les plats de la reliure portent, au centre et dans les coins, la croix de Malte. Conservation parfaite.

68. SACRE ET COURONNEMENT DE LA REINE CLAUDE, première femme de François 1er, et son entrée à Paris. — Pet. in-4, de 44 ff.; miniatures et lettres ornées; mar. blanc sans apprêt, riches compart. en or et en mosaïque, tr. dor. (*Hagué*).

Manuscrit sur vélin, exécuté vers 1518 et orné de six miniatures à pleine page.

La relation de la solennité est précédée de ce titre : *Le sacre, couronnemt* || *triumphe et entrée* || *de la tres-cretienne* || *royne et duchesse* || *ma souueraine dame et maistresse* || *ma dame Claude de France, fille* || *du tres-cretien roy Loys XIIe de ce nõ* || *et de ma dame Anne de Bretaigne* || *deux foiz royne sacrée et courõnée* || *en France. Duchesse heritiere de* || *Bretaigne, de Millan, Contesse* || *d'Ast, de Bloys et de Cousi, de Montfort* || *Richemont, d'Estampes et de Vertue.* || *Et sa reception faicte à Paris, la* || *grant et noble cité, principalle vil*||*le, cappitalle de France, Et de son* || *regne le IIIe.*

Le couronnement eut lieu à Saint-Denis le 10 mai 1517, et, deux jours après, l'entrée à Paris.

Le volume finit par ces mots (f. 43 v°) : *Ainsi finit celle noble assemblée*, suivis de cette rubrique (f. 43 v°) : *Nous prirons Dieu et la Vierge Marie qui luy doit fruict, bonne et longue vie. Amen.*

Le texte est d'une grosse écriture gothique, avec bon nombre de rubriques. Chaque alinéa commence par une grande initiale enluminée.

Il a dû être fait de ce livre un certain nombre d'exemplaires, comme pour les funérailles d'Anne de Bretagne, avec des miniatures copiées plus ou moins fidèlement sur un même modèle, dû sans doute au célèbre Jean Perréal, dit de Paris, attendu que le faire en est le même; mais il ne reste que quelques-uns de ces exemplaires, dont un est conservé à notre Bibliothèque nationale.

La première miniature, placée au revers du premier feuillet, représente un écusson avec les armoiries des époux royaux (*parti de France et de France écartelé de Bretagne*), surmonté d'une double couronne et entouré des insignes de l'ordre de la Cordelière, auxquels est attachée par le cou une hermine. Sous les pieds de celle-ci est une banderole avec la devise : *A ma vie*, qui était celle de la reine Anne. L'écusson est tenu par deux anges en pied, en robes dorées.

La seconde miniature (f. 14 v°) nous représente l'OFFICE DE LA GRAND'-MESSE, dite par le cardinal Jean de Luxembourg, archevêque du Mans, et légat du pape (le même qui avait présidé aux obsèques de la reine Anne de Bretagne), après la cérémonie du sacre et du couronnement. La reine est assise sur une chaire placée au milieu d'une estrade élevée; elle est accompagnée de duchesses et de comtesses en costumes d'apparat. Cette peinture est d'une fort belle composition.

La troisième miniature (f. 28 r°) est toute allégorique de même que les trois autres. Elle reproduit un panneau placé à la porte Saint-Denis, représentant le COURONNEMENT DE LA REINE, sous la figure d'une Vierge, PAR UNE COLOMBE DESCENDANT DU CIEL. La reine est entourée de six femmes bibliques (Rachel, Rebecca, Esther, Lia, Sarah et Elbora). Au bas se tiennent quatre femmes en costumes de religieuses, représentant les quatre vertus : la Magnanimité, la Justice, la Prudence et la Tempérance, et qui personnifient les quatre veuves *qui régnaient alors au royaume de France* (« Mme d'Angoulême, mère du roi; Mme d'Alençon, fille de Lorraine; Mme de Bourbon et Mme de Vendôme »).

La quatrième miniature (f. 33 v°), divisée en deux compartiments horizontaux, reproduit la scène représentée à la fontaine des Innocents : c'est le SYMBOLE DE TROIS GENRES D'AMOUR. Dans le haut, on voit un grand cœur ouvert, en forme de triptyque, dont chaque partie renferme une jeune dame vêtue de blanc et symbolisant l'une : « l'Amour naturelle », l'autre, « l'Amour divine », la troisième, « l'Amour conjugalle ». Au-dessus de ce tableau, on a peint les écussons armoriés de la reine, du roi et de la reine-mère (Louise de Savoie). Dans la partie inférieure, des personnages bibliques ou empruntés à l'antiquité, personnifiant ces trois sortes d'amour. L'Amour naturel est figuré par deux dames romaines : Julia et Phorcia [Porcie]; sous l'Amour divin est le roi David devant lequel s'agenouille Abigaïl; l'Amour conjugal est personnifié par un chevalier nommé Corilamus à qui une dame veuve, nommée Deboria, montre ses seins. La disposition des sujets n'est pas toujours d'accord avec le texte.

La cinquième miniature (f. 36 v°) reproduit le tableau qu'on voyait sur « l'escharfault » dressé à l'entrée du Palais-Royal. Dans le compartiment supérieur est représenté le roi SAINT LOUIS, assis sur le trône, ayant à sa droite sa mère, debout, et à la gauche, la Justice, tenant une épée et une balance. Le compartiment inférieur nous fait voir trois personnages en pied : un pauvre mendiant tenant une sébile et une requête ; un laboureur, « tenant une houe sus son col », et un « aventurier », ayant une lettre à la main. Au bas de l'encadrement, deux écussons : l'un aux armes du roi, l'autre à celles de la reine. Très intéressante pour les costumes.

Ces trois dernières peintures sont exécutées sur un fond vert parsemé de fleurs, ce qui leur donne l'apparence de tapisseries.

La dernière miniature occupe la première page du feuillet final. Elle reproduit un fronton monumental, dressé sur le champ du tournoi, et qui au sommet était orné des armes des époux royaux, et plus bas de celles des princes du sang : Monsieur, frère du roi, le connétable de Bourbon, et le duc de Vendôme, écussons reposant chacun sur une fleur de lis au naturel, sortant d'une tige commune. Dans l'ouverture des deux portiques de cette façade, on voit un cerf ailé et une biche, emblèmes du connétable de Bourbon.

Ce précieux volume, ayant subi plusieurs mutilations, a été complété par une main moderne, et d'une façon si remarquable qu'il faut souvent un œil exercé pour le constater. Les quatre premières miniatures et la dernière ont ainsi été refaites d'après un autre exemplaire que celui de la Bibliothèque nationale (ce travail, d'après nos renseignements, aurait été exécuté en Allemagne). La place de plusieurs autres miniatures a été laissée en blanc, et bien certainement le présent exemplaire n'a pas été achevé dès l'origine, attendu que le feuillet 40, parfaitement authentique, a le recto blanc réservé pour une peinture.

La reliure est très originale. L'ornementation de chacun des deux plats est toute différente. Celui de dessus est couvert par de beaux rinceaux dans le style du XVI° siècle, et porte au centre un petit médaillon aux armes de France ; l'autre n'offre qu'un simple semis de fleur de lis héraldiques et naturelles, avec un médaillon au chiffre couronné de la reine Claude.

69. **GÉNÉALOGIE** iconographique de la famille de Sainte-Maure, tendant à prouver sa descendance de la Maison royale de France. — Petit-in-8 carré, de 25 ff.; portraits ; veau fauve, dent., tr. dor.

Manuscrit sur VÉLIN, exécuté vers le milieu du XV° siècle et orné de TRENTE-DEUX PORTRAITS. Les trois premières pages contiennent un petit prologue, commençant ainsi : *Pour ce q̃ chascun noble hõme* || *doibt tendre affin de scauoir qui* || *ont esté ses predecesseurs....* Ce curieux petit volume a été fait pour Jean II de Sainte-Maure (mort en 1463), dans le but d'établir qu'il était issu, par une série de ramifications, de la maison royale de France. La valeur généalogique de ce document est un peu négative, attendu que l'auteur du texte a plus d'une fois fait accroc à la vérité historique. L'intérêt de ce livre repose sur ses fines miniatures représentant une série de personnages historiques des deux sexes; il n'y faut évidemment pas chercher des portraits bien authentiques, mais elles n'en sont pas moins précieuses au point de vue de la science héraldique, de même que pour les costumes et pour les armures. Chacune d'elles occupe la moitié ou les deux tiers de la page; un portique cintré sert de cadre. Les personnages sont représentés en pied, ayant à côté d'eux un écusson avec leurs armoiries respectives. Un texte généalogique accompagne chaque peinture.

La première (f. 2° v°), représente CHARLES LE SIMPLE, roi de France, assis sur le trône; au-dessous, deux anges en robes dorées tiennent l'écu de France couronné. A la page en regard, figure son épouse OGINE, fille d'Édouard le Vieux, roi d'Angleterre, de la dynastie saxonne.

Le portrait suivant (f. 3 v°), représente CHARLES, DUC DE LORRAINE, qu'on qualifie ici de second fils des précédents; il est suivi de celui de sa fille ERMANTES, épouse du comte Godefroy de Namur. La fille de ces derniers, ALIX DE NAMUR, épouse de Baudouin III, comte de Hainaut, fait le sujet du portrait suivant (f. 5 r°).

Viennent après : BAUDOUIN IV, COMTE DE HAINAUT (f. 6 r°), fils des précédents, et MARGUERITE DE FLANDRES, sa femme (f. 6 v°); — BAUDOUIN V, COMTE DE HAINAUT ET DE FLANDRES, puis empereur de Constantinople (f. 7 r°), fils des précédents, et sa femme, N..., fille du roi de NAVARRE (f. 8 r°); — MARGUERITE DE FLANDRES, fille des précédents, représentée deux fois : avant (f. 9 r°) et après son mariage (f. 10 v°) avec GUILLAUME DE BOURBON, dit de Flandres (f. 10 r°); — leur fils cadet, GUILLAUME, SEIGNEUR DE TENREMONDE, en armure (f. 11 r°), et sa femme ALIX DE CLERMONT, dame de Néelle (f. 11 v°).

Cette lignée s'arrête là, et nous passons à une autre, qui commence à AGNÈS DE HAINAUT (f. 12 v°), fille de Baudouin III, comte de Hainaut, et d'Alix de Namur, mentionnés ci-dessus, et femme de Raoul de Coucy. Leur fille, YOLENT DE COUCY, épouse de Robert, comte de Dreux, est représentée dans le portrait suivant (f. 13 v°), en regard de celui de son fils, ROBERT, COMTE DE DREUX, suivi de celui de la VICOMTESSE DE CHASTEAUDUX, sa femme (f. 14 v°). Viennent à la suite : leur fille, N... DE DREUX, vicomtesse de Châteaudun (f. 15 r°), femme de Raoul de Clermont, connétable de France et seigneur de Néelle, père d'Alix de Clermont, mentionnée plus haut, par le mariage de laquelle avec Guillaume de Tenremonde les deux branches se seraient fondues en une seule.

On passe ensuite aux ascendants de ce Raoul de Clermont, à commencer par un COMTE DE VERMANDOIS (f. 16 r°), « second fils du roy de France », du mariage duquel avec la fille du duc de Bar vinrent : Hébert, comte de Vermandois, et JEHAN, SEIGNEUR DE NÉELLE, représenté ici en armure, tenant une lance (f. 17 r°). Viennent ensuite : sa fille unique JEANNE DE NÉELE (f. 17 v°), épouse de Jehan de Clermont; leur fils, SIMON DE CLERMONT (f. 18 r°), et sa femme JEHANNE DE BRETAGNE (f. 18 v°), enfin RAOUL DE CLERMONT, connétable de France (f. 19 r°), cité plus haut, fils des précédents.

Retournant à la descendance commune de ces deux lignées, on a répété une seconde fois les portraits de GUILLAUME DE FLANDRES DE TENREMONDE (f. 20 r°) et de sa femme, ALIX DE CLERMONT (f. 20 v°). Viennent ensuite : MARIE DE FLANDRES (f. 21 v°), leur fille, épouse d'Ingergier d'Amboise ; — MARGUERITE D'AMBOISE (f. 22 v°), fille des précédents, et épouse de Pierre de Sainte-Maure, seigneur de Montgauguier (sic) ; — JEHAN DE SAINTE-MAURE (f. 23 r°), fils des précédents, seigneur de Montgauguier et de Néelle, et sa femme, JEHANNE DES ROCHES, dame de la Haye (f. 23 v°) ; — JEHAN (II) DE SAINTE-MAURE (f. 24 v°), fils des précédents, et sa première femme, JACQUETTE DE PUISEUX. « Et dudit seigneur et de la dite dame, dit l'auteur du texte, yssit ung filz nommé Charles, *et vivoit quant ce livre fut faict.* » La phrase finale : « lequel Charles porta les armes qui s'ensieuvent », démontre qu'il y avait encore le portrait de ce dernier ; en effet, la trace de l'enlèvement de ce feuillet reste encore.

Au haut de la page suivante, on lit : *faict en l'an 1444,* ce qui paraît exact. Charles, le dernier cité, devint en 1446 le premier comte de Nesle et ne se maria qu'en 1457, c'est pourquoi son portrait n'était pas accompagné de celui de sa femme. C'est à cette famille qu'appartenait le célèbre duc de Montausier, époux de Julie-Lucie d'Angennes, Mlle de Rambouillet, pour laquelle il avait fait exécuter en 1641, par Jarry, la fameuse *Guirlande de Julie.*

A la fin du XVIIe siècle, ce petit volume a appartenu à François Gacon, dit le *poète sans fard,* dont la signature (*Fran. Gacon*), précédée de la date du 6 septembre 1698, se voit au haut de la première page du feuillet de garde.

70. PRIVILÈGES octroyés aux clercs, notaires et secrétaires du roi et de la maison de France, par les rois Louis XI, Charles VIII, François Ier et Henri II. — In-4, de 101 ff. ; encadrements et lettres ornées ; velours violet.

Remarquable manuscrit sur VÉLIN, exécuté en France vers 1550, et orné D'ENCADREMENTS HISTORIÉS, dont la peinture est attribuée à JEAN COUSIN.

Occupons-nous d'abord du texte. Voici le contenu du volume :

1° *Declaration et confirmacion faicte par le Roy Loys XIe des previlleiges des Notaires et Secretaires et ampliacion dicculx,* donnée, *au Plessis du Parc-lez-Tours,* en novembre 1482. Ces lettres patentes, qui constituent la charte des privilèges des notaires et secrétaires du roi, ont été données en remplacement de celles octroyées par les prédécesseurs de Louis XI et dont la plupart, « par antiquité et vieillesse, par mutacions, guerres, divisions et pestilences, et autres fortunes, ont esté et sont perdues » (f. 35 r°). Les notaires et secrétaires du roi y sont comparés aux évangélistes qui étaient les « vrays et approuvez notaires pour rédiger par sollennelle escripture et attestation ses saints commandemens (ceux de Jésus-Christ) et les divines et excellentes œuvres qu'il feist en ce monde ». Aussi avaient-ils saint Jean l'évangéliste pour patron de leurs corps ou collège dont le roi était le chef. Leur nombre était alors limité à cinquante-neuf. Cette déclaration n'occupe pas moins de 41 ff. Le f. 42 est blanc. —

2° Lettres patentes portant anoblissement (en latin), octroyées par le roi Charles III, et datées de Paris du mois de février 1484 (1485 n. st.) (f. 42 r° à 48 v°). Les ff. 49 et 50 sont blancs. — 3° *Don de tous droictz feodaulx et roturiers des heritaiges appartenans aux notaires et secretaires du roy*, octroyé par François Ier, à Paris, en décembre 1518 (f. 51 r° à 58 v°). Le f. 59 est blanc. — 4° *Exemption de droitz de gabelle*, octroyée par le même roi, à Blois, le 3 octobre 1519 (f. 60 r° à 65 v°). Le f. 66 est blanc. — 5° *Declairation pour les emprunctz*, c'est-à-dire exemption de tous dons, emprunts, tailles et aides des villes et aussi « de toutes entrées, issues, barraiges, chocquets, appetissemens et aultres choses quelzconques qui sont ou pourroient estre myses sus esdictes villes »; octroyée par le même roi, à Lyon, le 4 octobre 1537 (f. 67 r° à 74 r°). — 6° *Aultre declairation pour les emprunctz*, portant exemption de toutes impositions extraordinaires de guerre, etc., octroyée par le même roi, à Lyon, le 28 janvier 1537 (1538 n. st.) (f. 74 v° à 80 r°). Le f. 75 est blanc. — 7° *Declairation pour la soulde de cinquante mil hommes*, portant exemption de la contribution pour le paiement « des gaiges et souldes pour quatre moys des cinquante mil hommes que puisnaguères avons ordonné estre levez et mis sus pour la seureté, tuition et deffence de nostre royaulme, pays et subgects », octroyée par le même roi, à Fontainebleau, le 1er avril 1543 (f. 80 v° à 83 r°). — 8° *Arrest du Roy contre le greffier des requestes*, qui troublait les notaires et les secretaires du roi en la jouissance de leurs privilèges ; donné par le même roi, à Fontainebleau, le 23 novembre 1540 (f. 83 v° à 88 r°). Le f. 84 est blanc. — 9° *Exécution de l'arrest précédent*, par Martin Fumée, conseiller du roi et maître des requêtes ordinaires de son hôtel, à Paris, le 30 mars 1540 (1541 n. st.) (f. 88 v° à 91 r°). — 10° *Arrest du Grand Conseil pour l'exemption de la taille en Lenguedoc*, rendu à Paris le 12 novembre 1543, et concernant particulièrement Antoine Berenguier, notaire et secrétaire du roi, imposé à la taille par les consuls du bourg de Rodez (f. 91 v° à 95 v°). Le f. 96 est blanc. — 11° *Lectre de confirmation d'anoblissement*, donnée par le roi Henri II, à Compiègne, en septembre 1549 (f. 97 r° à 101 r°).

Au point de vue de la décoration, c'est incontestablement un des chefs-d'œuvre de la belle époque de la Renaissance française. L'encadrement de la première page, sur fond or, est surtout remarquable par la fantaisie de la composition. Des satyres, des mascarons, des cariatides, la faune et la flore, et une foule de motifs divers y sont habilement combinés de manière à former un ensemble aussi gracieux qu'original. La science des raccourcis y est admirable, et le miniaturiste y a presque épuisé les couleurs de la palette, sans jamais choquer l'œil par des contrastes violents. Lorsqu'elle était dans toute sa fraîcheur, cette page a dû briller d'un éclat incomparable. L'encadrement des lettres émanant de Charles VIII (f. 43) consiste en une combinaison de cartouches ornés de charmantes arabesques, tantôt en noir ou en or sur argent, tantôt en or sur fond gris ou vert. Les six encadrements qui décorent les premières pages d'autant de privilèges accordés par François Ier (ff. 51, 60, 67, 74, 80 et 83), sont conçus de même. Ils diffèrent tous tant par le dessin que par l'emploi des couleurs. Dans cinq d'entre eux, l'artiste a su habilement agencer dans son ornementation l'initiale F couronnée et le symbole du roi, la Salamandre. On trouvera dans le catalogue illustré la reproduction de la partie recto du f. 51. D'autres pages des mêmes privilèges sont décorées avec moins de luxe. L'encadrement du f. 64 v° attire l'attention par un beau cartouche architectural en camaïeu d'or, reposant sur un fronton à fond vert chargé d'arabesques argentées, aux côtés opposés duquel pendent des grappes de fruits et de légumes. Aux ff. 88 v°, 90 v° et 91 v°, on remarque des frontons en camaïeu d'or, d'où pendent des draperies de couleur.

La plus intéressante de ces peintures est la dernière, celle qui orne la page de début des lettres de confirmation d'anoblissement données par Henri II. Les cartouches du cadre, alternativement à fond argent ou noir, sont couverts d'arabesques auxquelles l'artiste a associé le chiffre enlacé de Henri II et de Diane de Poitiers, ainsi que les emblèmes de cette dernière : l'arc et le croissant. L'initiale H du mot Henri, qui occupe le tiers de la page en hauteur, est formée par deux colonnes que deux arcs juxtaposés relient par le travers ; dans ces arcs est passé un grand croissant entouré d'une couronne de laurier ; le tout sur fond or mat. Au-dessus de cette belle initiale, on voit un char triomphal doré, d'une légèreté exquise d'ajustement, attelé de deux cerfs, l'un blanc, l'autre fauve. Diane de Poitiers, un croissant sur le front et un javelot à la main, y est représentée assise à l'arrière, sous un dais, tandis que quatre nymphes, tenant des palmes vertes, occupent le devant sur deux rangs. On trouvera au catalogue illustré une reproduction de cette ravissante composition.

L'ornementation des initiales disséminées dans le volume est, comme tout le reste, d'une grande délicatesse de touche.

Quant au nom de l'artiste, auteur de ce chef-d'œuvre, voici en quels termes notre vénéré maître s'exprime à ce sujet dans son *Étude sur Jean Cousin* (p. 231) : « Les artistes compétents que j'ai consultés n'hésitent pas à attribuer à Jean Cousin ces peintures en miniature d'un goût exquis qui encadrent les pages. Elles offrent, en effet, de grandes similitudes avec les ornements de quelques vitraux, aujourd'hui détruits, exécutés en grisaille par Jean Cousin pour le château d'Anet, et avec les peintures décoratives dont heureusement M. Alex. Lenoir a pu nous donner plusieurs reproductions. Celles qui sont encore conservées dans la tourelle dont M. le duc de Vendôme a fait retrancher la moitié, nous montrent des satyres dans des positions entièrement semblables à celles qui ornent mon manuscrit, et cette similitude est fort remarquable. Même dès la première page, au bas de l'encadrement, une sorte de vasque ou vase ayant une grande similitude avec celle du château d'Anet, affecte la forme de tombeau, et les fonds noirs qu'on y remarque semblent confirmer cette analogie. »

71. HOZIER (Pierre d'). Généalogies de la maison de Clermont, en Anjou [de Gallerande, d'Amboise, etc.], et de celle de Harlay. — 2 parties en un vol. gr. in-fol. ; Ire partie : 26 ff. prél. (dont le 1er blanc) et 233 pp. chiffrées, plus 11 ff. blancs ; IIe partie : 10 ff. prél., et 204 pp., dont les 18 dernières sont blanches ; titres enluminés et blasons ;

mar. rouge, riches compart. et dos orné à petits fers, tr. dor. (*Du Seuil*).

Beau manuscrit sur VÉLIN, daté de 1636. La première page porte, au milieu d'un cartouche peint en or et en couleurs, ce titre : *Généalogie de l'illustre maison de Clermont, justifiée par Tilttres, Histoires et autres bonnes et certaines Preuues. Par le Sr D'Hozier, Gentilhomme ordinaire de la Maison du Roy, Faisant profession de la connoissance des Maisons Illustrés de France.* 1636. Au verso, du même feuillet, sont peintes les armes de Clermont, avec supports, casque, cimier et lambrequins. Viennent ensuite : une Épître dédicatoire au marquis de Clermont-Saint-Georges, datée du 10 juillet 1636 ; des Remarques sommaires sur la maison de Clermont ; une Table des maisons alliées ; vingt-sept Tables de descendance de la maison de Clermont des maisons royales de France, d'Angleterre, etc. ; une Liste de toutes les maisons ayant porté le nom de Clermont, avec leurs blasons peints ; un Tableau généalogique de la maison de Clermont, enfin la Généalogie elle-même, ornée d'un grand nombre de blasons souvent avec leurs accessoires : cimier, couronne, attributs de dignités civiles et ecclésiastiques, etc., le tout finement peint. La branche de Saint-Georges a été particulièrement soignée : la partie qui la concerne a reçu de grands développements, et on y trouve (pp. 172-173) les seize quartiers, paternels et maternels, de François-de-Paule de Clermont, marquis de Saint-Georges, à qui ce grand travail a été dédié.

Cette généalogie est suivie de celle de la famille de Harlay dont était issue la mère de ce dernier. Elle est précédée, comme l'autre, d'un titre renfermé dans un cartouche en couleurs et d'une épître dédicatoire à cette dame ; de même que l'autre, elle contient des tableaux de descendance royale, des tableaux généalogiques, des blasons, etc. Elle offre beaucoup d'additions marginales, dont une partie est de la main du célèbre généalogiste.

On a souvent discuté la date du décès du célèbre magistrat Achille Ier de Harlay : on la fixait tantôt au 23 ou au 26 octobre 1616, tantôt au 21 octobre 1619. On lit ici (p. 73) qu'il « mourut le XXVIe octobre l'an 1616, ayant vescu soixante-dix neuf ans dix mois et sept jours, et fut inhumé en l'église de Beaumont. » Cette précision dans l'indication de l'âge du défunt démontre que la date de sa mort doit être rapportée exactement ; celui qu'on appelle le grand d'Hozier était d'ailleurs en mesure d'être bien renseigné, écrivant vingt ans seulement après cette date pour une personne appartenant à la même famille qu'Achille de Harlay.

Ces deux grandes généalogies sont restées inconnues aux biographes du célèbre Juge d'armes de France.

La reliure de ce volume, l'une de celles dites *à l'éventail* (voir plus haut, n° 60), est fort remarquable.

72. **BUSSY-RABUTIN** (Roger, comte de). Histoire généalogique de la maison de Rabutin. — In-4, de 70 ff. (dont plusieurs blancs) ; mar. rouge, fil., tr. dor. (*rel. du* XVIIe *siècle*).

Manuscrit *autographe* de l'auteur de l'*Histoire amoureuse des Gaules*, sur papier, terminé en 1683 ; il porte ses armes et celles de la duchesse de Holstein.

A la première page, on lit ce titre : *Histoire généalogique de la maison de Rabutin, dressée par Messire Roger de Rabutin, comte de Bussy, Lieutenant général des armées du Roy, et mestre de camp général de la cavallerie légère de France. Et adressée à Dame Marie de Rabutin, Marquise de Sévigné.*

Une remarquable épître dédicatoire à la marquise de Sévigné précède la généalogie ; une autre épître, adressée à la duchesse de Holstein, femme de Louis de Rabutin, marquis de Prémonville, général au service de l'Empire, figure au milieu du volume (f. 32) ; ni l'une ni l'autre ne sont datées. L'histoire généalogique elle-même est fort intéressante. L'auteur y a inséré, textuellement ou par extrait, un certain nombre de documents historiques dont le plus ancien date de 1147. On y trouve, entre autres, une lettre de Charles IX et une autre de Henri IV adressées à Guy, de Rabutin de Chantal, beau-père de sainte Chantal. L'éloge de madame de Sévigné (ff. 57-58) est d'une grâce particulière. La généalogie finit avec l'article consacré au fils aîné de l'auteur, Amé-Nicolas de Rabutin, article dont les dernières lignes sont : « *le Roy levant de nouvelles troupes [en 1683] luy redonna une compagnie de cavalerie dans le régiment de Pelleport* ». Un autre manuscrit autographe du même travail, conservé à la Bibliothèque de l'Arsenal (n° 736), contient en plus quelques lignes, relatives au maintien du même officier, en 1684, en qualité de capitaine réformé dans le régiment du roi.

Cette généalogie a été publiée, mais incomplètement et souvent peu fidèlement, dans le t. XI de l'édition des lettres de madame de Sévigné, donnée par la librairie Techener.

Notre volume a figuré dans l'intéressant catalogue raisonné d'une collection de manuscrits, publié par la même librairie en 1862 (n° 155) ; nous extrayons de la notice qui l'accompagne le passage suivant, dont la conclusion nous paraît péremptoire :

« Quoique les armoiries de la duchesse de Holstein soient imprimées sur l'un des plats du livre, il n'est pas possible que cet exemplaire lui ait été envoyé. En effet, on y trouve un grand nombre de ratures, des additions successives, des articles incomplets, suivis de feuillets blancs ; l'article de la duchesse de Holstein, à peine ébauché, et la lettre qui lui était destinée, rejetée sans motifs apparents, au milieu de la généalogie. Nous pensons donc que Roger de Rabutin a subi, en cette circonstance, l'influence de la vanité. Sur le premier plat du volume, il a fait graver ses armes, entourées de douze bannières semées de France ; puis sur le second, ses armes accolées de celles de Holstein. Ceci est d'autant plus probable, que les armes du manuscrit sont de Rabutin-Bussy et Chantal, tandis que Louis de Rabutin, mari de la duchesse de Holstein, ne descendant point de ces deux branches, ne devait pas porter ses armes écartelées *d'azur à une croix d'or*. Il nous paraît démontré que cet exemplaire, contenant les deux dédicaces, et préparé pour recevoir les additions, a été écrit par l'auteur pour son propre usage. »

73. CHEVILLARD (Jean). Armorial des Prévôts des marchands, échevins, procureurs du roi, greffiers, receveurs, conseillers et quartiniers de la ville de Paris, depuis l'origine jusqu'en 1789. — In-fol., de 4 ff. prél. et 98 pp. (dont plusieurs blanches); blasons coloriés; mar. rouge, semé de fleurs de lis, dent., tr. dor. (*rel. du* xviii*e siècle*).

Recueil sur papier, en partie manuscrit, du commencement du siècle dernier. Il se compose d'une série de carrés gravés, collés méthodiquement aux rectos des feuillets et coloriés à la main. Cet armorial est pourvu d'un titre gravé (3º f. prél.), ainsi conçu : *Chronologie des Prevosts des Marchands, Echevins, Procu*rs *du Roy, et Receveurs de la Ville de Paris dédié à Mesdits Sieurs les Prevosts... Par leur très-humble serviteur J. Chevillard, Généalogiste du Roy, et Historiographe de France.* A partir de 1712, il a été complété à la main et ce travail se poursuit jusqu'à la Révolution. La partie consacrée aux Conseillers de la Ville de Paris est précédée d'un autre titre gravé (p. 43), avec le nom de Chevillard. Il y a, en plus, trois grands titres à la main, en or, argent et couleurs. Une table alphabétique termine le volume.

Au second feuillet du commencement, se trouve un grand écusson aux armes de Pierre-Antoine de CASTAGNÈRE, Chevalier, Marquis de Chasteauneuf et de Marolles, Conseiller d'État, élu Prévôt des Marchands le 4 juillet 1720. C'est à lui que cet Armorial a été offert par Chevillard. Ses armoiries sont frappées sur le second plat de la reliure, tandis que sur le premier on a mis celles de la ville de Paris; les pièces principales de ces deux blasons alternent aussi sur le dos de la reliure.

C'est bien certainement l'exemplaire unique de cet Armorial, mentionné dans la *Bibliothèque historique de la France*, du P. Lelong.

74. ALMANACH [poétique et satirique] de l'année 1721. — In-4, de 7 ff.; vignettes; mar. vert, riche dent., doublé de mar. citron, avec dent. argentée, tr. dor. (*rel. du temps*).

Charmant manuscrit sur vélin, exécuté pour la petite-fille du Grand Condé, la célèbre DUCHESSE DU MAINE.

La première page, entourée d'un double cadre, porte ce titre en lettres capitales dorées, carminées, bleues et noires : *Almanach* || *de* || *l'Année* || 1721.

Une page est consacrée à chaque mois, dont le nom est peint en lettres d'or et accompagné de petits ornements en couleurs. Chacun de ces titres est suivi d'un quatrain adressé à la duchesse du Maine ou rempli d'allusions à sa personne. Voici celui du mois de janvier :

> Vénus par son aspect attirant nos hommages,
> Tient sa Cour à Situlé, et déserte Paphos :
> On quittera du Loing les tranquilles rivages,
> Pour visiter les Mers du Lakanotrophos.

Celui du mois d'Août est encore plus explicite :

> Sur un vaste canal, une barque superbe
> Fera prendre le frais à la *Reine de Sceaux* :

> Telle était la Vénus que célébra Malherbe,
> Quand ses charmes naissants brillèrent sur les eaux.

Voici encore le quatrain du mois de mai :

> Venez, couple amoureux, venez, Zéphire et Flore,
> Répandez vos parfums, paroissez en ces lieux,
> Tels qu'on vous vit paroître au Palais de l'Aurore,
> Lorsque la *grande Nuit* y rassembla les *Dieux*.

Le Palais de l'Aurore, c'est le château de Sceaux, et le dernier vers rappelle ces fameuses fêtes de nuit, dites les *grandes nuits*, délassements spirituels auxquels prenaient part les Dieux de la poésie.

L'auteur de ces vers semble se dévoiler, sans que nous puissions deviner son nom, dans le quatrain du mois de Décembre :

> On gravera, Princesse, au Temple de Mémoire
> L'usage vertueux que tu fis des grandeurs ;
> Mais *mon frère* te mit au comble de la Gloire,
> Lorsqu'à tant de vertus il prêta des malheurs.

Voilà pour la partie poétique de cet almanach singulier.

A la suite de chaque quatrain se trouve l'indication des lunaisons, dont chacune est accompagnée d'un pronostic où la verve de l'auteur, tantôt frivole, tantôt satirique, s'est largement exercée. En voici quelques échantillons :

« Mars dans l'arc du Sagittaire presage guerre intestine dans la Cour des Sceaux entre un Baron Normand et le Sire de la Montagne de Jupiter à l'occasion de Quadrille avec sermons affreux, mais très-mal gardez.

« Une gentille comtesse à conscience timorée ne laissera pas de souhaitter la mort du Pape, dans l'espérance d'un jubilé pour la relever d'un serment téméraire.

« La Lune dans la queuë de l'Aigle dénote la consommation célèbre d'un mariage où parfumeur exquis triomphera de Bijoux de réputation ; et sera l'épousée conduite au moustier par digne rejetton de race capétienne.

« Une grande et vertueuse dame, qui a tenu longtemps partie de ses talens cachez, manifestera sa profonde science dans la langue latine en apprenant à ses compagnes qu'il faut commencer par sçavoir que *cornu* est indéclinable.

« Dans deux jours, un personnage tombé dans de grands malheurs après quarante et un ans de fidélité, renouvellera les vœux qu'il a faits de finir ses jours au service de Ludovise (duchesse du Maine).

« Échappatoire trouvé par les Académiciens pour interpréter l'arrest qui ordonne de choisir le plus digne. »

Toutes ces allusions devaient être assez transparentes pour les familiers de la cour de Sceaux ; nous laissons à d'autres le soin de les commenter.

On sait que la duchesse du Maine créa pour son entourage un ordre dit de la *Mouche à miel*, une sorte d'association mystérieuse qui sentait la conspiration. Une ruche est dès lors devenue l'emblème de la reine de

HISTOIRE. 107

Sceaux; aussi en voyons-nous une peinte à la page de titre de notre manuscrit, ainsi que des abeilles associées aux motifs de décoration de toutes les pages. Le pronostic suivant rappelle cette association : « Les officiers et officières de l'Ordre de la Mouche renouvelleront le serment de chasser honteusement le Dieu du Sommeil, et de veiller jusqu'à extinction et tant que mort s'ensuive. »

Le même emblème, la ruche, est frappé en or sur les plats de la belle reliure qui recouvre ce volume; autour, on lit cette devise : *Piccola si, ma fa, pur, gravi le ferite*, dans laquelle l'ambitieuse duchesse a fort bien mis en parallèle la petitesse de sa taille avec l'acuité des traits de son esprit mordant. On trouvera au catalogue illustré la reproduction d'un des plats de cette reliure.

OUVRAGES RELATIFS A L'ITALIE

75. PHILELFUS (Marius). Epithalamion pro principibus Roberto Malatesta, Arimini domino, et Elisabeta Pheretrana, ducis Urbini filia. — In-4, de 74 ff.; lettres ornées ; mar. rouge, riches compart. et tr. dor. (*Lortic*).

Beau manuscrit sur VÉLIN, exécuté en Italie vers 1476.

Cet épithalame en prose, dont l'auteur était le fils du fameux François Philelfe, fut prononcé à Rimini, en 1475, à l'occasion du mariage de Robert Malatesta, seigneur de Rimini, avec Élisabeth, fille de Frédéric de Montefeltro, duc d'Urbino, bibliophile passionné et un des Mécènes de l'hellénisme. Il est important en ce qu'il offre une histoire assez détaillée de ces deux maisons princières, qui jadis ont joué un grand rôle en Italie. Cette harangue est restée inédite, et il paraît qu'il n'en existe que cette seule copie.

Exemplaire offert par Philelfe à Louis Ier, MARQUIS DE SALUCES. L'épître dédicatoire est précédée de cette rubrique : *Marius Philelphus illustro atque inclyto principi Lodovico Saluciarum Marchioni, Sal. D.* Les armes de cette maison princière (*d'argent au chef d'azur*) sont peintes, au centre d'une couronne de laurier, au bas de la troisième page, où commence l'épithalame précédé de cette rubrique : *Marii Philelfi, artium utriusque juris doctoris, equitis aurati et poetæ laureati, Epithalamion pro illustribus clarissimisque principibus Robertho Malatesta, Arimini domino, Elisabetaque Pheretrana, illustris ducis Urbini Frederici filia, ab auctore Arimini habitum.* Le texte de la harangue, qui commence ainsi : *Facturo mihi maximis amplissimisque de rebus in hoc tam celebri optimorum pontificum, præstantium oratorum, clarissimorumque principum consessu...,* finit par ces mots : *et tuam, Roberthe, et tuam, Elisabetha, sciscitari sententiam statuamus latine vulgi more.*

Ce manuscrit, sorti des mains de la maison de Saluces, est devenu la propriété de Joseph Violo, qui en fit présent à un des membres de la famille à laquelle il avait appartenu dès l'origine, ce qui résulte de cette note écrite sur un des feuillets de garde : *Giuseppe Violo di Bernardino di*

Revello, ne ha fatto uno presente del presente libro all' muolt°. Ill°. S. Gabrielle Saluzzo, figlio dell' Ill.mo. S. Augusto Saluzzo, li tre Agosto 1609.

76. SUNTO DE' GONFALONIERI e signori di qualunque casato della città di Firenze. — In-4, de 30 ff.; mar. brun, compart. à fil., tr. dor. (*reliure italienne du* xvie *siècle*).

Précieux manuscrit sur VÉLIN, exécuté en Italie vers 1530.

C'est un registre des familles qui ont donné des gonfaloniers à Florence depuis 1282, date de la création de cette magistrature, presque jusqu'à sa suppression qui a eu lieu le 27 avril 1532, ainsi que de celles qui ont fourni des membres au conseil du gouvernement de cette République, et ayant appartenu soit à l'aristocratie soit aux corporations d'arts et métiers, connus sous le nom d'arts majeurs et d'arts mineurs. Ce registre est divisé en quatre parties, correspondant aux anciens quartiers de Florence : Santo Spirito, Santa Croce, Santa Maria Novella et San Giovanni. L'ordre des lettres de l'alphabet régit chacune de ces sections, mais chaque lettre est classée selon l'ordre chronologique dans lequel les familles sont arrivées, pour la première fois, à prendre part au gouvernement du pays. Le nom de chacune est suivie du chiffre de membres de la seigneurie et, s'il y a lieu, de celui de gonfaloniers fournis par elle, ainsi que de la date de son accès aux affaires publiques. En voici quelques exemples :

ALBIZZI.	SS.	93. G. 14.	— 1282.
ALTOVITI	SS.	109. G. 10.	— 1282.
BILIOTTI.	SS.	60. G. 10.	— 1297.
CORSINI.	SS.	51. G. 11.	— 1290.
MACHIAVELLI	SS.	54. G. 12.	— 1283.
RIDOLFI.	SS.	55. G. 19.	— 1288.
STROZZI.	SS.	92. G. 16.	— 1283.

Au premier rang de ces familles se place naturellement celle des Médicis avec ses 61 membres du conseil et ses 35 gonfaloniers, depuis 1291. La dernière en date est la famille Libri, admise aux honneurs du gouvernement en 1530. Pour celles ayant appartenu aux arts majeurs et mineurs, la profession de chacune est même indiquée avec de grandes nuances de métier :

BARTOLI. *Agorai* (fabricants d'aiguilles) . . SS. 44. G. 8. — 1345.
LIPPI. *Corazzai* (fabricants de cuirasses) . . SS. 11. G. » — 1301.

Parmi les quatre-vingts professions qui y sont énumérées, on trouve une famille de relieurs, celle de Bencivenni, et pas un seul imprimeur ou libraire. En regard des noms des familles qui ont compté dans leur sein un ou plusieurs cardinaux, on a peint un chapeau rouge; la tiare accompagne le nom de Médicis; la seule famille d'architectes qu'on y voit figurer, celle de Lippi, est distinguée par une petite peinture représentant la coupole d'une église. Le nom de Dante, qui fut gonfalonier en 1300, est surmonté d'une couronne de laurier.

Le volume est exécuté avec grand luxe. Le titre est peint en lettres d'or; au-dessus, est la fleur de lis florentine en carmin. Les faux-titres, portant les noms des quartiers, sont aussi en lettres d'or et accompagnés des emblèmes de ces quartiers (le Saint-Esprit, la Croix, le Soleil, une Basilique). Toutes les pages sont entourées d'un double cadre à filets d'or, et les blancs de chaque ligne sont comblés au moyen des tirets en or. Les titres courants et les sigles désignant les fonctions de membres du conseil et celles de gonfalonier sont en carmin.

77. **INSTRUCTIONS** données en 1529 par André Gritti, doge de Venise, à Hieronymo Zane, nommé gouverneur (*capitaneus*) de la ville de Vérone (en latin et en italien). — In-4, de 32 ff.; mar. rouge, compart. à fil. à fr. et dor., fleurons (*reliure vénitienne du XVI° siècle*).

Manuscrit sur VÉLIN, d'une belle écriture de chancellerie. Le texte s'ouvre (f. 3 r°) par une page ravissante de décoration. C'est une large bordure servant de cadre, où, sur un fond bistre foncé, presque noir, se développent des rinceaux dorés relevés par des fleurs et des fruits de nuance grise ou violacée. Cette bordure, d'un coloris pâle, sert de repoussoir à des médaillons allongés, éclatants de lumière, enchâssés aux quatre côtés. Dans celui du haut, est représenté le lion symbolique de Venise, peint en or avec des ailes écarlates. Celui du côté intérieur, de petites dimensions, ne laisse voir qu'une alouette planant dans les airs. Le médaillon du côté opposé, plus arrondi que les autres, représente le patron du gouverneur Zane, saint Jérôme à mi-corps, vêtu d'un manteau écarlate avec chaperon et tenant un livre ouvert. Il est placé dans une verte campagne. Le médaillon du bas nous représente une petite langue de terre aboutissant à une mer à perte de vue sur laquelle on voit cingler un voilier : symbole de la puissance maritime de l'ancienne république vénitienne. Sur ce fond lumineux se détache un écusson de forme élégante, suspendu par un ruban ; il est aux armoiries de Hieronymo Zane : *Coupé d'azur sur argent, avec un renard rampant de l'un en l'autre*. Au-dessus de cet écu, les initiales du personnage : H. Z. On trouvera au catalogue illustré une reproduction de cette page charmante.

Un parallélogramme peint en pourpre porte, en lettres d'or, ces premières lignes du texte : *Nos* ANDREAS || GRITTI || *Dei gratia Dvx* || *Venetiarvm et* || *cætera*. La suite est de l'écriture du volume entier : (*Committimus Tibi Nobili Viro Hieronymo* || *Zane, q in Christi Nomine, et ī bona Gratia* || *de nr̃o mandato uadas et sis Capit[aneu]s Veronæ* || *per unũ annũ.....*), qui est terminé (f. 29 r°) par cette souscription autographe du secrétaire du conseil de la seigneurie de Venise : *Datum in nostro Ducali Palatio Die xxiij februarij Indictione Secunda M. D. xxviij* (style vénitien, c'est-à-dire 1529 n. st.). PET' GRASOLARIUS *Scert*. *subscripsi*. Le paraphe de ce fonctionnaire figure au centre de la quatrième page du commencement, les trois premières pages étant blanches. A la dernière page du volume (les six pages précédentes sont blanches) se trouve une note autographe du trésorier du gouvernement vénitien, signée : BENETTO SPINELLI, faisant connaître le chiffre du traitement du gouverneur de Vérone (1775 ducats par an) et de celui de ses collaborateurs.

C'est dans ces instructions, moitié en latin, moitié en italien, formées en majeure partie d'extraits des décisions successives des conseils de la république, qu'on voit toute la sévérité des lois vénitiennes à l'égard des personnes investies des hautes fonctions publiques, pour assurer leur désintéressement et leur incorruptibilité, et les astreindre à se dégager de toute préoccupation personnelle. Ainsi, il était défendu au gouverneur de Vérone, à lui et à tout membre de sa famille, de faire du commerce dans le district de Vérone et d'y acquérir des propriétés; il lui était aussi interdit de se marier dans le pays confié à son administration, pendant la durée de sa charge et même un an après. Il ne lui était pas permis de porter le deuil (*vestes lugubres*) de ses proches, en dehors de sa mère, de son père, de ses frères, de sa femme ou de ses fils. Il devait *defender viril et gagliardamente conservar et mantenir la cittá*, sous peine de mort. On trouve aussi dans ces instructions beaucoup de prescriptions féroces contre les Juifs.

La reliure, ornée de jolis compartiments dorés, porte les initiales de Hieronymo Zane.

78. INSTRUCTIONS données en 1597 par Marino Grimani, doge de Venise, à Bartolomeo Parutta, nommé Préfet (*rector*) de Rhétymne, en Candie (en latin et en italien). — In-4, de 110 ff.; miniature; mar. doré en plein et mosaïqué, avec compart. en relief, tr. dor. (*reliure vénitienne du XVIe siècle*).

Manuscrit sur VÉLIN, d'une écriture courante, avec de nombreuses rubriques. Les instructions commencent par ces lignes, dont les six premières sont en majuscules peintes en or : *Nos* MARINVS || GRIMANO || *Dei gratia Dvx* || *Venetiarvm*, etc. || *Committimvs* || *tibi nobili viro* BARTHOLOMEO PARVTTA, || *Dilecto Ciui, et fideli nostro, quòd de nostro mã*||*dato, ire debeas in Rectorem Rethimi Insulę* || *nostrę Cretę, faciendo Regimen dicti loci, sicut tibi* || *uidebitur ordinandum, et utile faciendum, pro* || *bono Venetiarum, et Insulę nostrę Cretę.*

Ces fonctions, à la fois politiques, administratives et judiciaires, étaient confiées à Parutta pour deux ans, et les présentes instructions sont bien autrement développées que celles que nous venons de décrire. Il n'y a guère que les dix-neuf premières pages qui soient rédigées en latin ; le reste est en italien. Les instructions, soigneusement divisées en paragraphes, pourvues de sommaires et terminées par un répertoire, ne sont pour ainsi dire qu'un relevé d'une série de délibérations isolées du conseil des Dix ou du Grand Conseil, avec la mention des dates respectives, et font ainsi de ce volume un curieux document historique. C'est toujours la même rigidité de principes, le même purisme politique, la même confiscation de l'individualité du mandataire au profit de la *dominante seigneurie*. On y trouve, par exemple (f. 28), qu'il était défendu au préfet de Rhétymne de prendre des repas ailleurs qu'à son palais, et encore moins de coucher au dehors (*albergar di notte*). Il lui était aussi défendu de servir de parrain sur le territoire confié à son administration, ni de s'y marier. Il lui était enjoint d'assister officiellement à la messe trois fois par semaine et de tenir la main à l'exécution scrupuleuse des décrets contre les blasphémateurs, etc.

La première partie de ces instructions porte à la fin cette date (f. 87 v°) : *Dat' in Nostro Ducali Palatio, Die iiij Decembris. Ind^{ne} xj. M. D. XCVII*, suivie de la signature autographe du secrétaire du conseil : Giulio Zamberti sec°.

Une seconde série d'instructions est intitulée (f. 88 r°) : *Parti prese in diversi tempi in proposito della fabrica delle prigioni*. Elle porte à la fin (f. 101 v°) cette date : *Datum Die iiij Dec. MDXCII*, suivie de la signature du secrétaire des provéditeurs : Philippus Garzonius.

A la suite du répertoire, on lit (f. 109 r°) une note relative au traitement alloué au préfet Parutta (1619 ducats par an), signée ainsi : *Ag^{tin} Spilli* (Spinelli). Les deux pages suivantes sont consacrées à une *Nota delli fornimenti che vano nel Palazzo di Retimo*.

En regard de la première page de ce volume, se trouve une remarquable miniature allégorique, représentant Jésus-Christ en croix, au pied duquel cinq personnages entourent une table, où l'on voit un certain nombre de pièces d'or. Parmi ces personnages, il y en a un qui est censé représenter un prophète ou un apôtre (peut-être saint Barthélemy, le patron du propriétaire du volume), et trois magistrats vénitiens en robe rouge, dont l'un est sans doute Bartolomeo Parutta. Cette belle peinture porte dans la marge du bas le nom de l'artiste : *Opus* Georgio COLONNA, *Venetus*.

La reliure de ce volume est un chef-d'œuvre du genre. Dans le creux des plats, des compartiments à listels entrelacés se détachent en saillie. Le maroquin est doré en plein et les rinceaux d'ornements sont relevés de bleu ou d'écarlate. Au centre des plats se trouvent des médaillons, l'un avec les armes de Venise, l'autre avec celles de la famille Parutta (*coupé de gueules et d'or, avec trois roses d'argent sur le gueules*). On trouvera au catalogue illustré une reproduction de cette superbe reliure.

OUVRAGES ESPAGNOLS.

79. **CARTA EXECUTORIA DE HIDALGUIA...** (Arrêt de maintenue de noblesse en faveur de Juan Cataño Ortiz, de San Lucar de Barrameda, rendu, sous l'autorité de Philippe II, roi d'Espagne, à Grenade, le 9 juillet 1588). — In-fol., de 130 ff.; miniatures et lettres ornées; velours rouge gaufré et bordé de franges, tr. dor. et cis. (*reliure espagnole du temps*).

Fort beau manuscrit sur vélin, orné de trois peintures à pleine page, d'une petite miniature-portrait et de dix-huit grandes initiales enluminées.

Le volume s'ouvre (f. 1 v°) par une peinture couvrant la page entière et représentant la Vierge glorieuse, supportée par un nuage et ayant à ses pieds un croissant. Son profil se détache merveilleusement dans un ciel rempli d'une lumière éclatante. Autour d'elle sont disposés les symboles de sa vie. Au bas, dans un paysage, est représenté le postulant Juan Cataño Ortiz, agenouillé, les mains jointes, vêtu d'un costume noir brodé d'or. Le tout est entouré d'une bordure enluminée a fond d'or, aux angles supérieurs de laquelle on voit les deux patrons de l'impétrant, à gauche, saint Jean-Baptiste, enfant, caressant l'agneau, et, à droite, saint François recevant les stigmates de la Passion. Dans un cartouche, au bas de la page, on lit les deux premiers mots du texte de l'arrêt, commençant par le nom et les titres du roi d'Espagne (*Don Felippe*).

La peinture de la page en regard a pour sujet saint Jacques le Majeur (de Compostelle) remportant une victoire sur les Maures, conformément à la légende. Le patron de l'Espagne est représenté couvert d'une armure et monté sur un cheval blanc; d'une main il tient l'étendard; de l'autre, une épée ensanglantée. Cette peinture est entourée d'un bel encadrement à fond d'or dont les coins et le milieu des montants sont formés de petites miniatures en camaïeu or, représentant la sainte Vierge, avec l'Enfant Jésus et saint Jean-Baptiste, et les cinq autres, des saintes. Malheureusement une partie de cette bordure a subi des dégradations. Dans le cartouche du bas, on lit la suite du texte : *por la gracia de Dios*.

La page suivante offre, au milieu, les armoiries écartelées et assez compliquées de la famille Cataño Ortiz, avec supports, cimier et tous les attributs. Les montants de l'encadrement se composent de trophées et de panoplies, et sont terminés aux quatre coins par de petites miniatures en camaïeu bleu, représentant des figures allégoriques de femmes. Le cartouche du bas renferme la suite du texte : *Rei de Castilla*, dont la continuation (*de Leon, de Aragon,* etc.) occupe la page suivante qui débute par une belle initiale historiée et par deux lignes en or sur fond de couleur.

Cette confirmation de noblesse s'appuyant sur des preuves testimoniales, la déposition de chaque nouveau témoin commence par une grande initiale d'une ornementation variée, souvent historiée, en or, en couleurs et en camaïeu.

Une dernière miniature (f. 127 r°) nous offre le portrait très ressemblant du roi Philippe II, à mi-corps, couvert d'une armure, le sceptre en main et la couronne sur la tête.

Le texte est d'une belle et grosse écriture semi-gothique ; chaque ligne est soulignée en rouge. Ce document généalogique est pourvu de signatures, parafes et monogrammes des *alcaldes de los hijos d'algo*.

A la fin du volume, on a ajouté la copie certifiée d'un diplôme de la sainte inquisition, nommant *Don Fernan Sanchez Cordero Cataño* et sa femme *Doña Juana Ortiz*, père et mère du postulant, *familiers* du Saint-Office. C'est un document fort curieux. Parmi les prérogatives attachées à ces fonctions, on y trouve la permission et même l'injonction *de porter les armes offensives et défensives, jour et nuit, publiquement et secrètement,* et ceux qui y mettraient un empêchement seraient frappés d'excommunication majeure et punis de 50,000 maravédis d'amende. Ce diplôme est daté du château de Triana, le 25 août 1580, et signé par les inquisiteurs Sierra et don Lope de Mendoza, et le secrétaire Barth. Martinez de Carnacedo.

Il porte en tête une miniature représentant le Christ sur la croix, accompagné de deux banderoles avec ces inscriptions : *Exurge Domine et — iudica causam tuam*; sur les côtés, à gauche, le fondateur de l'institution inquisitoriale, saint Dominique, précipitant dans le feu l'hydre de l'hérésie; à droite, saint Pierre de Vérone, le premier martyr de l'ordre dominicain, avec la tête fendue par une hache; et, à la fin, les armes peintes de la famille Cataño.

On vient de le voir, ce manuscrit joint l'intérêt de la curiosité à celui de l'art.

80. CARTA EXECUTORIA DE HIDALGUIA... (Arrêt de maintenue de noblesse en faveur d'Augustin de Yturbe, de Séville, rendu sous l'autorité de Philippe II, roi d'Espagne, à Grenade, le 12 janvier 1593). — In-fol., de 71 ff.; miniatures et lettres ornées; mar. brun, riches compart., tr. dor. (*reliure espagnole du temps*).

Fort beau manuscrit sur VÉLIN, orné de TROIS PEINTURES à pleine page, d'une petite miniature-portrait et de VINGT-DEUX GRANDES INITIALES ENLUMINÉES.

La disposition de ce volume est semblable au précédent. La première peinture représente NOTRE-DAME DU ROSAIRE dans la gloire céleste. Au bas, on voit le postulant, Augustin de Yturbe, ainsi que sa femme et ses quatre enfants, à genoux, les mains jointes, les yeux levés vers la sainte Vierge. Cette page est entourée d'un cadre charmant à fond doré; dans la partie supérieure, deux anges, à mi-corps, issant de la bordure, ont les mains chargées de rosaires.

La page en regard représente, en pied, SAINT JEAN-BAPTISTE et SAINT AUGUSTIN, tenant à la main une église, patrons du noble Yturbe. L'encadrement de ce tableau est d'une belle composition. En haut, deux anges soutiennent un cartouche, au milieu duquel une miniature ovale représente Dieu le Père.

La peinture de la page suivante est divisée en deux compartiments. Celui du haut nous fait voir SAINT JACQUES LE MAJEUR COMBATTANT CONTRE LES MAURES ; le compartiment au-dessous est occupé par les armes de la famille d'Yturbe (*d'or à trois fasces d'azur*), avec supports et attributs. Beau cadre à fond doré.

L'énumération des titres du roi d'Espagne, commencée au bas de ces trois peintures, continue à la quatrième page, dont les premières lignes sont en jolies lettres de couleurs, d'une forme particulière. Le volume est réglé en rouge et en violet.

Les initiales enluminées, de grande dimension, placées en tête de chaque nouvelle déposition testimoniale, ne sont pas moins intéressantes pour l'histoire de l'art décoratif de l'Espagne au xvi° siècle. Celle du f. 68 r° offre, au milieu, un remarquable portrait de PHILIPPE II, à mi-corps, coiffé d'un chapeau noir.

Ce qui ajoute encore à l'intérêt de ce volume, c'est qu'il est pourvu du sceau du royaume d'Espagne, en plomb, attaché par des cordons de soie. Il représente d'un côté le roi Philippe II sur le trône, et de l'autre, les armes de ce souverain.

La reliure, richement décorée et parfaitement conservée, offre un spécimen curieux et rare de l'art du relieur au-delà des Pyrénées, au déclin du xvi° siècle.

IMPRIMÉS

IMPRIMÉS

BELLES-LETTRES

I. LINGUISTIQUE.

81. (MAUPERTUIS, de) Réflexions philosophiques sur l'origine des langues et la signification des mots. S. l. n. d. (Paris, vers 1738.) In-12, de 47 pp.; mar. citron, fil., dent., tr. dor., doublé de tabis (Thouvenin).

> Opuscule fort rare, n'ayant été tiré, dit-on, qu'à douze exemplaires. Celui-ci, provenant de la collection de Pixerécourt, porte à la fin cinq pages de remarques manuscrites par Boindin, de l'Académie des inscriptions.

82. (TISSARDI, Francisci, Opuscula.) *Venales reperiuntur... apud Egidiũ gourmõt...* (A la fin :) *Operoso huic opusculo extremam imposuit manum Egidius Gourmontius integerrimus | ac fidelissimus | primus duce Francisco Tissardo Ambaceo | gręcarum, et hebræarum litterarum Parrhisijs Impressor. Anno a natiuitate domini M.CCCCCVIII* (1508). *Quarto Calen. Februa.* (1509 n. st.). In-4; mar. citron, fil., dos orné, tr. dor. (Bradel-Derome).

> L'un des premiers livres imprimés à Paris où l'on ait employé des caractères grecs. Les accents ne sont pas encore fondus avec la lettre, mais bien parangonnés, c'est-à-dire rapportés au-dessus de la lettre en une ligne à part. Ce livre rare et curieux, où l'on a pour la première fois, à Paris, employé les caractères hébraïques, a été longuement décrit par M. Brunet. François Tissard, d'Amboise, professeur de l'Université, l'a dédié à François de Valois, duc d'Angoulême, depuis François Ier.
> Magnifique exemplaire, fort bien relié.

83. Thesavrvs Cornucopiæ & Horti Adonidis (en grec). (A la fin :) *Venetiis in domo Aldi Romani summa cura : laboreq̃ præmagno. Mense Augusto. M. IIII. D.* (1496)... In-fol.; mar. vert, dent., tr. dor. (*anc. rel.*).

Recueil de grammairiens grecs, tous inédits jusqu'alors, publié par les soins de Guarino Favorino (Guarinus Camers), avec la collaboration de plusieurs hellénistes italiens. Il est adressé à Pierre de Médicis le Magnifique. M. Didot a longuement décrit cette importante publication (*Alde Manuce*, pp. 79-84). L'épître d'Alde aux Studieux offre un intérêt particulier pour la philologie.

Magnifique exemplaire, réglé.

84. APOLLONIUS Alexandrinus. ΑΠΟΛ-‖ΛΩΝΙΟΥ ΑΛΕΞΑΝ-ΔΡΕΩΣ ‖ ΣΥΝΤΑΞΕΩΣ. ‖ *Dionysiae.* ‖ *Apud Hieronymũ Gormontium :* ‖ 1535. Pet. in-8, de 46 ff. n. ch., sign. A.-C. — ΚΑΘΗΜΕΡΙΝΗΣ ‖ ΟΜΙΛΙΑΣ ΒΙΒΛΙΟΝ. De Cotidia-‖nis colloquijs. ‖ libellus. ‖ *Parisiis.* ‖ *Ex officina Aegidij Gor-‖montij ad insigne scuti Colo‖niensis.* S. d. (entre 1544 et 1548). Pet. in-8, de 6 ff. n. ch., sign. *a*. En un vol.; mar. violet, milieu or et mosaïque, fil. à fr., tr. dor. (*Lortic*).

Opuscules d'une insigne rareté, dont le second n'est pas cité au *Manuel*. Ils sont entièrement en grec, le second en très petits caractères.

Le premier a été imprimé à *Saint-Denis* où Jérôme, successeur de Gilles de Gourmont, le prototypographe parisien pour le grec, avait une succursale, renseignement qui paraît avoir échappé aux historiens de l'imprimerie. Cette édition originale du premier livre de la Syntaxe d'Apollonius Dyscole est précédée d'une épître dédicatoire de Jean Chéradame, professeur de grec au Collège de France, à Nicolas de Lorraine, évêque de Verdun et de Metz, puis comte de Vaudemont, tige de la branche de Mercœur. Au titre, la petite marque de Jérôme de Gourmont, reproduite dans le *Manuel*.

La grande marque de Gilles de Gourmont occupe la dernière page du second opuscule.

Magnifique exemplaire, grand de marges.

85. LASCARIS (Constant.). Erotemata cum interpretatione latina..... (A la fin de la première partie :) *Finis Compendii octo orationis partium... Impressum est Venetiis sũmo studio, litteris ac impensis Aldi Manucii Romani VII Anno.... m. cccc. lxxxxiiii* (1494) *ultimo Februarii* (1495 n. st.). (A la fin de la seconde partie :) *Venetiis. M. CCCC. LXXXXV.* (1495) *Octavo Martii.* In-4; vélin bl., dos orné.

Premier livre daté sorti de l'imprimerie d'Alde l'Ancien. La traduction latine placée en regard du texte grec de la grammaire de Lascaris, est de

Craston, de Plaisance ; celle qui accompagne les opuscules additionnels est d'Alde lui-même.

Exemplaire de premier tirage, avec le premier colophon en six lignes, et avec les deux feuillets d'errata, extrêmement rare en cette condition. Grand de marges ; piq. de v. racc.

86. LASCARIS. Constantini Lascaris Byzantini de octo partibus orationis liber primus.... CEBETIS tabula et græca et latina..... Omnia hæc cum interpretatione latina. Introductio perbreuis ad hebraicam linguam. (Au recto du f. H⁶ :) *Venetiis apud Aldū.* S. d. In-4, de 240 ff. n. ch. ; mar. rouge, fil., ancre aldine sur les plats, tr. dor. et cis. (*reliure anglaise*).

Seconde édition aldine de cette grammaire, donnée entre 1501 et 1503. Magnifique exemplaire, bien complet, ce qui se rencontre difficilement.

87. GAZA (Th.). Theodori Introductiuæ grāmatices libri quatuor. Eiusdem de Mensibus opusculum sanequāpulchrū. APOLLONII grāmatici de constructione libri quatuor. HERODIANUS de numeris. (En grec.) (A la fin :) *Impressum Venetiis in ædibus Aldi Romani octauo Calendas Ianuarias M.CCCC.LXXXXV.* (1495, soit 1496 n. st.). Pet. in-fol. ; mar. noir, riches compart. à fr., tr. dor. (*anc. rel.*).

Première et rare édition de cette grammaire célèbre. Superbe exemplaire.

88. GAZA (Th.). Theodori introdvctivæ grammatices libri qvatvor. *Venales habentur in via Iacobæa, apud Egidium Gormontium, Sub signo Trium Coronarum Colonensium Commorantem.* 1526. In-4, de 21 ff. ; mar. orange, orn. en mos., tr. dor. (*Lortic*).

En caractères grecs différents de ceux des premières impressions de Gourmont. Fort rare. Très bel exemplaire.

89. BOLZANIUS (Urbanus). Instituliones Græcæ Grammatices. (A la fin :) *Venetiis in ædibus Aldi Manutii Romani. M. IIID.* (1497) *mense Ianuario.* (1498 n. st.). Pet. in-4, de 212 ff., plus 2 ff. pour les errata ; mar. rouge, fil. et tr. dor. (*Hardy*).

Première et rare édition de cette grammaire grecque, la première qui ait été donnée en latin. Une médaille commémorative a été frappée, après la publication de ce livre, en l'honneur de Frère Urbain [Dalle Fosse] de Bolzano, le professeur de grec du futur pape Léon X.

Très bel exemplaire de premier tirage.

90. **MANUTIUS (Aldus).** Aldi Manvtii Romani grammaticæ institvtiones græcæ. (A la fin :) *Venetiis in ædibvs Aldi, et Andreæ soceri mense novembri M. D. XV.* (1515). In-4; mar. La Vallière, fil. à fr., ornem. et ancre aldine sur les plats, tr. dor. (*Lortic*).

> Édition posthume de la grammaire d'Alde, écrite entièrement en grec, et publiée par Marc Musurus qui la dédia à Grolier (M. Didot a traduit, dans son *Alde Manuce*, pp. 407-409, la curieuse épître adressée au célèbre bibliophile). Cette grammaire, « insuffisamment appréciée », dit M. Didot, est devenue très rare, n'ayant jamais été réimprimée.

91. **(LANCELOT, Claude)** Nouuelle Methode pour apprendre facilement la langue greque... *Paris, de l'impr. d'Antoine Vitré*, 1655. In-8; mar. rouge, tr. dor.

> Première édition de cette grammaire célèbre.

92. **Alphabetum græcum**, addita sunt Theod. Bezæ scholia, in quibus de germana græcæ linguæ pronuntiatione disseritur. *Oliva Rob. Stephani*, 1554. In-8, de 36 ff. n. ch. — Alphabetum hebraicum... ex Antonii Ceuallerii... recognitione. *Oliua Henrici Stephani*, 1556. In-8, de 24 ff. n. ch.; mar. bleu; fil.; orn. sur les plats, tr. dor. (*Lortic*).

> Très bel exemplaire de ces rares opuscules.

93. **POLLUX.** Ivlii Pollucis Vocabvlarivm (en grec). (A la fin :) *Venetiis apud Aldum mense Aprili. M. DII* (1502). In-fol.; mar. brun, riches compart. à froid et dor., genre Grolier, tr. dor.

> Première édition. Magnifique exemplaire.

94. **Dictionarium Græcum** copiosissimum secūdum ordinem alphabeti cum interpretatione latina. Cyrilli opusculum de dictionibus, etc. Ammonius de differentia dictionum... (A la fin :) *Venetiis in ædibus Aldi Manutii Romani Decembri mense. M. IIID* (1497). In-fol.; mar. La Vallière, compart. à fil. et ornem. à froid, tr. dor. (*Hardy*).

> Première et rare édition de ce livre dont la première partie reproduit le Lexique grec de Craston, auquel Alde ajouta une nomenclature alphabétique des mots latins correspondants. C'est en quelque sorte le premier essai d'un dictionnaire grec-latin et latin-grec.
> Exemplaire grand de marges. Qq. racc.

95. **(LANCELOT, Claude)** Le Iardin des racines greques, mi-

ses en vers françois, auec un Traitté des prepositions et autres Particules indeclinables, et un Recueil alphabetique des mots François tirez de la Langue Greque. *Paris, Pierre le Petit*, 1657. In-12, front. gr.; mar. rouge, fil. à fr., orn. sur les plats, tr. dor. (*Lortic*).

<small>Joli exemplaire de l'édition originale de ce livre si connu. Pierre Le Petit l'a fait imprimer avec beaucoup de soin en Hollande, par les Elzeviers.</small>

96. NONIUS MARCELLUS... Compendiosa doctrina ad filivm de proprietate sermonvm. (A la fin :) *Impressa Venetiis indvstria atqve impendio Nicolai Ienson Gallici. M.CCCC.LXXVI* (1476). Gr. in-4; mar. rouge, fil. à fr., ornem. sur les plats, tr. dor. (*Lortic*).

<small>Très bel exemplaire. Initiales peintes à la main.</small>

97. PRISCIANUS, etc. Latinæ linguæ cum græca collatio ex Prisciano et probatiss. quibusque authoribus... *Lutetiæ, apud Car. Stephanum*, 1554. In-8; mar. bleu, fil., tr. dor. (*Petit*).

<small>Exemplaire grand de marges et très pur.</small>

98. MENESE (Fr.). Difficilium accentuum compendium, a Francisco Menese minorita hispano editum. *Parisiis, ex off. Roberti Stephani*, 1527. In-8. — PRISCIANI libellus de accentibus. *Ibid., id.*, 1526. In-8; mar. vert, fil., tr. dor. (*Lortic*).

<small>Deux opuscules rares. Le second, en édition originale, est une des premières impressions de Robert Ier Estienne. Très bel exemplaire.</small>

99. (FAUCHET, Claude) Recueil de l'origine de la langue et poésie françoise, ryme et romans. Plus les noms et sommaire des œuures de cxxvii poetes françois viuans auant l'an M.CCC. *A Paris, par Mamert Patisson*, 1581. Gr. in-8; mar. citr., large dent., tr. dor. (*Thompson*).

<small>Première édition de ce traité, qui est le plus ancien travail que nous ayons sur nos trouvères, avec des extraits de leurs poésies. Très bel exemplaire.</small>

100. DUBOIS, dit Sylvius (J.). Iacobi Syluii Ambiani In linguam gallicam Isagoge, unà cum eiusdem Grammatica

latino-gallica, ex hebræis, græcis et latinis authoribus. *Parisiis, ex offic. Roberti Stephani*, 1531. In-4; cart.

    Jacques Dubois, d'Amiens, fut un des précurseurs de la philologie moderne. Son chapitre de l'étymologie est remarquable, et sa grammaire est précieuse pour la connaissance de la prononciation du français au xvie siècle. Il distinguait déjà le *j* de l'*i*, et le *v* de l'*u*, et, malgré cela, cette confusion a duré près de deux siècles après lui.

101. CORDIER (Math.). Commentarius puerorũ de quotidiano sermone, qui prius liber de corrupti sermonis emendatione dicebatur. Maturino Corderio authore... *Parisiis, ex off. Rob. Stephani*, 1541. In-8; veau fauve, à rich. comp. en mosaïque, tr. dor. (*rel. du temps*).

    Rudiment français-latin fort intéressant pour l'histoire de la langue française. Magnifique exemplaire, réglé, de la bibl. Yemeniz. Il ne manque à cette élégante reliure que la devise de Grolier.

102. PÉRION (J.). Ioachimi Perionii benedictini Cormœriaceni Dialogorum de linguæ Gallicæ origine eiusque cum Græca cognatione libri quatuor. *Parisiis, apud Seb. Niuellium*, 1555. In-8; veau fauve, fil., tr. dor. (*Thouvenin*).

    Livre curieux pour l'histoire des recherches chimériques dans le domaine de l'étymologie française. L'auteur compte aussi au nombre des réformateurs de l'orthographe.
    Exemplaire de Ch. Nodier, avec son *ex-libris* frappé sur le premier plat. Il a fait partie de la bibliothèque de Henri Du Bouchet, et porte, sur le titre, sa signature, ainsi que le timbre de la Bibliothèque de l'abbaye de Saint-Victor à Paris, à laquelle ce bibliophile célèbre du xviie siècle avait légué sa riche bibliothèque (L. Delisle, *Cabinet des manuscrits*, t. II, pp. 233-234). Du Bouchet n'avait pas de fers pour ses livres; il se contentait d'apposer sa signature sur le titre avec le prix d'acquisition, et le présent ouvrage en est un exemple, car il porte la signature : *Du Bouchet* (12 livres 1645).

103. (ESTIENNE Rob.) La Maniere de tovrner en langue francoise les verbes actifz, passifz, gerunditz, supins et participes : item les verbes impersonelz aians termination actiue ou passiue, auec le verbe substantif nomme Sum. *Paris, de limpr. de Robert Estienne, vis a vis lescolle de decret*, 1530. In-8, de 12 ff. n. ch.; mar. citron, fil., tr. dor. (*Lortic*).

    Réimpression du premier livre français sorti des presses de cet imprimeur, l'année même de son début (1526). Très bel exemplaire.

104. (ESTIENNE, Rob.) La Maniere de tovrner en langue Francoise les Verbes Actifs, Passifs, Gerondifs, Supins, et Participes, aussi les Verbes Impersonels auec le Verbe Substantif nommé Svm et le Verbe Habeo. Reueue et corrigee en grande diligence. *A Paris, de l'impr. de Rob. Estienne, impr. du Roy*, 1547. In 8, de 32 pp. ch.; mar. rouge, fil. à fr., tr. dor. (*Thompson*).

<small>Édition augmentée de plus d'un tiers sur les précédentes.</small>

105. (ESTIENNE, Rob.) Les Mots francois selon lordre des lettres, ainsi que les fault escrire : tournez en latin, pour les enfans. *A Paris, de limpr. de Rob. Estiëne Imprimeur du Roy*, 1544. In-4; mar. La Vallière, comp. à fr. et orn. sur les plats, tr. dor. (*Capé*).

<small>Ce vocabulaire précieux est un abrégé du grand Dictionnaire français-latin de Robert Estienne, publié en 1539.</small>

106. (ESTIENNE, Rob.) Dictionaire des mots‖Francois, ainsi que les fault escrire : auec les ma‖nieres de parler plus necessaires, tournez en La‖tin, pour les enfans et autres. (*Genève*) *L'Olive de Robert Estienne*, 1557. In-4, de 191 ff. ch. et 1 f. pour la souscription suivante : *de l'impr. de Rob. Estienne, l'an MDLVII le xxviii Iuil*; mar. vert, fil., tr. dor. (*Hagué*).

<small>Très bel exemplaire avec témoins, de ce dictionnaire français-latin, rare et recherché, dont la partie correspondante latine-française se trouve dans le *Dictionariolum puerorum*, publié dans la même année (voir le n° suivant). Les deux premières éditions de ce dictionnaire avaient été publiées sous ce titre : *Les Mots françois selon l'ordre des lettres*.

Rob. Estienne en a donné, dans le courant de l'année 1557, trois éditions avec des titres différents. Celle-ci n'a été connue ni de Renouard ni de l'auteur du *Manuel*.</small>

107. (ESTIENNE, Rob.) Dictionariolum puerorum. Ex postrema authoris recognitione... *Oliva Rob. Stephani*, 1557. (A la fin :) *Excudebat Robertus Stephanus in sua officina anno MDLVII* (1557). In-4, de xvii - 310 ff. ch.; mar. br., fil. à fr., fleurons, tr. dor. (*Hagué*).

<small>Très bel exemplaire, avec témoins.</small>

108. ESTIENNE (Rob.). Gallicæ grammatices libellus, latine conscriptus... *Parisiis, apud Wechelum*, 1560. In-8; mar. rouge, fil. à fr., tr. dor. (*Duru*).

<small>Seconde édition. Très bel exemplaire.</small>

109. ESTIENNE (Robert). Traicté de la Grāmaire francoise. *A Paris, par Rob. Estienne*, 1569. In-8; mar. bleu, fil., tr. dor. (*Petit*).

Magnifique exemplaire (H. : 0,170).

110. DOLET (Estienne). La maniere de bien || Traduire dvne langue || en aultre. || D'auantaige.|| De la punctuation de la langue. || francoyse. || Plus. ||Des accent (*sic*) d'ycelle. || *En Anuers par Iehan Loe*. S. d. (épîtres de Dolet, datées de mai 1540). Très pet. in-8, goth.; mar. bleu, large dent., tr. dor. (*Bauzonnet-Trautz*).

Dolet a inauguré dans cet opuscule l'usage de l'accent grave sur *à* préposition. Édition extrêmement rare.
Exemplaire Yemeniz, avec de nombreux témoins.

111. DOLET (Estienne). La Maniere de bien traduire d'une langue en aultre. D'aduantage de la punctuation de la langue Francoyse. Plus. Des accent (*sic*) d'ycelle. Le tout faict par Estienne Dolet natif d'Orleans. *A Lyon, chés Dolet mesme*, 1541. In-4; mar. rouge, fil., tr. dor. (*Kœhler*).

Édition fort rare, ornée de jolies grandes initiales. Exemplaire grand de marges, mais avec d'importantes restaurations.

112. MEIGRET (L.). Traité touchāt le commun usage de l'escriture francoise, faict par Loys Meigret, Lyonnois... : *A Paris, de l'Impr. de Ieanne de Marnef, vefue de feu Denys Ianot*, 1545. In-8; mar. La Vallière, jans., tr. dor. (*Hardy*).

On a réimprimé à la suite les opuscules de Dolet, décrits à l'article précédent. Jolie édition en caractères italiques.

113. PELETIER (J.). Dialogue De l'Ortografe e Prononciation Françoese, departi an deus liures par Iacques Peletier du Mans. *A Poitiers, Par Ian e Enguilbert de Marnef, a l'anseigne du Pelican*. 1550. In-8; mar. La Vallière, fil. à fr., tr. dor. (*Hardy*).

Petit volume intéressant, instructif et rare. Les trente-huit premières pages contiennent une *Apologie à Louis Meigret* à laquelle celui-ci a répondu dans un opuscule décrit ci-dessus. L'écriture figurative de la parole proposée par Peletier donne un aspect étrange à l'impression.

114. MEIGRET (Louis). Le Tretté de la grammęre françoęze, fęt par Louís Meigręt Lionoęs. *Paris, Chrestien Wechel*, 1550. In-4. — La Reponse de Loúis Meigręt a l'Apolojíe de Iáqes Pelletier. *Ib., id.*, 1550. In-4. — Defęnses de Louis Meigret, touchant son Orthographie Françoęze, contre lęs çęnsures ę calónies de Glaumalis du Vezelet (Guill. des Autelz), ę de sęs adherans. *Ib., id.*, 1550. In-4. — Le Menteur ou l'incredule de Lucian traduit de Gręc en Frãçoęs par Louís Meigręt Lionoęs, auęq une ecritture q'adrant à la prolaçion Françoęze : ę lęs ręzons. *Ib., id.*, 1548. In-4. En 1 vol.; veau antiqué, fil., belle plaque à froid, tr. dor. (*Thouvenin*).

<small>Recueil extrêmement rare ainsi complet. Meigret fut un réformateur radical de l'orthographe.</small>

115. AUTELZ (G. des). Replique de Guillaume des Autelz aux furieuses defenses de Louis Meigret. Auec la suite du Repos de Lautheur. *A Lyon, par Iean de Tournes et Guill. Gazeau*, 1551. In-8, car. ital.; mar. vert, fil., tr. dor. (*Bauzonnet-Trautz*).

<small>La première partie est en prose et la seconde en vers. Fort rare.</small>

116. LA RAMÉE (Pierre de). Gramere. *A Paris, de l'impr. d'Andre Wechel*, 1562. In-8. — P. Rami libri duo de veris sonis literarum & syllabarum, é scholis Grammaticis, primi ab authore recogniti & locupletati. *Parisiis, apud Andream Wechelum*, 1564. In-8. En 1 vol.; veau fauve, fil., tr. dor. (*Thouvenin*).

<small>Première et rare édition, anonyme, de cette grammaire célèbre. Elle est imprimée avec les caractères introduits par Ramus pour figurer la prononciation.</small>

117. PILLOT (J.). Gallicæ linguæ institutio, Latino sermone conscripta, per Ioannem Pilotum Barrensem. Nunc verò locupletata per eundem. *Parisiis, apud Iacobum Keruer*, 1563. In-8; mar. rouge, fil. à fr., tr. dor. (*Trautz-Bauzonnet*).

<small>Livre qui eut beaucoup de succès en son temps. Très bel exemplaire, avec témoins.</small>

118. ESTIENNE (Henri). Traicté de la conformité du language François avec le Grec..... duquel l'auteur & imprimeur est

Henri Estiene, fils de feu Robert Estiene. *S. l. n. d. (avec la marque de Henri Estienne).* Pet. in-8 ; mar. La Vallière, fil., tr. dor. (*Duru*).

> Première édition, sans date, dont quelques passages ont été supprimés dans la suivante, entre autres le morceau contre le pape, et le dernier passage du volume, touchant l'orthographe de ce livre. Exemplaire à grandes marges (H. 0,161), de la collection Yemeniz.

119. ESTIENNE (Henri). Traicté de la conformité dv langage françois auec le Grec... *Paris, Rob. Estienne*, 1569. — Proiect dv livre intitulé de la Precellence du langage françois. *Paris, Mamert Patisson*, 1579. — ESTIENNE (Rob.). Traicté de la Grāmaire Francoise. *Paris, Rob. Estienne*, 1569. — Gallicæ Grāmatices libellus. *Parisiis, ex offic. Rob. Stephani*, 1569. En 1 vol. in-8 ; mar. vert, fil., tr. dor. (*rel. du temps*).

> Le premier ouvrage est de la seconde édition, fort augmentée.
> Magnifique exemplaire, avec témoins (H. : 0,169), aux armes et au chiffre de CHARLES DE VALOIS, comte d'Auvergne, fils de Charles IX et de Marie Touchet.

120. ESTIENNE (Henri). Proiect dv livre de la precellence du langage François. *A Paris, par Mamert Patisson*, 1579. In-8 ; vélin.

> Livre recherché. Magnifique exemplaire sur *papier fort*, ayant appartenu à Ch. NODIER et à Yemeniz.

121. LA PORTE (Maurice de). Les Épithètes de M. de la Porte, parisien. Liure non seulement vtile à ceux qui font profession de la Poësie, mais fort propre aussi pour illustrer toute autre composition Françoise... *Paris, Gabriel Buon*, 1571. In-8 ; mar. bleu, fil., tr. dor. (*Duru*).

> Première édition, rare et la plus recherchée. Les ff. 64 v° et 280 v° contiennent des paragraphes sur des sujets scabreux, ce qui souvent a été cause de l'enlèvement de ces deux feuillets.
> Magnifique exemplaire, de la collection Yemeniz.

122. LA PORTE (M. de). Les Epithetes de M. de la Porte parisien... *Lyon, Benoist Rigaud*, 1593. In-12 ; mar. olive, fil., tr. dor. (*Koehler*).

> Exemplaire de Ch. NODIER, relié sur brochure et presque non rogné. Les feuillets 90 et 424, que des mains scrupuleuses ont enlevés de quel-

ques exemplaires, se trouvent dans celui-ci. Les chiffres des feuillets sautent de 106 à 143 sans qu'il y ait de lacune dans le texte. On lit, au bas du titre, ce distique d'une écriture du temps :

> Le plaisir que ie prens a lire tes escriptz,
> O mon cher de La Porte, entretient mes espritz.
>
> (Signé :) Susane Gentilz.

M. Nodier remarque avec raison que « Susanne n'avait pas lu probablement les ff. 90 et 424 ». (Note de M. Yemeniz.)

123. POISSON (Rob.). Alfabet nouveau de la vrée et pure Ortografe Fransoize, & Modéle sus iselui, en forme de Dixionère. Dedié au Roi de France et de Navarre Henri IIII. Par Robert Poisson équier (Auvile) de Valonnes en Normandie. *A Paris, chez Jérémie Périer, livrére es petits degrez du Palæs.* Pet. in-8, de 8 ff. n. ch., 91 ff. ch., et 1 f. (privil.); mar. rouge, jans., tr. dor.

Ouvrage extrêmement rare et très intéressant pour l'histoire des tentatives de réformes de notre orthographe. M. Didot l'a analysé dans ses *Observations sur l'orthographe* (pp. 209-212). Très bel exemplaire, sauf qq. ff. restaurés à la marge intérieure.

124. BELLEGARDE (l'abbé de). Réflexions sur l'élégance et la politesse du stile. *Paris, André Pralard,* 1695. In-8 ; mar. rouge, fil., tr. dor. (*anc. rel.*).

Bel exemplaire, aux armes du chancelier Boucherat.

125. MESME (J.-P. de). La Grammaire italienne, composée en françoys. *A Paris, par Estienne Groulleau,* 1548. Pet. in-8 ; mar. brun, fil., tr. dor.

Édition originale, rarissime. L'ouvrage est anonyme, mais une épître adressée à Messire Hector Frégose, évêque d'Agen, porte les initiales I. P. D. M., qui signifient Jean Pierre de Mesme, nom désigné dans la devise suivante placée à la fin : *Per me stesso son sasso,* qui veut dire : *De moi mesme je suis* Pierre.

126. Alphabetŭ Hebraicum, in quo diligentiùs & sinceriùs quam antehac legēdi ratio ex Hebræorum monumentis explicatur... *Parisiis, ex off. Caroli Stephani,* 1559. In-8 ; mar. rouge, fil. à fr., milieu en mosaïque (*Lortic*).

Exemplaire non rogné.

127. SIONITA (G.) et HESRONITA (J.). Grammatica arabica

maronitarvm, in libros qvinqve divisa... Nunc primùm in lucem edita, munificentia illustriss. D. D. Francisci Sauary de Breues. *Lvtetiæ, ex typ. Savariana. Excudebat Hieron. Blageart, M. DC. XVI.* (1616). In-4; mar. vert, riches compart., tr. dor. (*rel. du temps*).

<small>Ouvrage rare. Exemplaire de dédicace aux troisièmes armes de J.-A. DE THOU.</small>

II. RHÉTORIQUE.

Rhéteurs et Orateurs, anciens et modernes.

128. ARISTOTE. La Rhetoriqve d'Aristote. Traduicte en François par le sieur Rob. Estienne... *A Paris, de l'imp. de Rob. Estienne,* 1624. In-8; mar. bleu, fil. à fr., tr. dor. (*Capé*).

<small>Première édition de cette traduction due à Robert, IIIe du nom. Il n'a traduit ici que les deux premiers livres; le troisième l'a été par Robert Estienne, avocat en Parlement, son neveu, en 1630. Très bel exemplaire.</small>

129. CICERO (M. T.). Rhetoricorum ad C. Herennium libri IIII. M. Tul. Ciceronis, De inuentione, lib. II; Topica ad Trebatium, lib. I; Oratoriæ partitiones lib. I. Variæ lectiones ad calcem reiectæ. *Parisiis, apud Simonem Colinæum,* 1545. In-16; veau fauve, riches compart. en mosaïque, avec des fleurs de lis soutenues par des croissants (*anc. rel.*).

<small>Jolie édition et riche reliure.</small>

130. EYB (Albertus de). Margarita poetica de arte dictandi ac practicandi epistolas .... (A la fin:) *Finit opus eximium Alberti de Eyb. impressumq3 parisius p Magistrum Vlricum Guering. Anno M. cccc. lxxviii.* (1478) *die vero penultima mensis Novembris.* In-4; mar. vert, fil., large dent., tr. dor. (*anc. rel.*).

<small>Impression parisienne extrêmement rare, en gros caractères gothiques. Magnifique exemplaire, réglé, avec initiales peintes en or.</small>

131. TARDIF (G). Gvillermi Tardivi A‖niciensis rhetorice ‖

artis ac oratorie fa||cvltatis compendium. *S. l. n. d. (Paris P. Cæsaris et I. Stoll., vers* 1475). In-4, de 96 ff. n. ch.; mar. vert, fil., tr. dor. (*Lortic*).

<small>Un des premiers livres imprimés par Pierre de Keysere (*Cæsaris*) et Jean Stoll, deux anciens élèves de Géring et fondateurs de la seconde imprimerie parisienne, installée rue Saint-Jacques, à l'enseigne du *Soufflet vert*. Leurs impressions sont remarquables par la forme des caractères, et elles sont d'une insigne rareté.
Magnifique exemplaire, très pur. Initiales peintes.</small>

132. POLEMONIS, Himerii et aliorum quorundam declamationes nunc primùm editæ. *Excudebat Henr. Stephanus, illustris viri Huldrichi Fuggeri typographus,* 1567. In-4; mar. vert, fil, tr. dor. (*anc. rel.*).

<small>Superbe exemplaire, aux armes simples de J.-A. DE THOU.</small>

133. LE PRÉVOST (l'abbé). Oraison funèbre de Guillaume-Egon de Furstemberg, cardinal, evesque et prince de Strasbourg. *Paris, V° de Simon Benard,* 1705. In-4; mar. noir, fil. (*rel. du temps*).

<small>Exemplaire en *grand papier*, aux armes de LOUIS XIV.</small>

III. POÉSIE.

1. *Poètes grecs et latins.*

134. Poetæ Græci principes heroici carminis, et alii nonnulli, Homervs, Hesiodvs, Orphevs, etc., etc., fragmenta aliorvm. (*Genevæ*) *Anno M.D.LXVI* (1566). *Excudeb. Henr. Stephanus, Huldrichi Fuggeri typographus.* In-fol.; mar. fauve, fil., tr. dor. (*anc. rel.*).

<small>Recueil important et en même temps chef-d'œuvre de typographie.
Magnifique exemplaire, avec témoins, portant la signature de Gédéon de la Rochefoucauld.</small>

135. Virtutum encomia, sive gnomæ de virtutibus : ex poetis et philosophis utriusque linguæ. Græcis versibus adiecta interpretatione Henrici Stephani... *Anno M.D.LXXIII* (1573), *exc. Henr. Stephanus.* In-16; mar. bleu, fil., tr. dor. (*Lortic*).

<small>Très bel exemplaire, avec témoins.</small>

136. Vetustissimorum authorum Georgica, Bucolica et Gnomica poemata quæ supersunt.... (græce et latine, cum annot. ex edit. Joan. Crispini). (*Genevæ*) *Apud Crispinum*, 1569. 4 part. en 1 vol. in-16; mar. rouge, fil., dos orné, doublé de mar. rouge, dent., tr. dor. (*Du Seuil*).

Très bel exemplaire, réglé, de ce recueil recherché dont on trouve peu souvent les quatre parties réunies.

137. Florilegivm diversorvm epigrammatvm in septem libros (en grec). (A la fin :). *Venetiis in ædib. Aldi mense Nouembri*, 1503. In-8; mar. rouge, fil. à froid, ornem. et ancre aldine sur les plats, tr. dor. (*Lortic*).

C'est la première des trois éditions de l'Anthologie données par les Aldes, la plus belle et la plus rare. Très bel exemplaire.

138. Epigrammata Græca, selecta ex Anthologia. Interpretata ad verbū, et carmine, ab Henrico Stephano : quædam et ab aliis.... *Anno M.D.LXX* (1570). *Exc. Henr. Stephanus.* In-8; mar. bleu, fil., tr. dor. (*anc. rel.*).

Jolie édition, dédiée à Othon, comte de Solms. Très bel exemplaire.

139. (HOMERI Ilias, Vlyssea, Batrachomyomachia, hymni, cum Vita Homeri.) (En grec.) (A la fin de la préface du 2ᵉ vol.:) *Venetiis (in aedib. Aldi) secundo Calēdas Nouem.* M.D.IIII (1504). 2 vol. in-8 ; mar. rouge, fil. à fr., ornem. aux coins des plats, avec ancre aldine au milieu, tr. dor. (*Duru*).

Première édition aldine, dédiée à Jérôme Aleandro. Très bel exemplaire, sauf qq. piq. de vers.

140. HOMERI Iliados lib. — Vlyssea. Batrachomyomachia. Hymni. XXXII. (En grec.) *Louanij apud Theodoricum Martinum Alostensem Anno M. D. XXIII* (1523). 2 vol. in-8; mar. brun foncé, fil. à froid, milieu, tr. dor. (*Lortic*).

Très belle édition sortie des presses de Thierry Martens, d'Alost, le premier imprimeur grec de la Belgique; on en trouve rarement les deux volumes réunis.

Magnifique exemplaire, avec témoins. Nombreuses annotations manuscrites du temps.

141. HOMERI Ilias, id est de Rebus ad Troiam gestis (en grec). *Typis regiis. Parisiis M.D.LIIII.* (1554). *Apud Adr.*

Turnebum typographum Regiũ. (A la fin :) *Excudebatur Lutetiæ Parisiorum. M.D.LIIII. III Cal. Iul.* In-8; mar. vert, fil., tr. dor. (*Bradel*).

Édition admirablement imprimée en très petits caractères, avec les types dits *Grecs du Roi*.

Superbe exemplaire, de la bibliothèque de M. Brunet, qui lui a consacré cette note reproduite dans son catalogue de vente : « Cet exemplaire, très grand de marges, a appartenu au savant Fréd. Morel, imprimeur du roi et lecteur en éloquence grecque et latine, lequel a écrit son nom et ses qualités sur le frontispice. Avant lui, un autre savant nommé Copeus, a copié sur ce même livre plusieurs passages grecs et latins analogues à Homère et à son poème. Ce Copeus, à l'exemple de Grolier et de plusieurs autres bibliophiles, écrivait : Ἐκ τῶν τοῦ Κόπεου καὶ τῶν φίλων. »

142. HOMERI Odyssea, eiusdem Batrachomyomachia et Hymni, Latina versione ad verbum e regione apposita. (*Genevæ*) *E typ. Ioan. Crispini Atrebatii*, 1567. — Homeri Ilias... Latine ad verbum exposita. Secunda editio. (*Genevæ, I. Crispinus*, 1570.) — Coluthi Thebæi, Helenæ raptus. Tryphiodori Ægyp. Ilii excidium. Omnia versione latina et expositione M. Neandri illustrata (*Ibid., id.*, 1570). 2 vol. in-16; mar. olive, riches compart. à petits fers, tr. dor. et cis. (*rel. du* xvie *siècle*).

Charmante édition en caractères presque microscopiques et rare bien complète. Joli exemplaire, réglé, avec témoins, revêtu d'une riche reliure. Chaque volume porte sur le titre la signature du bibliophile B. Ballesdens, et celle-ci : *Alexie Edenini et amicorum*, 1578 (et 1582).

143. HOMERI Operum omnium quæ extant... græce et latine... Juxta editionem emendatissimam et accuratissimam Samuelis Clarke. *Amstelaedami, apud J. Wetstenium*, 1743. 2 vol. in-12, fig.; mar. rouge, fil., dos à petits fers, tr. dor. (*Padeloup*).

Jolie édition. La reliure est très fraîche.

144. HOMÈRE. Les XXIIII livres de l'Iliade d'Homere, prince des poëtes grecs. Traduicts du Grec en vers François. Les XI premiers, par M. Hugues Salel, Abbé de Sainct Cheron, et les XIII derniers par Amadis Iamyn.... tous les XXIV reueuz et corrigez par ledit Am. Iamyn. Auec le premier et second de l'Odyssee d'Homere, par Iaques Peletier du Mans. Plus une table bien ample sur l'Iliade d'Homere.

A Paris, pour Lucas Breyer, 1580. 2 tomes en 1 vol. in-12; mar. rouge, compart. à fil., tr. dor. (*Kœhler*).

    Édition fort bien imprimée en italiques, par Pierre le Voirrier, imprimeur du Roy ès mathématiques. Joli exemplaire.

145. (HESIODI Opera et dies, græce.) (A la fin:) *Operoso huic opusculo extremā ĩposuit manũ* ‖ *Egidius Gourmõtius ĩtegerrim' ac fidelissim' pri=*‖*mus duce Frãcisco Tissardo Ambaçeo* [d'Amboise] *grẹca ⁊ lit*‖*teru ⁊ Parrhisijs ĩpressor. Anno dñi. MCCCCC. vij* (1507). *Quinto Cal'. Nouëbres.* In-4, de 28 ff.; mar. vert, large dent., tr. dor. (*Bozérian*).

    Troisième livre grec imprimé à Paris, trois mois après le premier. Extrêmement rare.
    A la suite, on a relié : HESIODI *Ascrei Opera et dies : quod in Georgicis imitatus est Vergilius opus.* Venundatur Parrhisiis In vico sancti Iacobi sub Leone Argenteo. S. d. (épître dédic. datée du 14 nov. 1503). In-4, de 20 ff. ch. (*Au r° du dern. f.*:) Pour Jehan Petit. (Marque de J. Petit au titre, et celle de Guy Marchant à la dern. page.) Cette édition de la traduction de Nicolas Valla est fort rare.
    Très bel exemplaire, avec témoins.

146. ANACREONTIS Teij odae. Ab Henrico Stephano luce et Latinitate nunc primùm donatæ. *Lutetiæ. Apud Henr. Stephanum* M.D.LIIII (1554). In-4. — GUILLONIUS (R.). Gnomon, Opus quidem pernecessarium ac pervtile, volentibus serio studio rimari arcana Poëtarum omnium Græcorum, quantum ad Quantitatem syllabarum et figuras, libertatesq; poëmatis græci attinet : Renato Guillonio Vindocineo autore. *Parisiis, exc. Ch. Wechelus*, 1548. In-4. En 1 vol.; veau vert, fil., compart. et ornem. à froid, tr. dor. (*Thouvenin*).

    Première et rare édition d'Anacréon, et en même temps premier livre imprimé par Henri II Estienne, avec les plus beaux types grecs de Garamond, de plusieurs corps.
    L'auteur du traité de prosodie grecque placé à la suite et non cité au *Manuel*, René Guillon, du Vendômois, était élève du célèbre Budé.

147. ANACREONTIS et aliorum Lyricorum aliquot poëtarum odæ. In easdem Henr. Stephani obseruationes. Eædem latinæ. *Parisiis, M.D.LVI, apud Guil. Morelium, in Græcis typographum Regium, et Rob. Stephanum.* In-8. — Anacreontis.... Odæ, ab Helia Andrea Latinæ factæ... *Lutetiæ,*

ap. Rob. Stephanum et Guil. Morelium, 1556. In-8. En 1 vol.;
mar. vert, fil. à fr., tr. dor. (*Lortic*).

<small>Deuxième édition, fort belle. La seconde partie s'y trouve rarement réunie.

Magnifique exemplaire, avec témoins, provenant de la bibliothèque du célèbre philologue Tanegui Le Febvre (*Ex lib. Tan. Fabri Cadom.*), dont il porte encore au titre un envoi autographe, en deux vers grecs, adressé à Isaac Skepprus, et daté de Saumur, de 1665.</small>

148. ANACREONTIS Odaria (græce) præfixo commentario et variant. lect. *Parmæ, in ædibus palatinis* (*Bodoni*), 1791. In-16, portraits; mar. orange, fil., tr. dor. (*Lortic*).

<small>Joli exemplaire.</small>

149. ANACRÉON. Les OEuvres d'Anacreon et de Sapho, contenant leurs poësies, et les galanteries de l'ancienne Grèce. Traduites de grec en vers françois par M. de Longepierre, avec des notes curieuses sur tout l'ouvrage. *Paris, Ch. Clouzier*, 1692. In-12, front. gr.; veau brun, tr. dor. (*anc. rel.*).

<small>Exempl. de LONGEPIERRE, avec la Toison d'Or au milieu et aux coins des plats.</small>

150. ANACRÉON. Les OEuvres d'Anacreon et de Sapho.... Traduites de grec en vers françois par M. de Longepierre... *Paris, Ch. Clouzier*, 1692. In-12, front. gr.; mar. rouge, fil, tr. dor. (*anc. rel.*).

<small>Très bel exemplaire, sur papier plus fort.</small>

151. PINDARI: Olympia, Pythia, Nemea, Isthmia.... (en grec). (A la fin :) *Venetiis in ædib. Aldi et Andreæ Asulani Soceri, Mense Ianuario M.D.XIII* (1513, soit 1514 n. st.). Pet. in-8; veau jaspé, fil. à fr., tr. rouge (*anc. rel.*).

<small>Première édition de ce poète, aussi belle que rare. Alde y a ajouté à la suite les poèmes de Callimaque, de Denys Périégète et de Lycophron. La très intéressante épître dédicatoire au sénateur André Navagero a été intégralement traduite par M. Didot (*Alde Manuce*, pp. 364-367).</small>

152. (PINDARI Olympia, Pythia, Nemea, Isthmia, græce.) *Impressi Romæ per Zachariam Calergi Cretensem* ... (13 *Aug.* 1515). Pet. in-4; veau brun.

<small>Deuxième édition, accompagnée de scholies, et d'une fort belle exécution typographique. C'est le premier livre grec imprimé à Rome.</small>

153. PINDARI Olympia, Pythia, Nemea, Isthmia, cæterorum octo Lyricorum carmina. Alcæi, Sapphus, Stesichori, Ibyci, Anacreontis, Bacchylidis, Simonidis, Alcmanis, nonnulla etiam aliorum. Editio II græcolatina ..... *Anno M.D.LXVI* (1566). *Exc. Henr. Stephanus.* 2 vol. in-16 allongé; mar. citron, large dent., tr. dor. (*Derome*).

> Jolie édition. Très bel exemplaire dans toutes ses marges, avec des témoins et des feuillets non ouverts (H. : 0,124), couvert d'une charmante reliure, très fraîche. De la bibl. Yemeniz.

154. PINDARE (le) thébain, traduction de grec en françois, meslez de vers et de prose (par de Lagausie). Auec les figures ... *Paris, Iean Lacqvehay,* 1626. In-8, fr. et fig.; mar. vert, fil., tr. dor. (*Hardy*).

> Exemplaire portant au titre la signature du bibliophile Jamet, avec la mention qu'il lui avait été donné par l'académicien Lancelot.

155. THEOCRITI Eclogæ triginta .... Catonis ... distichi ... Hesiodi Theogonia .... (En grec.) (A la fin :) *Impressum Venetiis characteribus ac studio Aldi Manucii Romani ... M.CCCC.XCV* (1495) *mense februario* (1496 n. st.). In-fol.; mar. vert, compart. à fil., ancre aldine sur les plats, tr. dor. (*rel. anglaise*).

> Seconde édition de Théocrite et la première aldine. Elle est originale pour une partie des pièces qu'elle contient. On y trouve Bion et Moschus, divers poètes gnomiques et une traduction en vers grecs, faite par Planude, d'un écrit attribué à Caton. Alde l'a dédiée à son précepteur, Baptiste Guarini, fils du célèbre Guarino de Vérone.
> Superbe et précieux exemplaire du premier tirage, presque non rogné, ayant appartenu à Rich. Heber. Il y a une transposition des cahiers.

156. CALLIMACHI Cyrenæi hymni, cum scholiis nunc primum æditis. Sententiæ ex diuersis poëtis oratoribusq; ac philosophis collectæ, non ante excusæ (en grec). *Basileæ* (*H. Frobenius et Nic. Episcopius*), 1532. In-4; mar. brun clair, fil. à fr., milieu et tr. dor. (*Lortic*).

> Édition fort bien imprimée en caractères de deux grosseurs différentes. Elle est plus correcte que la première de Florence, et que la seconde donnée par Alde à la suite de son Pindare.
> Exemplaire grand de marges et très pur.

157. CALLIMACHI Cyrenæi hymni (cum suis scholiis græcis) et epigrammata. Eiusdem poematium de Coma Berenices a Catullo versum (Nicod. Frischlini et H. Stephani interpretationes et annotationes). (*Genevæ*) *Excud. H. Stephanus*, 1577. In-4; veau fauve, fil., tr. dor. (*Padeloup*).

<small>Excellente édition, encore plus complète que les précédentes. Bel exemplaire.</small>

158. OPPIANI de natvra sev venatione piscivm libri qvinqve (en grec). (A la fin :) *Impressum Florentiæ in Ædibus Philippi Iunta Florentini* ... (1515). Pet. in-8; mar. rouge, fil. et tr. dor. (*Lortic*).

<small>« Première édition, dit M. Brunet, très rare, et qui passe pour fort correcte. » Très bel exemplaire.</small>

159. OPPIEN. Les quatre livres de la Venerie d'Oppian, poëte grec d'Anazarbe, par Florent Chrestien. *A Paris, de l'Impr. de Rob. Estienne par Mamert Patisson*, 1575. In-4, car. ital.; veau fauve, fil., tr. dor. (*Niedrée*).

<small>Traduction rare, en vers. Bel exemplaire (H. : 0,235), de la collection Yemeniz.</small>

160. APOLLONIJ rhodij Argonautica, antiquis una, et optimis cum comentariis (en grec). (A la fin :) *Venetiis in ædibvs Aldi, et Andreæ soceri*, 1521. In-8; mar. bleu foncé, fil., ornem., tr. dor.

<small>Édition rare. Très bel exemplaire.</small>

161. MOSCHI, BIONIS, THEOCRITI.... idyllia aliquot, ab Henr. Stephano Latina facta. Eiusdem carmina non diuersi ab illis argumenti. *Aldus, Venetiis, M.D.LV* (1555). In-4; mar. La Vallière, riches compart. à la Grolier, tr. dor. (*Lortic*).

<small>Volume rare. C'est un hommage rendu à notre célèbre typographe-helléniste par ses émules de Venise.</small>

162. QVINTI Calabri derelictorvm ab Homero libri qvatvordecim. (Tryphiodori Excidium Trojæ et Colvthi Raptus Helenæ.) (En grec.) *S. d.* (*Venise, Alde, vers* 1505). In-8; mar. vert, compart. à fil., ancre aldine, tr. dor. (*Capé*).

<small>Première et rare édition. Magnifique exemplaire, très pur.</small>

163. LUCRETIUS. (De Rerum natura.) (A la fin :) *Impressum*

Venetiis per theodorum de ragazonibus de asula dictum bresanū. A. D. M.CCCC.LXXXXV (1495). *Die iiii. Septembris.* In-4; mar. vert, fil., tr. dor.

Troisième édition de ce poète et la seconde avec date; extrêmement rare. Exemplaire grand de marges, mais avec qq. racc.

164. LVCRETII (T.) Cari, libri sex nvper emendati. (A la fin :) *Venetiis, accuratiss. Apud Aldū, mense Decem. M.D.* (1500). In-4; mar. bleu, avec l'ancre aldine sur les plats, tr. dor. (*rel. anglaise*).

Première édition aldine, fort rare. Exemplaire très grand de marges, mais avec des taches jaunes, résultant d'un mauvais lavage primitif.

165. CATULLUS. TIBULLUS. PROPERTIUS. (A la fin :) *Venetiis, in ædibus Aldi, mense Ianuario, M.DII.* (1502, soit 1503 n. st.). In-8; mar. rouge, fil. à fr., tr. dor. (*Hardy*).

Première édition aldine, rare et recherchée. Bel exemplaire.

166. VIRGILIUS. Pub. Vergilii Maronis Opera. *Lugduni, apud Steph. Doletum,* 1540. In-8; mar. rouge, riches comp. à la Grolier, tr. dor. (*Lortic*).

Édition en caractères italiques donnée par Étienne Dolet et non citée au *Manuel*. Elle est d'une grande rareté. Très bel exemplaire.

167. VIRGILII (Publii) Maronis poemata, novis scholiis illvsstrata, quæ Henr. Stephanus partim domi nata, partim e virorum doctiss. libris excerpta dedit .... S. l. n. d. (Genève, H. Estienne, 1575). In-8; mar. vert, fil., riches ornem. sur les plats, tr. dor. (*Hardy*).

C'est la première des éditions données par les Estienne. Bel exemplaire, réglé.

168. VIRGILII (Publii) Maronis Opera. Curis et studio Stephani Andreæ Philippe. *Lutetiæ Parisiorum, sumptibus An. Urb. Coustelier,* 1745. 3 vol. in-12, fig.; mar. rouge, fil. et tr. dor. (*anc. rel.*).

Édition ornée de 18 grav. d'après Cochin, de charmants en-têtes et de culs-de-lampe.
Exemplaire sur *papier de Hollande,* dans une reliure très fraîche.

169. VIRGILE. Les Eglogves de Virgile, tradvites en carme

François, La premiére par Clément Marot, et les neuf autres par M. Richard le Blāc.... *Paris, par Ch. l'Angelier*, 1555. In-8. — Les Qvatre livres des Georgiqves de Virgile, tradvis en carme François par R. Le Blanc... *Paris, Ch. l'Angelier*, 1554. In-8. (A la fin, sur un f. non ch. :) *Imprimé a Paris par Marin Massellin pour Charles L'angelier*. — Les Qvatre premiers livres de l'Eneide de Virgile, translatez de Latin en François par M. Lois des Masures ... *Paris, Ch. l'Angelier*, 1554. In-8. En 1 vol.; mar. rouge, fil. à fr., tr. dor. (*Capé*).

Recueil fort rare. Impression en caractères italiques. Les *Églogues* sont ornées de figures sur bois. Très bel exemplaire.

170. HORATIUS. (A la fin :) ..... *Impressum per Antonium miscominum florentiæ Anno salutis M.CCCCLXXXII. Nonis augusti* (1482). In-fol.; mar. bleu, compart. à fil. à fr., ornem. et tr. dor. (*Lortic*).

Première édition, avec le commentaire de Chr. Landino, belle et fort estimée. Exemplaire avec témoins; annotations manuscrites.

171. HORATII (Q.) Flacci Poemata omnia; Centimetrum Marij Servij; Annotationes Aldi Manutij Romani in Horatium; Ratio mensuum, &ᵃ. (A la fin :) *Venetiis, in ædibus Aldi et Andreæ soceri, mense septembri M.D.XXVII* (1527). In-8; mar. fauve, riches compart. à la Grolier, ancre aldine, tr. dor. (*Lortic*).

Reproduction textuelle de l'édition aldine de 1519, qui est plus correcte que les deux premières. Dédicaces à Jean Pino, envoyé du roi de France à Venise, et à Ch. de Jauffrey, président du sénat royal de Milan, alors au pouvoir du roi Louis XII. Cette dernière épître est fort intéressante pour la vie d'Alde Manuce (voir dans l'ouvrage de M. Didot, pp. 322-323).
Très bel exemplaire, presque non rogné.

172. HORATII (Q. H. F.) Opera, minutissimis characteribus edita. *Parisiis, e Typ. Regia*, 1733. In-16; demi-rel.

En caractères microscopiques de l'Imprimerie royale.
A la suite, on a ajouté un spécimen de plusieurs caractères microscopiques du même établissement, intitulé : *Epreuve du premier alphabet droit et penché, ornée de quadres et de cartouches gravés par ordre du Roy pour l'Imprimerie royale par Louis Luce, et finis en 1740* (6 ff.), et un spécimen de caractères semblables, gravés et fondus en 1823 par Henri Didot.
Exemplaire de RENOUARD, en *grand papier*, non rogné. Portrait d'Ho-

race *avant la lettre* par Saint-Aubin, ajouté, avec le dessin original de ce même portrait, et aussi le portrait de La Fontaine, par C. S. Gaucher d'après Rigaud, avant la lettre.

173. HORATII (Q.) Flacci Opera. *Londini, Gul. Sandby*, 1749. 2 vol. pet. in-8, fig.; mar. rouge, fil. et tr. dor. (*Derome*).

Édition ornée de 37 fig. sur cuivre. Belle reliure, très fraîche.

174. HORACE. Les OEuvres de Q. Horace Flacce, latin et françois. De la traduction de Robert et Anthoine le Chevallier d'Agneaux, freres, de Vire en Normandie. *Paris, G. Auvray*, 1588. In-8; mar. vert, fil., tr. dor. (*Derome?*).

Bel exemplaire de cette traduction estimée et rare.

175. OVIDII Metamorphoseon libri XV. (A la fin :) *Venetiis in œdib. Aldi. mense Octobri M.DII* (1502). In-8; mar. bleu, fil., dent., dos orné, tr. dor. (*Bozérian*).

Très bel exemplaire de la première édition aldine. Deux timbres de bibliothèques au titre.

176. OVIDE. Les .xxi. Epistres Douide, translatees de latin en frãcoys, Par Reuerend pere en dieu Monseigñr Leuesque Dangoulesme (Octavien de Saint-Gelais). Nouuellement reueues... *Ilz se vendent en la grand salle du Palays, en la boutique de Galliot du pré... MCCCCXXVIII* (1528). (A la fin :) *Imprimees a Paris, par maistre Pierre Vidoue pour Galliot du pre*. Pet. in-8, fig. s. bois. — Les Cõtrepistres d'Ouide nouuellement inuentees et composees par Michel D'amboyse, dict L'esclaue Fortuné, seigneur de Cheuillon... 1541. *A Paris, chez Denys Ianot*. Pet. in-8, fig. s. bois. En 1 vol.; mar. vert, fil., tr. dor. (*Derome*).

Bel exemplaire, grand de marges.

177. GALLI (Cornelii) Fragmenta... (A la fin :) *Impressum Venetiis, per Bernardinum Venetum de Vitalibus anno Dñi MCCCCC.I* (1501) *Die XII. Ianuarii* (1502 n. st.). In-4, de 14 ff. ch.; mar. orange, fil., tr. dor. (*Thompson*).

Première et fort rare édition de cet auteur, imprimée séparément et sous son véritable nom.

178. PERSIUS. Avlvs Persivs Flaccvs brevissimis annotationibus illustratus. Le mesme Perse est en l'vne des pages traduict en vers françois, par forme de paraphase (*sic*). Par Guillaume Durand. *Parisiis, ex typ. Dionysii à Prato*, 1575. In-8; mar. rouge, fil., tr. dor. (*Niedrée*).

Édition rare. Très bel exemplaire.

179. LUCANUS. M. Annei Lucani Pharsalia (A la fin :) *Impressum est hoc opus anno a Nativitate Christi M.CCCC.LXXVII* (1477). *die XIIII. mensis maii* [*Venetiis, per Juvenem Guerinum*]. In-fol.; mar. rouge, fil. à fr., tr. dor. (*Lortic*).

Belle édition en caractères ronds, l'une des plus anciennes. Exemplaire avec témoins. Racc.

180. LUCANI (M. A.)... Pharsalia : cum familiari atq; perlucida annotatione Petri de ponti cæci brugensis... (A la fin :) *Parrhisiis elaboratum calendis aprilibus M. D. xii.* (1512) *per Guielmũ le rouge eximiũ calcographum : expensis vero Dionisii roce academia parrhisiorum bibliopolæ iurati in vico Sancti Iacobi sub diui Martini effigie cõmorantis.* Pet. in-8; mar. rouge, fil. et tr. dor. (*anc. rel.*).

Édition très rare, en caractères singuliers, se rapprochant de ceux dits de *civilité*. Exemplaire de Borluut de Noortdonck et de Courbonne.

181. LUCANI (M. A.). Civilis belli liber primvs. (A la fin :) *Venetiis, in ædibvs Aldi et Andreæ soceri, mense Ivlio M.D.XV.* (1515). In-8; veau brun, plaques à comp. dor. du xvi° s., rapportées sur les plats, tr. dor.

Réimpression de la première édition aldine. Exemplaire avec témoins.

182. VALERII (C.) Flacci Argonautica. Jo. Baptistæ Pii carmen ex quarto Argonauticon Apollonij. Orphei Argonautica innominato interprete. (A la fin :) *Venetiis, in ædibus Aldi et Andreæ Asvlani soceri mense maio M.D.XXIII* (1523). In-8; mar. rouge, fil. et tr. dor. (*anc. rel.*).

Très bel exemplaire, réglé.

183. STATIUS. Orthographia et flexvs dictionvm græcarvm omnivm apvd Stativm cvm accentib. et generib. ex variis vtrivsqve lingvæ avtorib. — Statii Sylvarvm libri quinqve;

Thebaïdos libri dvodecim; Achilleidos dvo. (A la fin :) *Venetiis, in ædibus Aldi... M.DII* (1502). In-8; mar. rouge, compart., tr. dor. (*Niedrée*).

<blockquote>Première édition aldine, dont on trouve difficilement des exemplaires bien complets. Celui-ci est avec témoins.</blockquote>

184. IVVENALIS. PERSIVS. (A la fin :) *Venetiis, in ædibus Aldi et Andreæ soceri, mense Avgvsto M.D.I.* (1501). In-8; mar. La Vallière, fil. à froid, ornem., ancre aldine, tr. dor.

<blockquote>Réimpression de la première édition aldine, avec la même date, mais certainement postérieure à 1501.</blockquote>

185. IUVENALIS familiare commentum cum Antonij Mancinelli... explanatione. (A la fin :) *Impressum est hoc opus rursus in edibus Ascensianis apud Parrhisios impensis Ioannis Meganc, Ioannis Waterloose et Iodoci Horëweghe flandorum, anno M.CCCCC.V.* (1505) *ad nonas Martias.* In-4, goth.; veau fauve, plaque à fr., fermoirs.

<blockquote>Édition fort rare et curieuse pour l'histoire de l'imprimerie parisienne. Exemplaire avec témoins.</blockquote>

186. PERSII (A.) Satyrarvm liber I. D. Ivnii IVVENALIS Satyrarum lib. V. SVLPICIÆ Satyra 1. Cum veteribus commentarijs nunc primum editis. *Lvtetiæ, apud Mamertum Patissonium, in offic. Rob. Stephani*, 1585. In-8; mar. rouge, fil. à fr., compart., ornem. et tr. dor. (*Lortic*).

<blockquote>Édition recherchée. Très bel exemplaire.</blockquote>

187. MARTIALIS. (Epigrammata, ex recens. G.-A. Merulæ.) (A la fin :) *Raphaël Zouenzonius Ister. Vindelino spyrēsi ob eius incredibilem imprimendi solertiam DD.* (*Venise, Vindelin de Spire, entre* 1470 *et* 1472). Gr. in-4; cuir de Russie, fil., compart., tr. dor.

<blockquote>« Édition très rare, dit M. Brunet, et qui est regardée comme l'une des premières de ce poète. »
Exemplaire presque non rogné. Belle majuscule enluminée à l'époque. Quelques taches.</blockquote>

188. MARTIALIS. (A la fin :) *Venetiis, in ædibus Aldi, mense Decembri M.DI.* (1501). Petit in-8; vélin.

<blockquote>Première et rare édition aldine. Très bel exemplaire.</blockquote>

189. MARTIALIS. Raderi Matthæi, de Societate Jesu, ad M. Valerii Martialis Epigrammaton libros omnes plenis commentariis novo studio confectis explicatos, emendatos, illustratos; etc. *Ingolstadii, ex typ. Adami Sartorii*, 1611. In-fol.; vélin (*anc. rel.*).

> Précieux exemplaire ayant appartenu au poète François de MALHERBE, dont il porte la signature au titre, suivie de la date de 1612, et l'*ex libris*, armorié, collé à l'intérieur de la reliure. A un feuillet de garde est attachée une pièce de vers de sa main, commençant par :
>
> Il fait voir mes regrets pour nourrir vos douleurs.
>
> Cette pièce, qui compte six strophes de cinq vers, est restée *inédite*.

190. AUSONII (D. Magni) Burdigalensis Opera. *Amstelredami, apud Guiljel. Iansso*. 1621. Pet. in-16; mar. rouge, riches comp., tr. dor. (*Le Gascon*).

> Exemplaire réglé de cette jolie édition, revêtu d'une charmante reliure au pointillé, portant au centre un monogramme composé des lettres M L A H.

191. (CLAUDIANI, Claudii, Opera, ex recensione Barn. Celsani) (A la fin :) *Finis operum Cl. Claudiani : quæ nõ minus eleganter q̃ diligenter impressit Iacobus Dusensis Milesimo quadrigentesimo* (sic) *octogesimo secũdo* (1482) *sex cal. Iun. Vicentiæ.* In-fol.; mar. rouge, fil. et tr. dor.

> Première et rare édition. Exemplaire grand de marges.

192. SIDONII apollinaris poema Aureum eiusdemq; epistole (cum commentariis Joannis-Baptistæ Pii). (A la fin :) *Impressum Mediolanni per magistrum Vldericum scizenzeler... Sub Anno domini. M. cccc. Lxxxxviii* (1498). *Quarto Nonas maias.* In-fol.; mar. rouge, fil., tr. dor. (*anc. rel.*).

> Première édition avec date. Magnifique exemplaire, réglé.

193. SIDONII (Caii Sollii Apollinaris), Arvernorum episcopi, Opera castigata et restituta. *Lugduni, apud Ioan. Tornæsium,* 1552. In-8; mar. vert, fil., tr. dor. (*anc. rel.*).

> Jolie impression de Jean de Tournes, en caractères italiques.
> Exemplaire aux armes simples et au chiffre de J.-A. de Thou, et avec les *ex-libris* de Ch. Nodier et de C. Pieters.

194. AUGURELLUS (J. Aurelius). (A la fin :) *Venetiis, in*

ædibus Aldi, 1505. In-12; mar. brun, comp. à fil., anc. tr. dor. et cis. (*Thouvenin*).

> Première édition, peu commune. Très bel exemplaire, réglé.

195. CAPILUPORUM (Hipp., Læl., Cam., Alph., Jul.) Carmina (et Centones, ex editione Josephi Castalionis). (A la fin :) *Romæ, ex typ. hæredum Io. Lilioti*, 1590. In-4; mar. rouge, fil., tr. dor. (*Derome*).

> La page de revers du titre est occupée par une curieuse gravure représentant un beau portique avec les armes des Gonzague, ducs de Mantoue.
> Magnifique exemplaire de ce livre fort rare.

196. SANNAZARII (Actii Synceri) de Partu Virginis libri tres. Lamentatio de morte Christi. Piscatoria. *Parisiis, ex offic. Roberti Stephani*, 1527. In-8; mar. bleu, fil., tr. dor. (*Lortic*).

> Un des premiers livres imprimés par Robert Ier Estienne. Très bel exemplaire.

197. VIDÆ (M.-H.) Cremonensis de Arte poetica lib. III. Eiusdem de Bombyce lib. II. Eiusdem de Ludo scacchorum lib. I. Eiusdem Hymni. Eiusdem Bucolica. (A la fin :) *Romæ apud Ludovicum Vicentinum*, 1527. In-4; mar. bleu, riches compart., tr. dor. (*Thouvenin père*).

> Première édition. Très bel exemplaire. Mouillures dans la marge du bas.

198. DOLET (Estienne). Stephani Doleti Galli Aurelii carminum libri quatuor. *Lugduni, anno* 1538. In-4 ; mar. rouge, fil., tr. dor. (*anc. rel.*).

> Très bel exemplaire de ces poésies intéressantes pour l'histoire du temps.

199. DOLET (Estienne). Genethliacum Claudii Doleti Stephani Doleti filii. Autore patre. *Lugduni, apud eundem Doletum*, 1539. In-4. — Lauantnaissance de Claude Dolet, filz de Estienne Dolet : premierement composée en Latin par le pere : & maintenant par ung sien amy traduicte en langue Francoyse. *A Lyon chés Estienne Dolet*, 1539. In-4. En un vol.; veau fauve, fil., tr. dor. (*anc. rel.*).

> Pièces rares et très recherchées du célèbre poète imprimeur.

200. DOLET (E.). Francisci Valesii Gallorum regis fata. Ubi rem omnem celebriorem à Gallis gestam nosces ab anno Christi M. D. XIII usque ad annum ineuntem M. D. XXXIX. Stephano Doleto Gallo Aurelio autore. *Lugduni, anno* 1539. In-4, car. ital.; mar. rouge, fil. à fr., tr. dor. (*Duru*).

> Très bel exemplaire. Notes manuscrites.

201. DOLET (E.). Les Gestes de Francoys de Valois Roy de France... Premièrement composé en Latin par Estienne Dolet : et apres par luy mesmes translaté en langue Francoyse. *A Lyon, chés Estienne Dolet*, 1540. In-4 ; mar. bleu, fil. à fr., tr. dor. (*Duru*).

> Traduction de l'ouvrage précédent. Bel exemplaire.

202. MACRINI Ivliodunensis (Salmonii) Odarum libri tres ad P. Castellanum Pōtificem Matisconum. Io. BELLAII Cardinalis amplissimi Poemata aliquot elegantissima ad eundem Matisconum Pontificem. *Parisiis, ex off. Rob. Stephani*, 1546. In-8; veau brun, fil. à fr., ornem., tr. dor. (*rel. du temps*).

> Exemplaire de FRANÇOIS II, encore Dauphin, ainsi que l'indique un Dauphin couronné frappé sur les plats de la reliure. Quelques taches.

203. TORY (Geoffroy). Ædiloquium ceu disticha, partibus Ædium urbanarum & rusticarum suis quæcꝫ locis adscribenda. Item, Epitaphia septem, de Amorum aliquot passionibus Antiquo more, & sermone veteri, vietoꝫ conficta. Authore Gotofredo Torino Biturigico. *Parisiis, apud Simonem Colinæum*, 1530. Pet. in-8, car. ital., gr. sur bois ; mar. La Vallière, jans., tr. dor. (*Duru*).

> Opuscule fort rare, orné de sept petites figures et d'une élégante bordure au titre. La seconde partie est en prose. Bel exemplaire.

204. TORY (Geoffroy). Gotofredi Torini ‖ Biturici, in filiā chariss. Vir‖guncularum elegantiss. Epi‖taphia & Dialogi. ‖ In Eādem etiam quatuor & ‖ viginti Disticha vnū & eun‖dem sensum copia verborū, ‖ & ingenij fœcunditate pulchre repetentia. (A la fin :) *Impressum Parrhisiis è regione scholæ Decretorū‖ Anno do, M. D. XXIII* (1523). *Die XV mensis Febr.* (1524 n. st.). In-4, de 8 ff., car. ronds; mar. grenat, riches compart. à la Grolier, tr. dor. (*Hagué*).

> Poème écrit en partie en forme prosopopéique et consacré par Tory à

la mémoire de sa fille unique, Agnès, ravie aux plus belles espérances dans la dixième année de son âge. On y trouve quelques renseignements sur la personne de Tory et de très curieux détails sur la situation des artistes à son époque.

C'est encore dans ce poème, imprimé par Simon de Colines, qu'on voit à la fin, pour la première et unique fois, la première forme de la marque de Tory, le *Pot Cassé*, avec la petite image dans le haut, représentant l'âme de sa fille, sous la figure d'un ange entouré de rayons. Cette image n'a jamais reparu dans les autres marques de Tory. Un joli cadre au trait entoure le titre.

Exemplaire UNIQUE, ayant appartenu à M. Techener, puis au marquis de Morante.

205. BUCHANAN (G.). Psalmorum Davidis paraphrasis poetica, nunc primum edita, Authore Georgio Buchanano Scoto. Eiusdem... Tragœdia quæ inscribitur Iephthes. *S. l.* (*Genève*). *Anno M. D. LXVI* (1566). *Apud H. Stephanum & eius fratrem R. Stephanum.* In-12; mar. rouge, riches compart., tr. dor. (*rel. du* xvi° *s.*).

Jolie reliure, bien conservée.

2. *Poètes français.*

206. LORRIS (Guill. de) et MEUNG (Iehan de). Le rommant de la || rose nouuellement im||prime a paris. (A la fin :) *Imprime a Paris Lan mil cinq cens z neuf* (1509). *Le penultime* (sic) *iour de feburier par Michel le noir* (1510 n. st.). In-4, goth., à 2 col., fig. s. bois; veau granit (*anc. rel.*).

Édition peu commune. Bel exemplaire.

207. VILLON (Fr.). Les œvvres de Françoys Villon de Paris, reueues & remises en leur entier par Clement Marot valet de chambre du Roy... *On les vend a Paris en la grant salle du Palais, en la bouticque de Galiot du Pre.* (A la fin :)... *paracheuees de imprimer le dernier iour de septembre, L'an mil cinq cens trente et troys* (1533). Pet. in-8; mar. citron, comp., tr. dor. (*Trautz-Bauzonnet*).

Édition très rare, la plus recherchée de celles en lettres rondes. Bel exemplaire (H. : 128 mill.).

208. VILLON (Fr.). OEuvres... Avec les Remarques de diverses personnes (de Laurière, Le Duchat et de Formey). *A la*

Haye, chés Adrien Moetjens, 1742. In-8; mar. La Vallière, fil. à fr., tr. dor. (*Capé*).

Exemplaire en *grand papier*, avec témoins.

209. (Le Chevalier aux Dames.)

> Cy est le Chevalier aus Dames
> De grant leaultez et prudence
> Qui pour les garder d' to' blasmes
> Fait grant prouesse et grāt vaillāce.

(A la fin :)... *Imprimé à Mets par maistre Gaspart Hochfeder*, 1516. Pet. in-4, goth., fig. sur bois; mar. vert, fil., orn., tr. dor.

Édition originale, fort rare, de ce poème d'un auteur inconnu. Il est orné de 23 fig. sur bois dont l'une porte le nom de *François Oudet*. Bel exemplaire.

210. In Lodoicæ Regis Matris mor‖tem, Epitaphia Latina & ‖ Gallica. ‖ Epitaphes a la louenge de ma‖Dame Mere du Roy [Louise de Savoie, mère de François Ier] faictz par‖ plusieurs recommendables‖ Autheurs. ‖ On les vend a Paris deuant Les‖glise de la Magdeleine, A len‖seigne du Pot Casse. (A la fin :) *Imprime a Paris a lenseigne‖du Pot Casse, par Maistre ‖ Geofroy Tory de Bourges‖ Marchant, Libraire et Im‖primeur du Roy. ‖ Le xvij iour Doctob. ‖ M. D. XXXI* (1531). In-8, de 10 ff.; mar. rouge, comp., doublé de mar. citr., rich. orn. int. en mosaïque, tr. dor.(*Lortic*).

Opuscule extrêmement rare, composé de sept pièces latines, dont l'une est de Tory lui-même, et de douze pièces en vers français, dont l'une de Saint-Gelais et plusieurs anonymes, signées des initiales L. R., L. M. N., G. B., M. A. D. L., etc.

Charmants cadres au titre et à la dernière page. Très bel exemplaire.

211. (BOUCHET, J.) Le Iugement poe‖tic de l'honneur fe‖menin & seiour des‖illustres claires et honnestes Dames, par le ‖ Traverseur... (A la fin :) *Imprimé à Poictiers le premier d'Avril* (1538) *par Iehan & Enguilbert de Marnef Freres*. Pet. in-4, goth., fig. sur bois; mar. rouge, fil., tr. dor. (*anc. rel.*).

Volume de poésies peu commun. Il est orné de onze gravures sur bois, dont cinq portent la croix de Lorraine. Plusieurs d'entre elles sont d'une exécution remarquable. Magnifique exemplaire.

212. Recueil des plus belles pièces des poëtes françois, tant

10

anciens [depuis Villon] que modernes, avec l'histoire de leur vie, par l'auteur des Mémoires & voyages d'Espagne (Mad. d'Aulnoy). *Paris, Claude Barbin,* 1692. 5 vol. pet. in-12, frontispices ; mar. rouge, fil. à fr., tr. dor.

> Livre connu sous le titre de Recueil de Barbin parce que les notices qui en font partie ont passé longtemps pour être l'ouvrage de Fr. Barbin, fils du libraire.

213. MAROT (Cl.). OEuvres de Clement Marot, revûes sur plusieurs Manuscrits et sur plus de quarante Éditions ; et augmentées tant de diverses poesies veritables, que de celles qu'on lui a faussement attribuées, avec les ouvrages de Jean Marot, son père, ceux de Michel Marot son fils et les pièces du Different de Clément avec Fr. Sagon. Accompagnées d'une preface historique et d'Observations critiques (par Lenglet Du Fresnoy). *La Haye, P. Gosse & J. Neaulme,* 1731. 4 vol. in-4, portr. et fig. ; mar. rouge, fil. à fr., tr. dor. (*anc. rel.*).

> Jolies vignettes. Très bel exemplaire, aux armes (un lion tenant un épi de blé).

214. SAGON (Fr. de). Epistre a Marot par François de Sagon pour luy monstrer que Frippelipes auoit faict sotte cōparaison des quatre raisons dudit Sagon a quatre Oysons. Vela de quoy. (A la fin :) *Au Palays par Gilles Corrozet et Iehan Andre,* 1537. In-8, de 13 ff. ; mar. rouge, compart., tr. dor. (*Lewis*).

> Opuscule rare. Exemplaire de Viollet-le-Duc, père.

215. MAROT (Cl.). Les Pseavmes de David, mis en rime Françoise (par Cl. Marot et Th. de Bèze). *A Sedan, par Iean Iannon,* 1635. In-64 ; mar. orange, doré en plein, tr. dor. (*anc. rel.*).

> Charmant volume d'un format minuscule (6 cent. de haut. sur 4 cent. de larg.), imprimé en caractère microscopique, dit la « petite sédanoise », sorti de la célèbre fonderie de Jannon.
> Jolie reliure au pointillé.

216. Le Liure de plusieurs pieces, c'est-à-dire, faict & recueilly de diuers Autheurs, cōme de Clemēt Marot, & autres. *Lyon, Thibauld Payen,* 1549. (A la fin :) *Imprimé à Lyon par Nicolas Bacquenois.* Pet. in-12 ; mar. bleu, fil. à fr., tr. dor. (*Duru*).

> Volume peu commun. Bel exemplaire de F. Solar.

217. (SCEVE, Maurice) Delie, obiect de plus haulte vertu. *A Paris, chez N. du Chemin*, 1564. In-16, fig. s. bois; veau fauve, tr. dor. (*anc. rel.*).

<small>Charmante édition, en caractères italiques, ornée de 51 petits emblèmes encadrés, et d'un joli portrait de l'auteur. Très bel exemplaire.</small>

218. AMBOISE (M. d'). Le Ris de Democrite, et le pleur de Heraclite, philosophes, sur les folies et miseres de ce monde. Inuention de M. Antonio Phileremo Fregoso, chevalier Italien, interpretée en ryme Françoise par noble homme Michel d'Amboyse, escuyer. *A Paris. Les semblables sont à vendre au Palais, en la boutique de Gilles Corrozet*, 1547. In-8, de 100 ff.; veau fauve, fil., tr. dor.

<small>Édition rare avec cette adresse. Très bel exemplaire.</small>

219. (BOUCHET, P.) Pandore, ‖ œvvre latin de Ian ‖ Oliuier, en son vivant ‖ evesqve d'Angiers, ‖ tradvict en francoys (par Pierre Bouchet, Rochelloys). M. D. XLVIII. ‖ *On les vend à Poictiers, à l'enseigne du Pélican* [*chez Jean et Enguilbert de Marnef*]. (Au r° du dern. f. :) *Acheué d'Imprimer le troisiesme Octobre* 1548. In-8, de 32 ff. n. ch., car. ital.; mar. rouge, fil., tr. dor. (*Hardy*).

<small>Traduction extrêmement rare de ce poème dans lequel l'auteur suppose que le mythe de Pandore représente la création de la femme, source de tous maux, suivant sa donnée.</small>

220. PELETIER (J.). L'Art poëtiqve de Iaques Peletier du Mans, departi an deus Liures. *A Lyon Par Ian de Tournes, e Guil. Gazeau*. 1555. In-8; mar. rouge, fil., tr. dor. (*Niedrée*).

<small>Livre fort rare. *L'Art poétique* offre une suite de remarques, de réflexions fines et judicieuses que l'auteur adresse, sous forme de lettres familières, à son ami Zacharie Gaudart, Parisien.
Ce que le titre n'annonce pas, c'est qu'à la suite, il y a une série de pièces en vers (*Opuscules*) comprenant une chanson, des épigrammes, des sonnets, etc., adressés souvent à des personnes célèbres, telles que Olivier de Magny, Louise Labé, etc.
Dans ce volume, fort bien imprimé en caractères italiques, on a suivi le système orthographique adopté par l'auteur. Très bel exemplaire, réglé (H. : 0,164).</small>

221. BELLAY (J. du). Recueil de poésie présenté a tresillustre princesse Madame Marguerite sœur unique du Roy,

BELLES-LETTRES.

& mis en lumiere par le commâdement de madicte Damé. Reveu & augmenté oultre les précédentes impressions... *Paris, F. Morel*, 1568. In-8. — Deux livres de l'Enéide de Virgile, le quatrieme et sixieme... avec autres traductions... *Ibid., id.* — Divers Poemes... partie inuentions, partie traductions, & la plus part non encor' imprimez. *Ibid., id.*, 1569. — Les Regrets, et autres œuvres poétiques... *Ibid., id.*, 1568. — Divers Ieux rustiques, et autres œuvres poétiques... *Ibid., id.* — Epithalame sur le mariage de tresillustre prince Philibert Emanuel, duc de Savoye, & tresillustre Princesse Marguerite de France sœur unique du Roy, & duchesse de Berry. *Ibid., id.*, 1568. En 1 vol. in-8 ; mar. vert, orn. tr. dor. (*Lortic*).

> Recueil de réimpressions non citées au *Manuel*. L'*Epithalame* est suivi d'un grand nombre de pièces non mentionnées au titre : *Entreprise du roy-dauphin pour le tournoy, Inscriptions*, le *Tumbeau de Henri II, Discours au roy*, etc., le tout terminé par des vers sur la mort de J. du Bellay. De cette manière, ce volume offre la presque totalité des œuvres de ce poète. Très bel exemplaire.

222. DU VAL (P.). Psalme par Quatrains de la puissance, sapience et bonté de Dieu, par P. du Val, euesque de Seez. Plus douze quatrains tirez des Psalmes de David touchant les douze saisons & mois de l'an, par C. M. *A Paris, Claude Micart, rue S. Jean de Latran, a la Bonne foy*. In-8, de 32 ff.; mar. noir, fil. a fr., tr. dor. (*Niedrée*).

> Édition non citée et fort rare, imprimée en caractère de *civilité*. Cl. Micard exerçait de 1558 à 1588.

223. Le Parnasse des poetes françois modernes, contenant leurs plus riches & graues Sentences, Discours, Descriptions, & doctes enseignemens, recueillies par feu Gilles Corrozet Parisien. *Paris, Galliot Corrozet*, 1571. Pet. in-8 ; mar. vert, fil. et tr. dor. (*anc. rel.*).

> Livre rare. Exemplaire avec la signature du duc de Valentinois.

224. Livre de la Fontaine perilleuse avec la chartre d'amours : autrement intitulé, le songe du verger... Auec commentaire de I. G. P. (Jacques Gohory, Parisien). *A Paris, pour Iean Ruelle*, 1572. In-8 ; mar. bleu, fil., tr. dor. (*Niedrée*).

> Exemplaire Yemeniz. Conservation excellente.

225. BELLEAU (Remy). Les OEvvres poëtiqves.... *Paris, par*

Mamert Patisson, 1578. 2 t. en 1 vol. pet. in-12; mar. rouge, fil., tr. dor. (*anc. rel.*).

<small>Édition originale des œuvres de ce poète, dédiée à Henri III. Belle impression en caractères italiques.</small>

226. BELLEAU (Remy). Les Amovrs et novveavx eschanges des pierres precieuses : vertus et proprietez d'icelles. Discovrs de la Vanité pris de l'ecclesiaste. Eclogves sacrees, prises dv Cantiqve des Cantiques. *Paris, Mamert Patisson*, 1576. Pet. in-4; mar. bleu, fil. et tr. dor. (*Corfmat*).

<small>Édition fort rare, ornée d'un beau portrait de l'auteur, en taille-douce, hors texte. Très bel exemplaire, réglé.</small>

227. (ESTIENNE, Rob. III). Discours présenté à Monseigneur le Duc de Montmorency, pair et connestable de France, sur sa venue a Paris. *Paris, par Mamert Patisson, impr. du Roy, chez Robert Estienne*, 1595. In-4, de 6 ff.; mar. rouge, fil. à fr., milieu, tr. dor. (*Lortic*).

<small>Rare. Très bel exemplaire.</small>

228. ESTIENNE (Rob. III). Les || Larmes de || sainct Pierre, || et avtres vers || chrestiens svr || la Passion. || Par Rob. Estiene. *A Paris, chez Mamert Patisson, impr. du Roy*, 1595. In-8, de 2 ff. n. ch. et 14 ff. ch., caract. ital.; veau fauve, fil. et tr. dor.

<small>Première et fort rare édition, citée par Renouard et décrite par M. Brunet, sur le présent exemplaire, et même deux fois, quoi qu'en dise le *Supplément* au *Manuel*. A la suite, on a relié un opuscule de 8 ff. sans titre spécial, lieu ni date : *Lagrime di S. Pietro, del S. Luigi Tansillo*. Malherbe a débuté par une imitation de ce petit poème.</small>

229. ESTIENNE (Rob. III). Les Larmes de S. Pierre et avtres vers svr la passion. Plvs qvelqves paraphrases sur les hymnes de l'année. *Paris, de l'impr. de Rob. Estienne*, 1606. In-8; mar. rouge, fil. et tr. dor.

<small>Seconde édition, rare. Bel exemplaire.</small>

230. RONSARD (P. de). Les OEvvres de Pierre de Ronsard Gentilhomme Vandosmois Prince des Poetes françois. Reueues et augmentees. *Paris, B. Macé*, 1609. In-fol., 8 ff.,

1215 pp., 6 ff. et 132 pp., veau brun, dent., tr. dor. (*anc. rel.*).

Édition importante. Titre gravé par L. Gaultier et portraits sur bois.

231. (RONSARD, P. de) Remonstrance au peuple de France. *Paris, Gabriel Buon*, 1563. In-4, de 17 ff.; mar. bleu, fil. à fr., tr. dor. (*Thompson*).

Pièce en vers contre les huguenots.

232. RONSARD (P. de). Les Qvatre premiers livre (*sic*) de la Franciade... *Paris, Gabriel Buon*, 1572. In-4; veau noir, plats gaufrés, tr. dor. (*anc. rel.*).

Première édition, avec une épître qui n'a pas été réimprimée. Portraits sur bois de Ronsard et de Charles IX. Très bel exemplaire, grand de marges.

233. BAIF (J.-A. de). Les Amours de Ian Antoine de Baif. *A Paris, pour Lucas Breyer*, 1572. Pet. in-8; mar. rouge, fil., dos orné, tr. dor. (*Lortic*).

Joli exemplaire réglé, de la bibl. Desq.

234. BAIF (J. de) et DORAT (J.). De profectione et adventu Henrici regis Polonorum Augusti in regnum suum, ode Ioannis Aurati poetæ Regii ex Gallico Ioannis Antonii Baifii. Svr le Voeiaje e l'arivée dv roe de P8lone an son Roeiame, Ωde de Ian antoęne de Baif sekretęre de la Çambre du Roę. *Parisiis, apud Dionysium Vallensem* (Denys du Val) *sub Pegaso, in vico Bellouaco*, 1574. In-4, de 4 ff. ch.; mar. rouge, compart., tr. dor. (*Galette*).

La pièce de Baïf est imprimée dans le système d'orthographe réformée de ce poète érudit. Fort rare.
Magnifique exemplaire, presque non rogné.

235. PYBRAC (Gui du Faure de). Les Quatrains du sieur de Pybrac... traduits en vers latins iambiques par M. F. Le Gal... *Paris, Ch. de Sercy*, 1668. In-12; mar. rouge, fil., tr. dor. (*anc. rel.*).

Édition dédiée au Grand Dauphin (fils de Louis XIV), ornée d'un frontispice à ses armes, de son portrait, gravé par de Larmessin, d'après Beaubrun, et d'un en-tête allégorique, par Séb. Le Clerc.
Exemplaire de dédicace au GRAND DAUPHIN, avec le dauphin couronné sur les plats et au dos de la reliure.

POÈTES FRANÇAIS. 151

236. Les Marguerites poetiques tirees des plus fameux poëtes françois, tant anciens que modernes, reduites en forme de lieux communs et selon l'ordre alphabetique ... Nouuellement recueillies et mises en lumiere par Esprit Aubert. *Lyon, B. Ancelin,* 1613, titre gravé par L. Gaultier. In-4; veau br. (*anc. rel.*).

> Collection considérable et recherchée. Exemplaire avec témoins, sans être lavé.

237. LE VASSEUR (J.). Le Bocage de Iossigny. Où est compris le Verger des Vierges, et autres plusieurs pieces sainctes, tant en vers qu'en prose, par Iaques Le Vasseur, archidiacre de Noyon ... *Paris, Fleury Bourriquant,* 1608. In-8; veau fauve, fil., tr. dor.

> Volume extrêmement rare, dont le *Manuel* ne cite aucune adjudication.

238. DURAND DE LA BERGERIE. Imitations du latin de Iean Bonnefons (par Gilles Durand, sieur de la Bergerie), avec autres gayetez amoureuses de l'inuention de l'autheur. Dernière édition reueuë et corrigée. *Paris, de l'impr. d'Antoine du Brueil,* 1610. Pet. in-8; veau fauve, fil., tr dor. (*Padeloup*).

> Exemplaire de GIRARDOT DE PRÉFOND. Au commencement, une note autographe, attribuée à Mme de Sévigné, et, à la fin, trois pages autographes de Deguerle, contenant une poésie, imitée de Bonnefons et intitulée : *L'Instant d'avant.*
> Gilles Durant, sieur de la Bergerie, était certes un charmant poète, qui possédait les grâces mignardes de la Pléiade et une facilité qui n'est pas dépourvue d'élégance et de dignité. Voir par exemple la pièce de la page 133 : *A une bonne nuit.*

239. BERTAUT (J.). Les OEvvres poetiqves de Mr Bertavt, evesqve de Sees ... Dernière edition. *Paris, Toussainct du Bray,* 1620. In-8; mar. bleu, fil., tr. dor. (*Hardy-Mennil*).

> Cette édition est, avec celle de 1633, la plus complète de ce poète. Très bel exemplaire, de la coll. Desq.

240. GODARD (J.). Meslanges poetiqves, tragiqves, comiqves, et avtres diverses de l'inuention de L. D. L. F. *Lyon, Ambr. Travers,* 1624. In-8; mar. vert, tr. dor. (*anc. rel.*).

> Les initiales L. D. L. F. cachent le nom de J. Godart, qui avait fait paraître sous son nom, en 1594, ses OEuvres en 2 vol., dont les *Mélanges*

poétiques occupent le second (voir au *Manuel*). Exemplaire de Viollet-le-Duc, père.

241. POILLE (J.). Les OEuvres de Jacqves Poille, sievr de S.-Gratien, conseiller au Parlement de Paris. Divisées en onze livres ... L'Icare François en deux liures. *Paris, Thomas Blaise*, 1623. In-8; mar. vert, fil., tr. dor. (*anc. rel.*).

    Recueil de 919 sonnets. L'*Icare français*, qui en compte 105, a pour sujet la catastrophe du maréchal duc de Gontaut-Biron, décapité en 1602.
    Exemplaire de Viollet-le-Duc, père.

242. THEOPHILE [de Viaud]. Les œuvres du sieur Theophile, diuisées en trois parties ... Reueües et corrigées en cette derniere edition. De plus est augmentee la Lettre contre Balsac. *Rouen, Th. Daré*, 1643. In-8; mar. vert, fil., tr. dor. (*Hardy*).

    Bel exemplaire.

243. MALHERBE (Fr. de.) Poesies de Malherbe, rangees par ordre chronologique, avec ..... Remarques historiques et critiques (par Lefebvre de Saint-Marc). *Paris, de l'impr. de Jos. Barbou*, 1757. In-8, portr.; mar. rouge, fil., tr. dor. (*anc. rel.*).

    C'est la meilleure édition, selon Brunet. Exemplaire en *grand papier*, aux armes et au chiffre du roi LOUIS XV. Reliure très fraiche.

244. MAYNARD. OEvvres de Maynard. *A Paris, chez Avgvstin Covrbé*, 1646. In-4, de 14 ff. (dont un portr.) et 365 pp.; veau fauve, fil., tr. dor.

    Première édition des poésies d'un des meilleurs disciples de Malherbe. Portrait de l'auteur gravé par Daret, qui manque souvent. Bel exemplaire.

245. Iardin des Mvses ov se voyent les Fleurs de plusieurs aggreables poësies, recueillies de diuers Autheurs tant anciens que modernes. *Paris, A. de Sommaville et A. Courbé*, 1643. Pet. in-12; mar. rouge, fil. à comp., tr. dor. (*Lortic*).

    Recueil de pièces curieuses. Très bel exemplaire. Quelques racc.

246. COLLETET (G.). Les Divertissemens du sieur Colletet.

Seconde édition, revue et augmentée par l'auteur. *Paris,
J. Dugast*, 1633. In-8; mar. rouge, compart. à fil., ornem.,
tr. dor. (*Lortic*).

<small>Magnifique exemplaire, réglé, avec témoins.</small>

247. GOMBAULD. Les Poésies de Gombauld. *Paris, A. Courbé,*
1646. In-4; veau fauve, fil., tr. dor. (*Niedrée*).

<small>Unique édition des poésies de Gombauld, consistant en sonnets, élégies, stances et épigrammes.
Bel exemplaire d'Armand Bertin (vente Potier, 1870, n° 932).</small>

248. BREBEUF (de). Entretiens solitaires, ov prieres et méditations pievses en vers françois, par M. de Brebevf. *Imprimez à Rouen & se vendent a Paris, chez Antoine de Sommaville*, 1660. In-12; mar. rouge, jans., tr. dor. (*Trautz-Bauzonnet*).

<small>Charmant exemplaire.</small>

249. Recveil des plvs beavx vers qvi ont esté mis en chant, auec le Nom des Autheurs tant des Airs que des Paroles. *A Paris, chez Ch. de Sercy*, 1661. 2 t. en 1 vol. pet. in-12, front. gr.; mar. rouge, fil., tr. dor. (*anc. rel.*).

<small>Recueil fort rare et intéressant, formé par B. D. B. (de Bacilly) et dédié à de Pelisson-Fontanier. Parmi les auteurs cités se trouve Molière. Très joli exemplaire, avec témoins, aux armes du comte D'HOYM.</small>

250. SAINT-AMANT. La Rome ridicule du sieur de Saint-Amant, travêstië à la nouvéle ortografe; pure invantion de Simon Moinêt, parisiin. *A Amstredan* (sic), *aus dépans de l'impr. de Simon Moinêt*, 1663. Pet. in-8, 44 pp.; mar. rouge, jans., tr. dor. (*Smeers*).

<small>Édition curieuse à cause de la singulière orthographe de l'éditeur. Les quatre dernières pages manquent souvent. Simon Moinet était le principal correcteur de l'imprimerie des Elzeviers.
Exemplaire presque non rogné, avec témoins. Quelques race.</small>

251. LORME (T. de). La Mvse novvelle ou les agreables diuertissemens du Parnasse. *A Lyon, chez Charles Mathevet*, 1665. In-12, front. gr. et portr. de l'auteur; mar. bleu, fil., tr. dor. (*Thibaron-Echaubard*).

<small>Bel exemplaire.</small>

BELLES-LETTRES.

252. Recueil de poësies chrétiennes et diverses. Dedié à Monseigneur le Prince de Conty par M. de la Fontaine. *Paris, Jean Couterot*, 1679. 3 vol. in-12, front. gr.; mar. bleu foncé, dent., tr. dor. (*Courteval*).

L. Henri de Loménie de Brienne est l'éditeur de ce recueil, qu'il a cru devoir faire paraître sous le nom du célèbre fabuliste. C'est un choix fait avec goût et qui renferme, dit M. Brunet, plusieurs morceaux qu'on chercherait vainement ailleurs. De Loménie s'est caché sous le pseudonyme de *Lucile Hélie de Breves*, au nom duquel le privilège a été accordé, ce qui ne nous paraît pas avoir été signalé.

Les trois volumes se trouvent rarement réunis. Très bel exemplaire.

253. Recueil de poësies chrétiennes et diverses. Dedié à Monseigneur le Prince de Conty. Par M. de la Fontaine. *Paris, Jean Couterot*, 1682. 2 vol. in-12; front. gr.; mar. rouge, compart. à fil., doublé de mar. rouge, tr. dor. (*anc. rel.*).

Très bel exemplaire. La reliure porte des fleurs de lis sur les plats et au dos.

254. BOILEAU. OEuvres diverses du sieur D***. Nouvelle édition reveuë et augmentée. *A Paris, chez Denys Thierry*, 1683. In-12, front. gr. et fig.; mar. rouge, fil. à comp., tr. dor. (*anc. rel.*).

Édition originale des épîtres VI à IX, des Ve et VIe chants du *Lutrin*, etc. Exemplaire du DUC D'ORLÉANS, de la bibl. du château d'Eu.

255. BOILEAU. OEuvres de Nicolas Boileau-Despréaux. Nouvelle édition revue et augmentée. *Paris, Esprit Billiot*, 1713. 2 part. en 1 vol. in-4, fig.; veau brun, fil., tr. dor. (*anc. rel.*).

Édition ornée d'un beau portrait de l'auteur, par P. Drevet, *en premier état*, et de six figures d'après Gillot.

Magnifique exemplaire *en grand papier*, avec témoins.

256. LA FONTAINE. Fables choisies mises en vers par M. de La Fontaine. *Paris, Denys Thierry* (et au t. II : *Claude Barbin*), 1668. 2 vol. in-12, de 34 ff. prél., 143 pp., plus 4 pp. (table); 127 pp., plus 4 pp. (table); mar. bleu, doublé de mar. orange, riches ornem., tr. dor. (*Smeers*).

Contrefaçon rarissime de l'édition originale de ce format. M. Brunet n'a connu l'existence que du premier volume, et M. P. Lacroix ne la cite point.

257. LA FONTAINE. Fables de la Fontaine; suivies d'Adonis, poëme. Edition stéréotype. *Paris, Imprimerie de P. Didot l'aîné, an VII.* 2 vol. in-12; dem.-rel. veau rouge.

Un des cinq exemplaires sur VÉLIN.

258. LA FONTAINE. Contes et Nouvelles en vers de M. de La Fontaine. Nouvelle édition enrichie de tailles-douces. *Amsterdam, Henry Desbordes,* 1685. 2 tomes en 1 vol. in-8, fig.; mar. rouge, fil. et tr. dor. (*Duru*).

Édition originale, avec les cinquante-cinq eaux-fortes de Romain de Hooghe, en fort belles épreuves du premier tirage.

259. LA FONTAINE. Contes et nouvelles en vers, par Jean de La Fontaine. *Paris, de l'impr. de P. Didot l'aîné, l'an III° de la République.* 1795. 2 vol. in-12; dem.-rel. veau rouge.

Un des quatre exemplaires sur VÉLIN.

260. LA FONTAINE. Poëme du quinquina et autres ouvrages en vers de M. de La Fontaine. *Paris, Denis Thierry et Claude Barbin,* 1682. In-12; demi-rel. veau bleu.

Exemplaire absolument *non rogné* de cette édition originale du *Quinquina*, de la *Matrone d'Éphèse*, de *Belphégor*, de *Daphné*, des *Amours d'Acis et Galatée*. Le privilège est du 2 nov. 1681 et l'achevé d'imprimer pour la première fois du 24 janv. 1682.

261. VOLTAIRE. La Ligue ou Henry le Grand, poëme épique par M. de Voltaire. *Genève, chez Jean Mokpap,* 1723. In-8; veau fauve, fil., tr. dor. (*Bauzonnet-Trautz*).

Première édition de la Henriade publiée en neuf chants, et sur un manuscrit incomplet, par l'abbé Desfontaines. Elle a été imprimée à Rouen, *chez Viret*; d'autres disent : à Évreux.

262. VOLTAIRE. La Henriade, poëme épique en dix chants, par F. M. Arouet de Voltaire. *Paris, Firmin Didot,* 1819 (1823). Gr. in-4; mar. bleu, compart. à fil., tr. dor.; dans une boîte recouverte en peau de truie, fil. à fr. (*Trautz-Bauzonnet*).

Cette magnifique édition, dirigée par Daunou, qui y a joint de nouvelles notes, est ornée de deux gravures d'après Gérard, par MM. H. Dupont et Müller; c'est un des monuments typographiques de notre siècle.
Exemplaire UNIQUE sur VÉLIN.

263. Choix de poësies morales et chrétiennes depuis Malherbe jusqu'aux poëtes de nos jours, dédié à Monseigneur le duc d'Orléans. *Paris, Prault,* 1739. 2 vol. in-8; mar. rouge, fil., tr. dor. (*anc. rel.*).

>Exemplaire sur *papier fort* de Hollande. Le premier volume est aux armes de LOUIS, DUC D'ORLÉANS (fils du régent), à qui ce recueil a été dédié par Le Fort de la Morinière; le second est aux fleurs de lis.

264. BLIN DE SAINMORE. Héroïdes ou Lettres en vers. Nouvelle édition, revue, corrigée et augmentée de gravures. *Paris, Sébastien Jorry,* 1767. In-8. — Lettre de Sapho à Phaon, précédée d'une épître à Rosine, etc. (par le même). *Paris, Jorry,* 1766. In-8. — Lettre de Jean Calas à sa femme et à ses enfans (par le même). *Id.*, 1767. In-8. En 1 vol; mar. rouge; large dent., tr. dor. (*Padeloup*).

>Charmant recueil, orné de gravures d'après Eisen, Gravelot, etc., et de culs-de-lampe de Choffard.
>Superbe exemplaire, en *grand papier*, revêtu d'une délicieuse reliure, très fraîche, aux armes de LOUIS-PHILIPPE D'ORLÉANS, petit-fils du Régent.

265. FAVRE (de). Les Quatre Heures de la toilette des dames, poëme érotique en quatre chants, dédié à Madame la princesse de Lamballe, par M. de Favre. *Paris, J.-F. Bastien,* 1779. Gr. in-8, fig.; mar. bleu, comp. à fil., tr. dor. (*Lortic*).

>Édition ornée de quatre belles gravures, d'un en-tête et de culs-de-lampe d'après F. Le Clerc.
>Exemplaire en *grand papier*, relié sur brochure et *non rogné*.

3. *Poëtes Italiens, Espagnols et Portugais.*

266. DANTE. (A la fin:) *Impresso in Vinegia nelle Case d'Aldo et d'Andrea di Asola...* M.D.XV (1515). *Del mese di Agosto.* In-8, fig. s. bois; mar. brun, compart. à fil. et orn., tr. dor. (*rel. ital. de l'époque*).

>Seconde édition aldine, dédiée à la célèbre Vittoria Colonna, marquise de Pescara. Elle contient des variantes au texte de celle de 1502.
>Bel exemplaire, dans sa première reliure vénitienne.

267. PETRARCA (F.). (Sonetti e canzoni.) (A la fin:) *Finisse*

il commento deli Sonetti et cançone del Petrarcha composto per... Francesco Philelpho : *Impresso nella inclita citta da Venexia : per Theodorum de Reynsburch et Reynaldum de nouimagio Todeschi* (sic) *et compagni. Nelli anni del signore. M.* cccc. lxxviii. (1478) *adi. xxx. março.* — Triumphi.) (A la fin :) *Finisse il cōmēto deli triumphi del Petrarcha composto per ....* Bernardo da sena *impsso nella inclita citta da Venexia p Theodoȝ de Reynsburch et Reynaldū de Nouimagio compagni, nelli anni del signore. M.* cccc. lxxviij *adi. vi. del mese de Febraro* (1479 n. st.). En 1 vol. in-4, goth. ; mar. rouge, jans., tr. dor. (*Hardy-Menil*).

Édition longuement décrite au Manuel et dont il est difficile de trouver les deux parties réunies.

Exemplaire très grand de marges et bien conservé. Armoiries d'un Italien, peintes à la première page du texte, et initiale enluminée avec bordure.

268. PETRARCA. Le cose volgari di Messer Francesco Petrarcha. (A la fin :) *Impresso in Vinegia nelle case d'Aldo Romano, nel anno M. DI* (1501) *del mese di Luglio ...* Pet. in-8 ; mar. rouge, riches compart., tr. dor. (*Hardy*).

Première édition aldine, rare et précieuse, ayant été faite sur un manuscrit autographe du poète.

Exemplaire bien complet, avec le dernier cahier qui manque souvent.

269. PETRARCA. Il Petrarca, con nuoue e breui dichiarationi. *In Lyone, appresso Guglielmo Rouillio*, 1551. In-16, fig. sur bois; mar. brun, riches compart. en mosaïque, tr. dor. (*anc. rel.*).

Jolie édition ornée de six vignettes assez fines, placées aux *Trionfi*, et des portraits réunis de Pétrarque et de Laure.

Très bel exemplaire, réglé, revêtu d'une charmante reliure, parfaitement conservée.

270. PETRARCA. Il Petrarca. Di nvovo ristampato et diligentemente corretto. *In Venetia, appresso Nicolo Beuilacqua*, 1565. Pet. in-12 allongé, fig. s. bois; mar. olive, riches compart., tr. dor. et cis., fermoirs en argent (*anc. rel.*).

Jolie édition en caractères italiques, ornée des portraits du poète et de son amante, ainsi que de six vignettes aux *Trionfi*.

Exemplaire portant sur le titre la signature de BALLESDENS, et revêtu d'une jolie reliure française du xvie siècle. De la coll. Double.

271. PÉTRARQUE. Laure d'Avignon. Au nom et adveu de la Royne Catharine de Medicis, Royne de France. Extraict du poete florentin Francoys Petrarque, et mis en francoys par Vaisquin Philieul de Carpentras. *Paris, Jaques Gazeau,* 1548. Pet. in-8; veau fauve, fil., tr. dor. (*Duru*).

Volume rare. Bel exemplaire.

272. MEDICI (L. de'). Poesie volgari, nvovamente stampate, di Lorenzo de' Medici, che fu padre di Papa Leone : col commento del medesimo sopra alcuni de' suoi sonetti. (A la fin :) *In Vinegia, in casa de' figlivoli di Aldo, M. D. LIIII* (1554). In-8 ; cuir de Russie, compart. à fil. à fr., ornem. et ancres aldines sur les plats, tr. dor. (*rel. anglaise*).

Édition originale. Bel exemplaire.

273. (CIRINO d'Ancona.) La Historia delliombruno. (A la fin :) *Finis.* S. l. n. d. (*Florence, vers* 1500). In-4, de 6 ff. à 2 col., de 40 lignes, car. ronds, fig. sur bois; mar. rouge, fil., tr. dor. (*Bauzonnet-Trautz*).

Première et rarissime édition de cette nouvelle en vers où l'on trouve déjà les *bottes de sept lieues* du Petit Poucet, comme l'avait remarqué Libri. Au-dessous du titre, une gravure sur bois représentant le pêcheur Liombruno tirant son filet en présence du démon ; à la dernière page, une autre jolie vignette de style florentin.

Magnifique exemplaire.

274. BUONARROTI (M.). Rime di Michelagnolo Buonarroti, raccolte da Michelagnolo suo nipote. *In Firenze appresso i Giunti.* In-4; mar. rouge, milieu, tr. dor. (*Thompson*).

Première et rare édition. Bel exemplaire. Quelq. racc.

275. TASSO (T.). Gervsalemme liberata del sig. Torqvato Tasso... Tratta da fedeliss. copia, et vltimamente emendata di mano dell' istesso Auttore. Oue non pur si veggono i sei Canti, che mancano al Goffredo, stampato in Vinetia... *In Casalmaggiore, CIƆ IƆ LXXXI* (1581) *appresso Antonio Canacci, & Erasmo Viotti.* In-8; mar. rouge, fil. à comp., ornem., tr. dor. (*Capé*).

Troisième édition, plus complète que les précédentes, et fort rare. Très bel exemplaire.

276. TASSO (T.). La Gerusalemme liberata di Torquato Tasso ;

stampata d'ordine di Monsieur. *Parigi, presso Franc. Ambr. Didot l'aîné*, 1784. 2 vol. in-4, fig. sur cuivre; mar. rouge, riches compart. et tr. dor., doublé de tabis, dent. (*Bradel*).

<small>Magnifique édition, ornée de 41 gravures d'après Cochin, et tirée à 200 exempl. Celui-ci, qui est superbe, provient de la coll. De Bure. Il est revêtu d'une riche et fraîche reliure.</small>

277. TASSO (T.). Di Gerusalemme conquistata. Del. sig. Torquato Tasso. Libri XXIIII. *In Parigi, appresso Abel L'Angelieri*, M. D. LCXV (pour 1595). In-12, car. ital.; mar. rouge, fil., tr. dor. (*Trautz-Bauzonnet*).

<small>C'est, comme l'on sait, une rédaction remaniée de la *Jérusalem délivrée*. On trouve au f. 270 les stances contre Henri III et Henri IV supprimées par arrêt du Parlement de Paris, et qui ne figurent que dans peu d'exemplaires. Celui-ci est fort beau.</small>

278. Lassedio di Pauia con la Rotta & presa del Re Christianissimo. M. ccccxxv. (A la fin :) *Per Giouan Andrea Vauassore detto Guadagnino*. In-4, à 2 col., de 4 ff., car. ronds; mar. rouge, jans., tr. dor. (*Duru*).

<small>Opuscule imprimé à Venise sur la capture de François Ier à Pavie, que représente une gravure sur bois placée au-dessous du simple titre de départ ci-dessus. Extrêmement rare. Bel exemplaire.</small>

279. Libro della Regina Ancroia. (A la fin :) *Stampata in Vinegia per Benedetto Bendoni*, 1533. In-4, à 2 col., (sign. a ii-L iii), fig. s. bois; mar. rouge, fil., tr. dor. (*anc. rel.*).

<small>Édition rare. Bel exemplaire.</small>

280. BOIARDO (M. M.). Roland l'amoureux composé en italien par Mre Matheo Maria Bayardo (*sic*) Comte de Scandian et traduit fidèlement [en prose] de nouveau par F(rançois) de Rosset & enrichi de figures. *Paris, Robert Foüet*, 1619. In-8, titre gravé et fig., rel. en deux vol.; mar. rouge, fil., tr. dor. (*anc. rel.*).

<small>Le titre est gravé au milieu d'un frontispice dû au burin de Jaspar Isaac, et représentant, dans le haut, les médaillons de l'Arioste (*sic*) et du traducteur. Trente et une gravures sur cuivre sont tirées à pleines pages, avec le texte. Livre rare. Bel exemplaire : *de la bibl. de Mr le Marquis d'Aix à la Serraz*.</small>

281. ARIOSTE. L'Arioste françoes de Iean de Boessieres de

Montferrand en Auvernie. Auec les Argumans & Allegories, sur châcun chant. Premier volume. *Lyon, de l'imprimerie de Thibaud Ancelin*, 1580. In-8; vél. blanc (*Kœhler*).

<small>Boessieres n'a donné que les douze premiers chants, en vers. Encore une partie d'entre eux appartient à Saint-Gelais, Baïf et Belliard. L'orthographe est celle que Baïf avait tenté d'introduire.

Exemplaire provenant de la bibliothèque de l'abbaye de Saint-Victor.</small>

282. ARIOSTE. Le Divin Arioste, ou Roland le Furieux. Traduict nouvellement [en prose] en françois par F. de Rosset. Ensemble la suitte de ceste histoire continuée jusques à la mort du Paladin Roland, conforme à l'intention de l'autheur. Le tout enrichi de figures et dédié à la Grande Marie de Médicis, reine de France et de Navarre. *A Paris, chez A. de Sommaville ... et A. Courbé* (1644). In-4 (relié en 3 vol.), fig. s. cuivre; mar. olive, doré en plein, tr. dor. (*anc. rel.*).

<small>Le titre, qui est gravé, reproduit en plus grand celui de *Roland l'amoureux*, décrit ci-dessus (n° 280); il est signé ici de L. Gaultier. Ce titre est précédé d'un faux titre imprimé, avec la date de 1644. La *Suitte de Roland le furieux* est pourvue d'un grand titre, avec la date de 1643. L'ouvrage entier est orné de 16 gravures en taille-douce de L. Gaultier.

Exemplaire de dédicace à MARIE DE MÉDICIS, avec son chiffre sur les plats et au dos de la reliure, dont on trouvera une reproduction au catalogue illustré. Il provient : *de la bibl. de M. le marquis d'Aix à la Serraz*.</small>

283. PESCATORE (G.). La Morte di Ruggiero continuata a la materia de l'Ariosto ... per Giovambattista Pescatore da Ravenna nouamente composta. *In Venetia per Pauolo Gherardo*, 1548. (A la fin :) *In Vinegia per Comin da Trino di Monferrato l'anno* 1548. In-4, à 2 col., fig. sur bois; mar. rouge, fil., tr. dor. (*Derome*).

<small>Poème chevaleresque *in ottava rima*, composé de quarante chants dont chacun est précédé d'une vignette sur bois. Il y en a d'assez remarquables pour la composition et pour l'exécution.

Très bel exemplaire, avec témoins.</small>

284. GUAZZO (M.). Astolfo borioso, che segue alla Morte di Ruggiero ..... per Messer Marco Guazzo nouamente composto e dato in luce. *In Venetia a San Luca al segno della cognitione*, 1549. (A la fin :) *In Vinegia per Comin da Trino di Monferrato, l'anno* 1549. In-4, à 2 col., fig. sur bois; mar. rouge, fil., tr. dor. (*Derome jeune*).

<small>Poème chevaleresque *in ottava rima*, composé de 32 chants et faisant suite à *la Morte di Ruggiero*, dont il reproduit aussi les gravures.</small>

285. ALAMANNI (Luigi). Girone il Cortese ... Nuovamente riveduto et corretto con altre agiunte del autore ... *In Vinegia per Comin da Trino di Monferrato*, 1549. In-4, fig. s. bois; mar. rouge, fil., tr. dor. (*Derome jeune*).

<blockquote>Seconde édition, dédiée, comme la première, à Henri II. Jolies initiales et vignettes sur bois. Très bel exemplaire</blockquote>

286. La nouella della figluola del mercatante che si fuggi la prima || sera dal marito per non essere impregnata. (A la fin :) *Finita e la nouella de la figliuola || del mercatante*. S. l. n. d. In-4, de 4 ff., à deux col., fig. s. bois; mar. rouge, fil., tr. dor. (*Bauzonnet-Trautz*).

<blockquote>Nouvelle en stances de huit vers. Édition imprimée à Florence à la fin du xv° ou au commencement du xvi° siècle; il n'y a qu'un titre de départ. Trois vignettes du plus beau style florentin la décorent. Dans la première un beau cavalier, un faucon au poing, fait la cour à la jeune fille; la seconde représente la jeune mariée, « dans un simple appareil », recevant une correction de la main paternelle; la troisième nous la fait voir rentrant au domicile conjugal.

C'est d'après cet exemplaire, qui est superbe, provenant de Libri, puis de la bibl. Morante, que M. Brunet a fait sa description. Il est peut-être unique.</blockquote>

287. Historia di Campriano contadino, el quale era molto pouero, e haueua sei figluole da maritare, et con astutia faceua cacar danari ad un suo Asino, e lo uende ad alcuni Mercatanti per cento scudi, et poi uende loro una pentola che bolina senza fuoco, e un Coniglio che portaua limbasciate, e una Tromba che resuscitaua e morti, e finalmente getto quelli Mercanti nun fiume; Con molte altre cose piaceuole. Composta per un Fiorentino. *S. l. n. d.* In-4, de 4 ff. à 2 col.; mar. rouge, fil. et tr. dor. (*Trautz-Bauzonnet*).

<blockquote>Nouvelle *in ottava rima*. Édition rarissime, imprimée à Florence au xvi° siècle. Au-dessus du titre de départ, une gravure sur bois.</blockquote>

288. POLIZIANO (A.). Stanze di Messer Angelo Politiano cominciate per la Giostra del magnifico Givliano di Piero de Medici. 1541. (A la fin :) *In Vinegia nell' anno* 1541. *In Casa de' figliuoli di Aldo*. In-8; mar. bleu, fil. à fr., fleur., milieu, tr. dor. (*Duru*).

<blockquote>Charmante édition, plus correcte que toutes les précédentes, dont la première est de Bologne, 1494, in-4. Volume rare.</blockquote>

289. Stanze amorose. Sopra gli horti delle donne et in lode della menta. La Caccia d'amore del Bernia. Quarantadui Stanze in materia d'amore nuouamente ritrouate et con diligentia corrette et di vaghe historie adornate & date in luce. *In Venetia*, 1574. In-12, de 46 ff. ch. et 2 ff. bl.; mar. bleu, fil.

> Ce volume, divisé en deux parties, est rare. Il est orné de 19 gravures sur bois, qui se répètent, bien composées, mais très mal gravées. Le premier ouvrage n'est autre chose que le petit poème du Tansillo, connu sous le nom d'*Il Vendemmiatore*.
> Exemplaire relié sur brochure et absolument non rogné.

290. GOMEZ DE LUQUE (Gonzalo). Libro primero de los famosos hechos del principe Celidon de Iberia, compuesto en estancias por Gonçalo Gomez de Luque..... dirigido a la catholica magestad del rey don Philippe nuesto señor, segundo deste nombre. *En Alcala, en casa de Juan Iñiguez de Lequerica. Año de M.D.LXXXIII* (1583). *Acosta de Diego de Xaramillo, mercader de libros*. Pet. in-4, à 2 col.; mar. rouge du Levant, compart. à fil., ornem., tr. dor. (*Capé*).

> Poème fort rare. Très bel exemplaire, avec témoins, provenant de la bibliothèque du roi LOUIS-PHILIPPE.

291. CAMOENS (L. de). Rimas de Lvis de Camoẽs, princepe dos poetas portvgveses. Primeira, segvnda, et terceira parte, nesta nova impressam emmendadas & acrescentadas, pello lecenciado Ioam Franco Barreto. *Lisboa, na officina de Antonio Craesbeeck de Mello, anno* 1666. Pet. in-4, de 3 ff. prél., 368 pp., et 78 pp. pour l'Index; veau fauve, fil. à compart., tr. dor. (*Hagué*).

> Édition fort rare, dont on trouve difficilement des exemplaires bien complets. L'*Index des noms propres* ajouté à la fin est de Barreto.

292. CAMOENS (L. de). Os Lusiadas, poema epico de Luis de Camoẽns. Nova ediçāo correcta, e dada á luz, por Dom Ioze Maria de Souza-Botelho, Morgado de Matteus... *Paris, na officina typographica de Firmin Didot*, 1817. Gr. in-4, avec portrait et fig. sur cuivre; mar. bleu, fil., compart. à froid et dor., tr. dor. (*Thouvenin*).

> Magnifique édition, exécutée aux frais de M. de Souza. Elle est ornée d'un portrait de Camoens d'après Gérard, et de 10 figures sur cuivre gravées d'après les dessins de Fragonard et de Desenne sous la direction de

Gérard. Destinée à des présents, elle n'a jamais été mise dans le commerce.

Exemplaire avec de superbes épreuves et dans une riche reliure.

293. CAMOENS (L. de). Os Lusiadas. *(Paris) Na typogr. de Firmin Didot* (1823). Gr. in-32; mar. rouge, doré en plein, doublé de mar. vert, dent., tr. dor. et cis. (*Lortic*).

Un des deux exemplaires sur VÉLIN de cette jolie édition, sans le titre avec frontisp. gravé et le portrait de l'auteur, qui n'ont été tirés que sur papier. Ravissante reliure à la Du Seuil, au pointillé.

IV. THÉATRE.

1. *Théâtre grec et latin.*

294. AESCHYLI tragœdiæ VII (en grec). *Quæ cùm omnes multo quàm antea castigatiores eduntur, tum verò vna, quæ mutila & decurtata prius erat, integra nunc profertur. Scholia in easdem, plurimis in locis locupletata, & in pene infinitis emendata. Petri Victorii cura et diligentia. Ex officina Henrici Stephani M. D. LVII* (1557). In-4; mar. bleu, riches compart., doublé de tabis, dent., tr. dor. (*Bozérian jeune*).

Édition estimée, avec les observations de H. Estienne. Exemplaire relié sur brochure.

295. (LASCARIS, J.) Commentarii in Septem tragedias Sophoclis : quæ ex aliis eius compluribus iniuria tempoɤ amissis, solæ superfuerunt : Opus exactissimũ : rarissimũqʒ : in Gymnasio Mediceo Caballini mõtis a Leone Decimo Pont. Max. constituto, recognitũ : repurgatumqʒ : atqʒ ad cõmunem studiosoɤ vtilitatem in plurima exemplaria editum... (*Rome*, 1518). Pet. in-4 ; mar. vert, jans., tr. dor. (*Duru*).

Première édition de ces scholies, imprimée à Rome, non pas avec les caractères de Zacharias Caliergi, comme le dit M. Brunet, mais avec d'autres types, à l'imprimerie grecque fondée en 1508, par le pape Léon X, à Monte-Cavallo, avec un gymnase grec, dirigés l'une et l'autre par Jean Lascaris. Fort rare. Magnifique exemplaire, très pur.

296. STEPHANI (Henrici) annotationes in Sophoclem & Euripidem... *Eivsdem Tractatus de orthographia quorundam* vocabulorum Sophocli cum cæteris tragicis communium. Eivsdem Dissertatio de Sophoclea imitatione Homeri. *Anno M. D. LXVIII* (1568). In-8; mar. vert, fil. et tr. dor. (*Derome jeune*).

<small>Bel exemplaire, dans une reliure très fraîche.</small>

297. EURIPIDIS tragœdiæ quæ extant cum latina Gulielmi Canteri interpretatione,... *Excud. Pavlvs Stephanvs, anno M D CII* (1602). 2 vol. in-4; mar. rouge, fil. et tr. dor. (*anc. rel.*).

<small>La plus complète et la meilleure édition qui ait paru jusqu'alors de ce poète. Elle est rare et toujours estimée.
Exemplaire aux armes du prince EUGÈNE DE SAVOIE.</small>

298. EURIPIDES. Hecvba, & Iphigenia in Aulide Euripidis tragœdiæ in latinum tralatæ Erasmo Roterodamo interprete. Eivsdem ode de laudibus Britanniæ, Regisq; Henrici Septimi, ac regiorum liberorum eius. Eivsdem ode de senectutis incommodis. (A la fin :) *Venetiis in ædibvs Aldi mense Decembri M. D. VII* (1507). Pet. in-8, de 79 ff. non ch.; mar. bleu, fil., ancre aldine, tr. dor. (*rel. angl.*).

<small>Petit volume d'une extrême rareté. Exemplaire très pur. L'épître d'Érasme à Guillaume, cardinal de Cantorbéry, y est intacte, tandis qu'elle se trouve mutilée dans la plupart des exemplaires. Voir, sur les particularités curieuses qui se rattachent à ce livre, les pages 293 à 296 de l'*Alde Manuce*, par M. Didot.</small>

299. ARISTOPHANIS Comœdiæ undecim, græce et latine ex codd. mss. emendatæ cum scholiis antiquis, inter quæ scholia in Lysistratam ex cod. Vossiano nunc primum in lucem prodeunt. Accedunt notæ virorum doctorum (Casauboni, Spanhemii, Bentleii), omnia collegit et recensuit, notasque in novem comœdias et quatuor indices adjecit Ludolphus Kusterus. *Amstelodami, sumptibus Th. Fritsch*, 1710. In-fol.; mar. rouge, comp. à fil., orn. sur les pl., doublé de mar. citron, tr. dor. (*anc. rel.*).

<small>Belle et savante édition. Exemplaire provenant de la bibliothèque de M. Joubert, trésorier des États de Languedoc, avec son *ex-libris*.</small>

300. TERENTIVS. (A la fin :) *Venetiis in ædibvs Aldi, et Andreæ Asvlani soceri mense ivnio M. D. XXI.* (1521). In-8.
— IVVENALIS, PERSIVS. (A la fin :) *Venetiis, in ædibvs*

Aldi, et Andreæ soceri mense avgvsto M. D. I. (1501). In-8. En 1 vol.; mar. rouge, fil., ornem. (*anc. rel. ital.*).

Seconde édition aldine de Térence; celle de Juvénal et de Perse est aussi la seconde sous cette date.
Très bel exemplaire, dans sa première reliure aux initiales L. S.

301. TERENTIVS. (A la fin :) *Mogvntiæ, apvd Ioannem Scheffer, mense martio. Anno M. D. XX.* (1520). In-8; mar. rouge du Levant, ornem. sur les pl., tr. dor. (*Lortic*).

Édition rare, non citée au *Manuel*, précédée d'une épître à Grolier, empruntée à l'édition aldine. Le titre est entouré d'un joli cadre, signé du monogramme I. S.
Très bel exemplaire, avec témoins, presque non rogné.

302. TERENTIUS. *Parisiis, ex off. Rob. Stephani. M. D. XL* (1540). (A la fin :) *Excvdebat Rob. Stephanvs Parisiis, ann. M. D. XLI.* (1541) *idib. Ianvarii.* In-24; mar. rouge, fil., orn., tr. dor. (*Le Gascon*).

« C'est, dit M. Brunet, l'édition la plus portative qui eût encore paru à cette époque. »
Joli exemplaire, réglé, revêtu d'une charmante reliure au pointillé, très fraîche. De la bibl. de Renouard.

303. TERENTIVS (P.) Afer a M. Antonio. Mvreto emendatvs. Eivsdem. Mvreti. Argvmenta et Scholia in. Singvlas. comœdias. *Venetiis.* ∞ *D LXXV* (1575) *apud Aldum.* In-8; mar. rouge, fil. et tr. dor. (*anc. rel.*).

Exemplaire aux armes du cardinal Peretti, depuis SIXTE V.

304. SENECA. L. Annei Senecæ... Opus Tragœdiaᵲ aptissimisqᶾ figuris excultum... Cū expositoribus luculētissimis Bernardino Marmita : ᶜ Daniele Caietano... (A la fin :) *Impressum Venetiis per Bernardinum de Vianis de Lexona Vercellensem. Anno Domini, M. D. XXII.* (1522) *die. VI. Nouembris.* In-fol., de 140 ff. ch.; mar. rouge, fil. et tr. dor. (*anc. rel.*).

Édition non citée au *Manuel*. Titre encadré, et curieuses gravures sur bois. Exemplaire aux armes du prince EUGÈNE DE SAVOIE.

305. ARETIN. Comedia Polisce‖ne per Leonardũ ‖ aretinũ congesta. (A la fin :)... *Impressus Liptzk (Lipsiæ) p Melchior Lotter,* 1503. In-4, goth., à longues lignes, de 22 ff.; mar. brun, fil., orn. sur les plats, tr. dor. (*Bedford*).

Édition rare. Bel exemplaire, sauf quelq. race..

306. LOCHER (J.) Historia de Rege Fran‖tie cū noñullis aliis ver‖sibus et elegiis... *S. l. n. d.* (dédicace datée de 1495). In-4, goth., de 27 ff. n. ch.; mar. rouge, compart. à fil., tr. dor. (*Bauzonnet-Trautz*).

> Volume extrêmement rare et peu connu. C'est une tragédie ayant pour sujet l'expédition de Charles VIII en Italie. Les interlocuteurs sont le roi de France, le duc d'Orléans (Louis XII), Ludovic le More, duc de Milan, le roi de Naples, etc. Elle est divisée en cinq actes et accompagnée de chœurs, avec musique. Très bel exemplaire.

307. (NAOGEORGIUS, Th.) Le Marchant converti, tragedie excellente en laquelle la vraye & fausse religion, au parangon l'une de l'autre, sont au vif représentées. — Comedie du pape malade, où ses regrets & complaintes sont au vif exprimees et les entreprises et machinations qu'il fait auec Satan et ses suppostz pour maintenir son siege apostolique, etc., traduite de vulgaire Arabic en bon Roman & intelligible, par Thrasibule Phœnice. (*Genève*) *Par François Forest*, 1591. In-16; mar. citr., jolie dent., tr. dor. (*Bozérian jeune*).

> Édition rare. La seconde de ces pièces est attribuée à Théodore de Bèze.

308. BUCHANAN (G.). Iephté, tragedie tradvicte dv latin de George Buchanan Escossois, par Fl. Ch. (Florent Chrétien). *A Paris, de l'impr. de Rob. Estienne*, 1573. In-8, de 32 ff.; mar. vert, fil., tr. dor. (*Capé*).

> Jolie édition en caractères italiques, inconnue à La Vallière et non citée au *Manuel*, de cette tragédie déjà imprimée en 1566, par R. Estienne, mais sur la traduction de Claude de Vesel. Bel exemplaire, sauf racc. au titre.

2. *Théâtre français.*

A. Mystères, Tragédies et Comédies.

309. (GRESBAN, Arnoul et Simon) Le premier [& le second] volume du trium‖phant Mystere des Actes des Apostres translate fidelement a la ve‖rite Historiale / escripte par sainct Luc a Theophile. Et illustre ‖ des legendes autenticques et vies de sainctz Receues ‖ par leglise / tout ordonne par personnages. (Au v° de l'av.-dern. f. du t. II :) *Cy fine le neufuiesme et ‖ dernier liure des Actes des Apostres*

Nouuellement || *Imprimez a Paris pour Guillaume alabat*||*bourgeoys et marchant de la ville de Bour*||*ges par Nicolas couteau Imprimeur* || *demourant a Paris et furent ache*||*uez le . xv*°*. iour de mars lan* || *de grace Mil cinq cens.* || *xxxvii. auant Pasques* (1537). — *Lapocalypse Sainct* || *Iehan Zebedee/ ou sont comprinses les visions et*||*reuelations que icelluy sainct Jehan eut* || *en lysle de Pathmos...* (A la fin :)... *Et fut acheué ledit liure dimprimer le . xxvii*°*. iour de May Lan Mil cinq cens . xli .* (1541) *pour Arnoul et Charles les angeliers freres*. 3 t. en 1 vol. in-fol., goth., à 2 col., fig. s. bois; mar. rouge, fil., tr. dor. (*Derome*).

Première édition connue de ce Mystère. A la fin de la deuxième partie, est un feuillet contenant un rondeau, qui manque souvent. Les gravures sur bois sont intéressantes. La troisième partie, ajoutée ici, est aussi en édition originale.

Très bel exemplaire, réglé, ayant appartenu à GIRARDOT DE PRÉFOND, à GUYON de SARDIÈRE (dont il porte la signature), au baron D'HEISS et à DE BURE. Excellente reliure, très fraîche.

310. (GRESBAN, A. et S.) Le premier [et le second] volume des||Catholicques œuures et Actes des Apostres redigez en escript || par sainct Luc... Et les demonstrances||des figures de Lapocalipse... Le tout veu et corrige bien || et deuemēt selon la vraye ve||rite. Et ioue par personna||ges a Paris en lhostel || de Flandres Lan || Mil Cinq || cens. xli. || *On les vend en la grand Salle du Palais / par Arnoul et Charles* || *les Angeliers freres...* (A la fin de l'Apocalypse, comme à l'art. préc.) 1541. 3 t. en 1 vol. in-fol., goth., à 2 col., fig. s. bois; mar. vert, fil. à compart. à fr., ornem., tr. dor. (*Capé*).

Édition la plus complète et la plus recherchée. Très bel exemplaire qui offre cette particularité curieuse que le titre qui précède l'Apocalypse porte ici la date : M.D. xli., qui ne figure point sur celui de l'exemplaire décrit au n° précédent.

311. BAIF (J.-A. de). Le Brave, comedie de Ian Antoine de Baïf jouee devant le Roy en l'hostel de Guise a Paris, le xxvIII de janvier M D LXVII. *Paris, par Robert Estienne*, 1567. Pet. in-8; mar. brun, fil., tr. dor. (*Lortic*).

Première et rare édition. En tête, les chants récités dans les entr'actes, par Ronsard, Baïf, Desportes, de Filleul et de Belleau. Bel exemplaire.

312. GARNIER (R.). Porcie, tragedie françoise, representant la cruelle et sanglante saison des guerres civiles de Rome :

propre et convenable pour y voir depeincte la calamité de ce temps, par R. Garnier, Fertenois. *Paris*, *Rob. Estienne*, 1568. In-8; mar. rouge, fil., tr. dor. (*Lortic*).

<blockquote>
Première et rare édition, précédée d'un sonnet de Ronsard. Belle impression en italiques.
</blockquote>

313. GARNIER (R.). Cornelie, tragedie. *Paris, Rob. Estienne*, 1574. In-8; mar. bleu, fil. à fr., tr. dor. (*Capé*).

<blockquote>
Première et rare édition. En tête, plusieurs pièces de vers en latin, en grec et en français, entre autres des sonnets de Ronsard et d'A. Jamyn, et une Ode de Remy Belleau. Bel exemplaire.
</blockquote>

314. LARIVEY (P. de). Les Comedies facecieuses de Pierre de l'Arivey, champenois. A l'imitation des anciens Grecs, Latins et modernes italiens. A sçavoir, le Laquais, la Vefue, les Esprits, le Morfondu, les Ialoux, les Escolliers. *A Rouen, de l'impr. de Raphaël du Petit Val*, 1611. In-12. — Trois Comedies des six dernieres de Pierre de Lariuey... à scavoir : La Constance, le Fidelle, et les Tromperies. *A Troyes, par Pierre Chevillot*, 1611. In-12. En 1 vol.; mar. rouge, fil. à comp., riche dent., tr. dor. (*Kœhler*).

<blockquote>
Il est fort difficile de trouver ainsi ces deux volumes réunis et uniformes ; la seconde partie, n'ayant été imprimée qu'une fois, est extrêmement rare. Chaque pièce est pourvue d'un titre spécial. Vendues 245 fr. chez A. Bertin. Très bel exemplaire, revêtu d'une charmante reliure.
</blockquote>

315. MATTHIEU (Pierre). Vasthi, premiere tragédie (en 5 actes, en vers). *Lyon, Benoist Rigaud*, 1589. Pet. in-12 (dédicace au duc de Nemours). — Aman, seconde tragédie (5 actes, en vers). *Ibid., id.*, 1589. Pet. in-12. — Clytemnestre, tragédie. *Ibid., id.*, 1589. Pet. in-12. En 1 vol.; mar. rouge, riches ornem., tr. dor. (*Niedrée*).

<blockquote>
Réunion peu fréquente de ces trois pièces.
Pierre Matthieu, zélé ligueur, fort attaché au parti des Guise, devint historiographe de France sous Henri IV.
Très bel exemplaire; jolie reliure à la rose.
</blockquote>

316. MARFRIÈRE (J.). La Belle Hester : tragedie françoise tirée de la saincte Bible. De l'inuention du s. Iapien Marfriere. *A Rouen, chez Abraham Cousturier*. S. d. Pet. in-8; mar. bleu, fil., tabis, tr. dor. (*Bradel*).

<blockquote>
Copie figurée sur VÉLIN par Fyot. De la bibl. de M. de Soleinne, qui n'avait pu se procurer la pièce originale, et de la coll. Desq.
</blockquote>

317. Histoire tragedienne tirée de la fureur et tirannie de Nabuchodonosor. *A Rouen, chez Abraham Cousturier.* S. d. In-8; mar. bleu, fil., tabis, tr. dor. (*Bradel*).

Copie figurée sur VÉLIN exécutée par Fyot, d'une pièce rarissime Même provenance.

318. MONTCHRESTIEN (A. de). Les Tragédies de Ant. de Montchrestien, sieur de Vasteuille. Plus une Bergerie et un Poëme de Susane... *Rouen, chez Jean Petit.* S. d. Pet. in-8; mar. rouge, fil., tr. dor. (*Duru*).

Première édition. L'une de ces tragédies, intitulée l'ÉCOSSOISE, OU LE DÉSASTRE, a pour héroïne *Marie Stuart*. Titre gravé avec portrait de l'auteur, et portrait de Henri de Bourbon, prince de Condé. La *Bergerie* est pourvue d'un titre et paginée à part.
Très bel exemplaire, avec témoins.

319. BILLARD (C.). Tragedies de Clavde Billard sievr de Covrgenay, Bourbonnois... *Paris, de l'impr. de Fr. Hvby*, 1612. In-12; mar. bleu, fil. et tr. dor.

Seconde édition, plus complète que la première. Elle contient : *Henry le Grand, Polyxène, Gvaston de Foyx, Merovée, Panthée, Savl, Alboin, Genevre.* Fort rare.
Bel exemplaire, sauf qq. piq. de vers dans la marge du fond.

320. THEOPHILE (Viaud). Les Amovrs tragiqves de Pyrame et Thisbé mis en vers françois par le sieur Theophile. *A Paris, chez Iean Martin... Iouxte la copie imprimée à Roüen par Iacqves Caillové*, 1626. Gr. in-12; mar. rouge, fil., tr. dor. (*Lortic*).

Rare. Très bel exemplaire.

321. (LE METEL D'OUVILLE.) La Coifevse à la mode. Comédie. *Suivant la copie imprimée à Paris*, 1649. In-12; mar. rouge, fil. à fr., tr. dor. (*Belz-Niedrée*).

Édition elzévirienne. Bel exemplaire (H.: 0,126).

322. (DESMARETS de Saint-Sorlin [Jean] et RICHELIEU [le card. de]) Ouuerture du theâtre de la grande salle du Palais Cardinal. Mirame, tragicomedie. *Paris, Henri Legras*, 1642. In-fol., avec 6 grandes pl. à l'eau-forte d'Étienne della Bella; veau rac. (*anc. rel.*).

Édition originale de cette pièce célèbre dont le cardinal de Richelieu fut le promoteur et le co-auteur et pour laquelle il fit construire la salle du Théâtre-Français, au Palais-Royal.

323. (DESMARETS, Jean) Les Visionnaires, comédie. Derniere edition. *Suivant la copie imprimée à Paris*, 1648. Pet. in-12 ; mar. bleu, fil. à fr., tr. dor. (*Capé*).

> Seconde édition et la plus précieuse de toutes ayant été imprimée à Leyde par les Elzevier. Bel exemplaire (H.: 0,123).

324. (BAUDEAU DE SOMAIZE) Les Véritables Pretievses. Comédie. *A Paris, chez Iean Ribou*, 1660. In-12 ; mar. vert, jans., tr. dor. (*Duru*).

> Édition originale, anonyme, de cette pièce médiocre, que l'on recherche à cause d'une virulente préface dirigée contre Molière. Exemplaire avec témoins.

325. BAUDEAU DE SOMAIZE. Le Procez des Pretievses, en vers burlesques, comédie. *A Paris, chez Iean Guignard*, 1660. In-12 ; mar. rouge, fil. à fr., tr. dor. (*Duru*).

> Édition originale. L'épitre dédicatoire à la marquise de Monloy est signée : Somaize. Bel exemplaire.

326. CORNEILLE. Le Théâtre de P. Corneille. Reueu et corrigé par l'Autheur. *Rouen et Paris, Guillaume de Luyne* [t. II et III : *L. Billaine*], 1668, 4 vol. — Poèmes dramatiques de T. Corneille. *Rouen et Paris, Thomas Jolly*, 1669, 3 vol. Ensemble 7 vol. in-12 ; mar. vert, milieu, tr. dor. (*Capé*).

> Édition très rare. La quatrième partie de P. Corneille et la première de Th. Corneille sont de l'édition B sous la même date (E. Picot, *Bibl. corn.*, n° 111). La 1re et la 4e parties du théâtre du grand tragique n'ont pas de privilèges.
> Magnifique exemplaire (H. : 0,148).

327. CORNEILLE. Andromede. Tragedie. Representée avec les Machines sur le Theâtre Royal de Bourbon. *A Rouen, Chez Laurens Maurry, et à Paris, Chez Charles de Sercy*, 1651. In-4, fig. ; demi-rel. dos et coins de mar. rouge (*Galette*).

> Edition originale in-4 (*Bibl. corn.*, n° 50). Exemplaire avec les six gravures dont la 3e manque très souvent.

328. CORNEILLE. Le Cid. Tragi-Comedie. *Paris, Vve Camusat et Pierre Le Petit*, 1644. In-4; mar. rouge, fil., tr. dor. (*Lortic*).

Édition rare (*Bibl. corn.*, n° 13). Bel exemplaire.

329. CORNEILLE. Cinna, ov la Clemence d'Avgvste. Tragedie... *Imprimé à Roüen aux despens de l'Autheur, et se vendent A Paris, Chez Toussainct Quinet*, 1643. In-4, front. gr.; mar. rouge, fil. à comp., tr. dor.

Édition originale (*Bibl. corn.*, n° 20). Rare. Bel exemplaire.

330. CORNEILLE. Cinna ov la Clemence d'Avgvste. Tragedie. *Imprimé à Rouen et se vend à Paris, chez Toussainct Quinet*, 1646. In-4; mar. rouge, fil., tr. dor. (*Lortic*).

Troisième et rare édition, précieuse à cause de la lettre de Balzac à Corneille, morceau des plus intéressants (*Bibl. corn.*, n° 22). Très bel exemplaire.

331. CORNEILLE. La Galerie du Palais, ov l'Amie rivalle. Comedie. *A Paris, chez Augustin Courbé*, 1637. In-4; mar. rouge, fil., tr. dor. (*Lortic*).

Édition originale, rare (*Bibl. corn.*, n° 4). Bel exemplaire.

332. CORNEILLE. Heraclivs, emperevr d'Orient, Tragedie. *Imprimé à Rouen, et se vend A Paris, Chez A. de Sommaville*, 1647. In-4; mar. rouge, fil., tr. dor. (*Lortic*).

Édition originale, fort rare (*Bibl. corn.*, n° 50). Bel exemplaire.

333. CORNEILLE. Horace, Tragedie. *A Paris, Chez A. Courbé*, 1641. In-4, front. gr.; mar. rouge, fil., tr. dor. (*Lortic*).

Édition originale, fort rare (*Bibl. corn.*, n° 15). Bel exemplaire.

334. CORNEILLE. Medee, Tragedie. *A Paris, Chez Fr. Targa*, 1639. In-4; mar. rouge, jans., tr. dor. (*Hardy*).

Édition originale, fort rare (*Bibl. corn.*, n° 7). Bel exemplaire.

335. CORNEILLE. Melite, ov les favsses Lettres. Piece Comique. *A Paris, Chez Fr. Targa*, 1633. In-4; mar. rouge, fil., tr. dor. (*Lortic*).

Édition originale, fort rare (*Bibl. corn.*, n° 1). Bel exemplaire.

BELLES-LETTRES.

336. CORNEILLE. Le Mentevr, Comedie. *Imprimé à Rouen et se vend à Paris, chez Ant. de Sommaville, et Aug. Courbé,* 1644. In-4; mar. rouge, fil., tr. dor. (*Lortic*).

<small>Édition originale, fort rare (*Bibl. corn.*, n° 35). Bel exemplaire.</small>

337. CORNEILLE. La Svite dv Mentevr, Comedie. *Imprimé à Rouen et se vend A Paris, Chez A. Sommaville et A. Courbé,* 1645. In-4; mar. rouge, fil., tr. dor. (*Lortic*).

<small>Édition originale (*Bibl. corn.*, n° 40). Bel exemplaire.</small>

338. CORNEILLE. La Mort de Pompée. Tragedie. *A Paris, Chez Antoine de Sommaville,* 1644. In-4, front. gr.; mar. rouge, fil., tr. dor. (*Lortic*).

<small>Édition originale (*Bibl. corn.*, n° 32). Bel exemplaire.</small>

339. CORNEILLE. Nicomède. Tragedie. *A Rouen, Chez L. Maurry et A Paris, Chez Ch. de Sercy,* 1651. In-4; mar. rouge, fil., tr. dor. (*Lortic*).

<small>Édition originale, fort rare (*Bibl. corn.*, n° 65). Bel exemplaire.</small>

340. CORNEILLE. La Place royalle ou l'Amovrevx extravagant. Comedie. *A Paris, Chez Aug. Courbé,* 1637. In 4; demi-rel. dos et coins de mar. rouge, tr. dor. (*Lortic*).

<small>Édition originale, rare (*Bibl. corn.*, n° 6). Racc. au titre.</small>

341. CORNEILLE. Polyevcte, martyr. Tragedie. *Paris, Antoine de Sommaville,* 1648. In-4, front. gr.; mar. rouge, fil., tr. dor. (*Lortic*).

<small>Troisième édition, fort rare (*Bibl. corn.*, n° 28). Bel exemplaire.</small>

342. CORNEILLE. Rodogune, princesse des Parthes. Tragedie. *Imprimé à Roüen, et se vend A Paris, Chez Ant. de Sommaville,* 1647. In-4; mar. rouge, fil., tr. dor. (*Lortic*).

<small>Édition originale, rare (*Bibl. corn.*, n° 44). Bel exemplaire. Le frontispice gravé qu'on trouve dans certains exemplaires n'est pas dans celui-ci, mais il ne fait évidemment pas partie de l'édition, et a été exécuté après coup, attendu qu'il n'est pas compris dans les signatures des feuillets, contrairement à ce qui a lieu dans d'autres cas semblables.</small>

343. CORNEILLE. Rodogune, princesse des Parthes. Tragédie de Pierre Corneille. *Au Nord*, 1760. In-4; mar. rouge, dent., tr. dor. (*anc. rel.*).

Avec la belle gravure à l'eau-forte exécutée par Mme de Pompadour, d'après le dessin de Boucher. Cette pièce sort de l'imprimerie particulière que Mme de Pompadour avait fait établir dans ses appartements à Versailles, *au Nord*. On prétend qu'il n'en a été tiré que vingt exemplaires.

344. CORNEILLE. D. Sanche d'Arragon. Comedie heroïque. *Imprimé à Rouen et se vend A Paris, Chez A. Courbé*, 1650. In-4; mar. rouge, fil., tr. dor. (*Lortic*).

Édition originale, fort rare (*Bibl. corn.*, n° 60). Bel exemplaire.

345. CORNEILLE. Theodore, vierge et martyre. Tragedie chrestienne. *Imprimé à Rouen et se vend A Paris, Chez Ant. de Sommaville*, 1646. In-4; mar. rouge, fil., tr. dor. (*Lortic*).

Édition originale, fort rare (*Bibl. corn.*, n° 47). Bel exemplaire, sans front. gravé, fait après coup.

346. CORNEILLE. La‖Toison d'or‖Tragedie en Machines,‖de Monsieur‖de Corneille l'Aisné‖Representée sur le Theâtre Royal des seuls‖Comediens du Roy, entretenus par Sa Majesté.‖en leur Hostel, ruë de Guenegaud‖Avec un Prologue nouveau.‖Entreprise sous la conduite du Sieur Du Fort,‖Ingenieur et Machiniste... *A Paris, de l'impr. de la Vve G. Adam*, 1683. (A la fin:) *Permis d'imprimer. Fait ce neuviesme Iuin*, 1783 (sic). DE LA REYNIE. In-4, de 37 (et non 35) pp.; mar. rouge, fil., tr. dor. (*Lortic*).

Programme de la pièce portant ce titre, avec un Prologue en vers par le sieur de la Chapelle.

Exemplaire peut-être unique, M. Picot ne l'ayant rencontré nulle part ailleurs (*Bibl. corn.*, additions, n° 79).

347. MOLIÈRE. Les OEuvres de M. Moliere. *Amsterdam, chez Jaques le Jeune* (*Dan. Elzevier*), 1675. 6 vol. pet. in-12; demi-rel. v. fauve (*Thouvenin*).

Précieux recueil, formé de la réunion de pièces imprimées séparément, avec des titres particuliers. Toutes les pièces de cet exemplaire, au nombre de 29, sont des premières ou des secondes éditions elzéviriennes. Voici le contenu : Tome Ier : l'*Estourdy*, 1674; le *Dépit amoureux*, 1674; les *Précieuses ridicules*, 1674; *Sganarelle*, 1662; le *Fascheux*, 1674; — Tome II : le *Festin de Pierre* (par Dorimond), 1674; l'*Ecole des maris*, 1674; l'*Ecole des femmes*, 1674; la *Critique de l'Ecole des femmes*, 1674; la *Princesse d'Elide*, 1674; — Tome III : l'*Amour médecin*, 1675; le *Misantrope*, 1674; le *Médecin malgré lui*, 1674; le *Sicilien*, 1674; *Amphitryon*, 1675; le *Mariage forcé*, 1674; *George Dandin*, 1669; — Tome IV : l'*Avare*, 1674; l'*Imposteur*, 1674; *M. de Pourceaugnac*, 1674; le *Bourgeois gentilhomme*, 1674; — Tome V : les *Fourberies de Scapin*, 1671; *Psiché*, 1674; les *Femmes sçavantes*, 1674; les *Intermèdes du Malade imaginaire*, 1673; le *Malade imaginaire*, 1674; l'*Ombre de Molière* (par Brécourt), 1674.

On a ajouté un tome VI qui contient la *Cocuë imaginaire*, comédie par Fr. Donneau, (*Elzevier*) 1662, et *Elomire*, ou *Molière hypocondre*, par le Boulanger de Chalussay, (*Elzevier*) 1671. (P. Lacroix, *Bibliogr. moliéresque*, n° 271.)

Exemplaire de J.-J. De Bure, plié régulièrement et en parfait état (H. : 0ᵐ,133).

348. MOLIÈRE. Les OEuvres de monsieur de Molière. Reveuës, corrigées et augmentées, enrichies de figures en taille-douce. *Paris, Denys Thierry, Claude Barbin et Pierre Trabouillet*, 1682. 8 vol. in-12; demi-rel. dos et coins de mar. bleu.

Édition donnée par Vinot et La Grange. Elle contient six nouvelles comédies (*Bibl. moliér.*, n° 277). Très bel exemplaire (H. : 0,154).

349. MOLIÈRE. Le Médecin malgré luy. Comedie par I. B. P. Moliere. *Et se vend pour la Veuve de l'Autheur, A Paris, Chez Henry Loyson*, 1673. Pet. in-12; mar. rouge, fil. à fr., tr. dor. (*Lortic*).

Édition publiée un mois après la mort de Molière (*Bibl. moliér.*, n° 128). Fort rare (H. : 0,129).

350. MOLIÈRE. Le Misantrope, comedie. Par I. B. P. de Moliere. *A Paris, Chez Iean Ribov*, 1667. In-12, front. gravé; mar. vert, compart. à fil., tr. dor. (*Lortic*).

Édition originale (*Bibl. moliér.*, n° 12). Bel exemplaire, sauf qq. racc. (H. : 0,142).

351. LA FONTAINE. L'Eunuque, comédie (imitée de Térence). *Paris, Chez Augustin Courbé*, 1654. In-4; mar. rouge, fil., tr. dor. (*Hardy*).

Édition originale du premier ouvrage de La Fontaine. Rare. Très bel exemplaire, de la bibl. Solar.

352. PRADON. Phèdre et Hippolyte, tragédie, par M. Pradon.

A Paris, Chez Iean Ribou, 1677. In-12; mar. rouge, fil. à fr., tr. dor. (*Galette*).

Édition originale, rare. Très bel exemplaire.

353. PRADON. Regulus, tragédie. Par M. Pradon. *A Paris, chez Thomas Guillain*, 1688. In-12; mar. rouge, fil., doublé de mar. bleu, large dent., tr. dor.

Édition originale. Très bel exemplaire.

354. RACINE (J.). OEuvres || de || Racine. || Tome Premier. || *A Paris,* || *Chez Jean Ribou, au Palais, dans* || *la Salle Royalle, à l'Image S.* || *Louis. M.DC.LXXV.* (1675) || *Avec Privilege du Roy*. In-12, front. gr. par S. Le Clerc, d'après Ch. Le Brun, 4 ff. n. ch., 364 pp. et 5 grav. de F. Chauveau. — OEuvres || de || Racine. || Tome second. || *A Paris,* || *Chez Claude Barbin, au Palais,* || *sur le Perron de la Sainte* || *Chappelle. M.DC.LXXVI.* (1676). *Avec Privilege du Roy*. In-12, front. gr., 6 ff. n. ch., 324 pp., 2 ff. n. ch., et 3 grav. de F. Chauveau. 2 vol.; mar. rouge, fil., tr. dor. (*Trautz-Bauzonnet*).

Première et précieuse édition collective de neuf pièces publiées jusqu'à cette date.

On n'a encore retrouvé que le tome Ier avec la date de 1675, mais le tome II a évidemment existé avec la même date, puisqu'on en a recueilli le titre. L'éminent auteur du *Manuel* n'établissait aucune différence entre l'édition de 1675 et celle de 1676 du premier volume, n'ayant sans doute pas eu l'occasion de les comparer. Cette distinction a été faite avec précision dans le *Bulletin* de la librairie Morgand et Fatout (avril 1877, n° 3399).

L'édition de 1675 n'a pas d'*Extrait du privilège* au v° du titre de la *Thébaïde* (qui doit suivre le titre imprimé, et non pas la préface, pour être d'accord avec l'ordre des signatures). La préface d'*Alexandre le Grand* y est imprimée en caractères italiques et occupe trois pages pleines, tandis que plus tard elle a été recomposée en caractères romains, et s'arrête avec la citation latine de Justin, par suite de la suppression des dix-neuf lignes de la fin. Ce dernier passage contient le rapprochement entre Cléophile et Cléopâtre, Alexandre et César « qui se ressemblent beaucoup dans la manière dont ils ont été amoureux », mais peut-être Racine a-t-il jugé bientôt que ce rapprochement ingénieux pouvait donner matière à de malicieuses réflexions, ce qui l'aurait engagé à le faire disparaître.

Toutefois nous ferons remarquer, ce qui n'a pas encore été signalé, que les distinctions précitées ne s'appliquent pas à tous les exemplaires du t. Ier avec la date de 1676, attendu que nous en avons un sous les yeux où, au revers du titre de la *Thébaïde*, se trouve le privilège, tandis que la préface d'*Alexandre le Grand* est identique avec celle de l'édition de 1675.

Le titre du t. II porte au verso la mention de *Phèdre et Hippolyte*, qui ne fait pas partie du volume, n'ayant été publiée qu'en 1677 ; elle se trouve jointe quelquefois en édition originale, tantôt avec son titre complet, tantôt précédée seulement d'un faux titre. Ce second volume est terminé par deux ff. n. ch. pour le privilège (ils manquent souvent). La souscription finale porte : *Achevé d'imprimer pour la première fois, en vertu des présentes, le   Decembre 1675*. Par une raison difficile à expliquer, la date du jour est restée en blanc. Le volume porte à la signature : T. II.

Très bel exemplaire (H.: 0,150). Les gravures sont en épreuves très brillantes. Celle de *Bérénice* n'y est pas. Deux marges rapportées au frontispice du t. II.

355. RACINE (J.). Phèdre et Hippolyte. Tragedie. Par M. Racine. *A Paris, Chez Jean Ribou*, 1677. In-12, de 6 ff. n. ch., y compris la grav. de Le Clerc, d'après Ch. Le Brun, et 74 pp. ; mar. bleu, compart. à fil., tr. dor. (*Lortic*).

Édition originale, antérieure à celle de 78 pp., sous la même date. L'*Achevé d'imprimer* est du 15 mars et non du 15 mai comme le dit par erreur M. Brunet. Très bel exemplaire (H. : 0,160).

356. RACINE (J.). La || Thebayde, || ov || les Freres || ennemis. Tragedie. || *A Paris* || *Chez Claude Barbin, au Palais*, || *vis à vis le grand Portail de la Sainte* || *Chapelle, au Signe de la Croix*. || *M.DC.LXIV* (1664). In-12, de 4 ff. n. ch. et 71 pp. ; mar. bleu, compart. à fil., tr. dor. (*Lortic*).

Précieuse édition, non décrite, publiée sous la même date que l'édition originale. Le privilège est ici placé au recto du 4e f. prél., à la suite de l'épître dédicatoire au duc de Saint-Aignan ; au verso du même f. sont les noms des acteurs. Le fleuron du titre porte au centre un petit écusson avec la lettre P.

Bel exemplaire (H. : 0,147).

357. RACINE (J.). OEuvres de J. Racine. Imprimé par ordre du roi pour l'éducation de Monseigneur le Dauphin. *Paris, de l'impr. de Didot l'aîné*, 1784. 4 vol. in-8 ; mar. rouge, compart. à fil., large dent., doublé de tabis, tr. dor., dans un étui de mar. rouge (*Derome jeune*).

Exemplaire sur VÉLIN, aux armes d'ESPAGNE sur les plats de la reliure et sur les étuis ; ces armes, à l'époque révolutionnaire, ont été recouvertes d'un morceau de maroquin avec ornements, qui subsiste encore à quelques volumes.

Exemplaire de RENOUARD, qui y a ajouté les gravures de MOREAU, *avant la lettre, sur papier de Chine*.

THÉATRE. 177

B. Ballets.

358. BEAUJOYEULX (B. de). Balet comiqve || de la Royne, faict || avx nopces de Mon||sieur le Duc de Ioyeuse et || madamoyselle de Vau||demont sa sœur. || Par || Baltasar de Beavioyevlx, || valet de chambre dv || Roy, et de la Royne sa mere. || *A Paris,* || *Par Adrian le Roy, Robert Ballard et Mamert* || *Patisson, imprimeurs du Roy.* || *M.D.LXXXII* (1582). In-4, fig. et mus.; mar. bleu, compart. à fil., doublé de mar. rouge, tr. dor. (*Lortic*).

C'est le premier ballet qui ait été imprimé séparément sous le titre de ballet. L'invention est de Baltasarini dit Beaujoyeulx ; les vers sont de la Chesnaye, aumônier du Roi ; la musique a été composée par de Beaulieu, assisté des musiciens de la chambre du roi, et notamment de maistre Salomon. La « peinture du ballet », ainsi que les 27 gravures qui décorent ce volume, sont de Jacques Patin, peintre du Roi. C'est un des plus curieux ouvrages pour l'histoire de la cour de Henri III.

Exemplaire de toute beauté, sur papier fort, avec témoins.

359. (FASSARDI, F.) Le || Grand Bal || de la reine || Margverite, || faict devant le Roy, || la Reine et Madame, le || Dimanche 26. Aoust. || En faueur de M. le Duc de Pastrana || Ambassadeur Extraordinaire, pour les || Alliances de France et || d'Espagne. *Paris, Jean Nigaut*, 1612. In-8, de 8 ff.; mar. bleu, jans., tr. dor. (*Duru et Chambolle*).

Cette petite plaquette, citée par La Vallière, est, après le *Balet comique de la Royne*, de Beaujoyeulx, le plus ancien ballet imprimé à part.

360. MOLIÈRE. Le Mariage || forcé || Ballet || dv Roy. || Dansé par Sa Majesté le 29 jour || de Ianuier 1664. || *A Paris,* || *Par Robert Ballard....* 1664. In-4, de 12 pp.; mar. bleu, fil. à fr., tr. dor. (*Galette*).

« On ne trouve ici que les vers du divertissement composé par Molière, sur la musique de Lully » (P. Lacroix, *Bibliogr. moliéresque*, n° 190).
La pièce fut jouée sur le théâtre du Palais-Royal, le 15 février. L'édition originale ne parut qu'en 1668.
Fort rare. Très bel exemplaire.

361. MOLIÈRE. Les || Plaisirs || de l'Isle || enchantée. || Course de Bagues faite par le Roy || à Versailles, le 6. may. 1664. || Première journée, 24 pp. — Seconde journée des plaisirs de l'isle enchantée (Les divertissements de la *Princesse d'Élide* de Molière), 4 pp. — Troisième journée. Ballet du

12

178 BELLES-LETTRES.

Palais d'Alcine (de Benserade), 19 pp. — Liste du divertissement de Versailles et les noms de ceux qui y sont employez, 10 pp. et 1 f. blanc.) *A Paris, Par Rob. Ballard....* 1664. 4 part. in-4 ; mar. bleu, fil. à fr., tr. dor. (*Galette*).

Un des ballets les plus rares de la collection. La *Princesse d'Élide* ne parut que dans la seconde édition, in-fol. (*Bibl. moliér.*, n° 192). Bel exemplaire.

362. MOLIÈRE. La Princesse || d'Elide, || Comedie heroïque meslée de || Musique, & d'Entrée || de Ballet. || *A Paris, Par Rob. Ballard....* 1669. In-4, de 17 pp; mar. bleu, fil. à fr., tr. dor. (*Galette*).

Ce ne sont que les intermèdes de la Comédie, où il y aurait cependant, dit M. P. Lacroix, quelques variantes à recueillir (*Bibl. moliér.*, n° 196). Extrêmement rare. Très bel exemplaire.

363. MOLIÈRE. Ballet || des mvses. || Dansé par sa Majesté à son Cha||steau de S. Germain en Laye || le 2. Decembre 1666. || *A Paris, Par Robert Ballard....* 1666. In-4, de 40 pp.; mar. bleu, fil. à fr., tr. dor. (*Galette*).

Précieux ballet, où se trouvent quelques fragments d'une pièce perdue de Molière : *Pastorale comique*, en quinze scènes (*Bibl. moliér.*, n° 197). Il paraît qu'il y a eu trois éditions sous cette date ; celle-ci serait la seconde et elle est extrêmement rare. Très bel exemplaire.

364. MOLIÈRE. Le Grand || Divertissement || royal || de || Versailles. *A Paris, Par Robert Ballard....* 1668. In-4, de 20 pp. ; mar. bleu, fil. à fr., tr. dor. (*Galette*).

Programme, avec intermèdes, de la comédie de *Georges Dandin*, jouée cette année, pour la première fois, dans les fêtes de Versailles (*Bibl. moliér.*, n° 198). Fort rare. Très bel exemplaire.

365. MOLIÈRE. Relation || de la feste || de Versailles. || Du dix-huitiéme Iuillet mil six cens soixante-huit. || *A Paris, Chez Pierre le Petit, Imprimeur et Libraire ordinaire du Roy....* 1668. In-4, de 60 pp.; mar. bleu, fil. à fr., tr. dor. (*Galette*).

Pièce rarissime, qui a échappé aux recherches persévérantes de l'éminent auteur de la *Bibliographie moliéresque*.
Dans le *Grand Divertissement* décrit à l'art. précédent, on lit ce qui suit (p. 5) : « Je n'entreprens point de vous écrire le détail de toutes ces merveilles : UN DE NOS BEAUX ESPRITS *est chargé d'en faire le récit*, et je

m'arreste à la Comédie, dont par avance vous me demandez des nouvelles. C'est Molière qui l'a faite ; comme je suis fort de ses amis, je trouve à propos de ne vous en dire ny bien ny mal, et vous en jugerez quand vous l'aurez veuë. »

C'est ce *bel esprit*, dont nous ignorons le nom, qui est l'auteur de la présente relation, où se trouvent également les intermèdes de *Georges Dandin*. On y lit (p. 24) un éloge chaleureux du génie de notre grand comique.

366. MOLIÈRE. Le ǁ Divertissement ǁ royal, ǁ Meslé de Comedie, de ǁ Musique, et d'Entrée ǁ de Ballet. *A Paris, Par Robert Ballard...*, 1670. In-4, de 30 pp. ; mar. bleu, fil. à fr., tr. dor. (*Galette*).

Ce ballet contient les intermèdes des *Amants magnifiques*, par Molière, mis en musique par Lully. Seconde édition sous cette date, différente de la première (*Bibl. moliér.*, n° 199). Fort rare. Très bel exemplaire.

367. MOLIÈRE. Le ǁ Divertissement ǁ de ǁ Chambord. ǁ Meslé de Comedie, de ǁ Musique et d'Entrées ǁ de Balet. *A Blois, ǁ Par Ivles Hotot, Imprimeur & Libraire ǁ du Roy, devant la grande Fontaine*, 1669. In-4, de 13 pp. ; mar. bleu, fil. à fr., tr. dor. (*Galette*).

Première édition de ce programme, composé des intermèdes de la comédie de *Monsieur de Pourceaugnac*, mis en musique par Lully (*Bibl. moliér.*, n° 200). Fort rare. Bel exemplaire, mais avec une tache.

368. MOLIÈRE. Le ǁ Divertissement ǁ de ǁ Chambord ǁ Meslé de Comedie, de ǁ Musique, et d'Entrée ǁ de Ballet. ǁ *A Paris, ǁ Par Robert Ballard...*, 1670. In-4, de 13 pp. ; mar. bleu, fil. à fr., tr. dor. (*Duru*).

Seconde édition du même programme, mais avec quelques différences surtout dans les noms des exécutants.
Extrêmement rare. Très bel exemplaire.

369. MOLIÈRE. Le ǁ Bovrgeois ǁ Gentilhomme, Comedie-Ballet, ǁ Donné par le Roy ǁ à toute sa Cour dans le Chasteau ǁ de Chambort ; au mois ǁ d'octobre 1670. ǁ *A Blois, ǁ Chez Ivles Hotot*, 1670. In-4, de 24 pp. ; mar. bleu, fil. à fr., tr. dor. (*Galette*).

Programme des intermèdes de la comédie. Première édition, non citée par M. P. Lacroix (*Bibl. moliér.*, n° 201).
Extrêmement rare. Très bel exemplaire.

370. MOLIÈRE. Le ǁ Bourgeois ǁ Gentil-homme, ǁ Comedie-

Ballet. || Dansé devant le Roy par l'Académie || Royalle de Musique. || Le 21 Fevrier 1691. || *A Paris,* || *Par Christophe Ballard...,* 1691. In-4, de 28 pp.; mar. bleu, fil. à fr., tr. dor. (*Galette*).

<blockquote>Troisième édition du même programme pour une troisième reprise de cette comédie-ballet. Elle est extrêmement rare, et n'a pas été signalée par M. P. Lacroix (*Bibl. moliér.,* n° 201). Magnifique exemplaire.</blockquote>

371. MOLIERE. Psiché, || tragi-comedie, || et Ballet. || Dansé devant Sa Majesté au mois || de Ianvier 1671. || *A Paris,* || *Par Rob. Ballard,* 1671. In-4, de 43 pp.; mar. bleu, fil., tr. dor. (*Galette*).

<blockquote>« On ne trouve, dans ce programme, que les paroles du ballet, qui sont de Quinault, à l'exception de celles du premier intermède, attribuées à Lully, et dues probablement à la collaboration de Molière » (*Bibl. moliér.,* n° 202). Fort rare. Magnifique exemplaire.</blockquote>

372. MOLIÈRE. Psiché, || tragi-comedie, || et ballet. || Dansé devant sa Majesté au mois || de Ianvier 1671. || *A Paris,* Par Rob. Ballard, 1671. In-4, de 48 pp.; mar. bleu, fil. à fr., tr. dor. (*Galette*).

<blockquote>Cette édition est plus complète que celle donnée sous la même date, de 5 pp. à la fin du premier acte. Elle n'est pas citée par M. P. Lacroix Extrêmement rare.</blockquote>

373. MOLIÈRE. Le Grand Ballet || de Psiché Dansé || devant sa Maiesté || au mois de Ianvier 1671. || Et dansé || sur le Theatre dv Palais Royal, || avec la tragi-comedie || représentée par la Trouppe du Roy, || au mois de Iuillet 1671. || *A Paris,* || *Par Rob. Ballard,* 1671. In-4, de 40 pp. — Airs || dv ballet royal || de Psiché. || Avec la basse-continve. || *A Paris* || *Par Rob. Ballard...,* 1672. In-4, de 44 pp. En 1 vol.; mar. bleu, fil. à fr., tr. dor. (*Galette*).

<blockquote>C'est le même programme, mais avec des différences notables (*Bibl. moliér.,* n° 203).

Quant à la musique des Airs, très bien imprimée typographiquement, elle est d'une rareté extrême et n'a pas été mentionnée par M. P. Lacroix.

Très bel exemplaire.</blockquote>

374. MOLIÈRE. Ballet || des Ballets, || Dansé devant Sa Majesté en son || Chasteau de S. Germain en Laye || au mois de Decembre 1671. || *A Paris,* || *Par Rob. Ballard..,* 1671. In-4, de 64 pp.; mar. bleu, fil. à fr., tr. dor. (*Galette*).

<blockquote>Dans la fête de Saint-Germain du 12 décembre fut jouée pour la pre-</blockquote>

mière fois la *Comtesse d'Escarbagnas*. Les intermèdes de cette pièce, qui se trouvent ici, étaient composés des plus beaux endroits des Intermèdes de *Georges Dandin*, du *Bourgeois Gentilhomme* et du *Ballet des Muses*. (*Bibl. moliér.*, n° 204.) Fort rare. Très bel exemplaire.

375. MOLIÈRE. Les Festes || de l'Amour || et || de Bacchus. || Pastorale. || Représentée || par l'Académie royale || de Musique. || (*Impr. de François Muguet, Impr. du Roy.*) On la vend || *à Paris*, || *A l'entrée de la Porte de l'Académie Royale de Musique*, || *près Luxembourg, vis à vis Bel-air*. 1672. In-4, de 4 ff. prél., 48 pp. et 4 gr. pl. en taille-douce; cart.

« Quoique Quinault passe pour être l'arrangeur de cette pastorale, dit M. P. Lacroix, composée de scènes d'intermèdes choisis dans les comédies de Molière, et mis en musique par Lully, on peut affirmer que Molière a eu la plus grande part à cet arrangement et y a même ajouté quelques vers nouveaux » (*Bibl. moliér.*, n° 206).

Les gravures qui accompagnent cette pièce rarissime sont fort jolies. Très bel exemplaire.

376. MOLIÈRE. Le Malade || Imaginaire || Comedie, || Meslée de Musique, et || de Dançe. || Representee sur le Theatre || du Palais Royal. || *A Paris*, || *Chez Christophe Ballard....* 1673. In-4, de 36 pp. ; mar. bleu, fil. à fr., tr. dor. (*Galette*).

« On ne trouve ici que les intermèdes de la comédie de Molière, mis en musique par Charpentier » (*Bibl. moliér.*, n° 208).

Pièce extrêmement rare. Très bel exemplaire.

377. Prologue || et || Intermedes || en musique || ornez d'entrées de balet, || pour la representation || de l'Amphitryon. || *A Paris*. || *M.DC.LXXXI*. (1681). In-4, de 26 pp. ; mar. bleu, fil. à fr., tr. dor. (*Galette*).

Pièce fort rare et non décrite. Quel rapport y a-t-il entre ces intermèdes et l'*Amphitryon* de Molière? C'est ce qui reste à établir.

Bel exemplaire, sauf un racc. au dern. f.

3. *Théâtre italien, espagnol et anglais.*

378. BUONAPARTE (N.). La Vedova, comedia facetissima, di M. Nicolò Buonaparte, Cittadino fiorentino. *In Fiorenza, appresso i Giunti, M.DLXVIII* (1568). Pet. in-8; mar. rouge, fil. à fr., milieu, tr. dor. (*Lortic*).

Première édition, rare.

379. **VARANO DI CAMERINO** (Alfonso). Giovanni di Giscala, tiranno del tempio di Gerusalemme, tragedia. *In Venezia, appresso Pietro Valvasense*, 1754. In-4, fig. ; mar. rouge, riches comp., doublé de tabis, tr. dor. (*anc. rel.*).

> Livre de luxe, orné d'une grande gravure, d'après Ghedini, et de plusieurs jolies vignettes, culs-de-lampe et initiales.
> Exemplaire de présentation au pape BENOIT XIV, à qui l'ouvrage est dédié, avec ses armes (*d'or à trois pals de gueules*) sur les plats de la reliure.

380. (Celestina.) Tragicomedia de Calisto y Me-‖libea : enla qual se cõtiene de mas de sù agrada-‖ble ⁊ dulce estilo : muchas sentẽcias filosofales : ‖ ⁊ auisos muy necessarios para màcebos : mo-‖strandoles los engaños que estan encerrados‖ en seruientes ⁊ alcahuetas. ⁊ nueuamente añadido el tractado de Centurio. (A la fin :) ... *mill ⁊ quingentas veynte y tres* (1523) ... *fue in Sevilla impresso* ... Pet. in-8, goth., titre imprimé en rouge et noir, fig. s. bois ; vélin.

> Édition fort rare, ornée de charmantes gravures sur bois. Très bel exemplaire.

381. (Celestina.) Ainn recht Liepliches ‖ büchlin vnud gleich ain traurige ‖ Comẹdi (so von den Latinischen Tragicocomœdia ge‖nant wirt) ... M.D.XXXIIII (1534). (A la fin :) *Getruckt zu Augspurg, durch Haynrich Stayner* ... 1534. In-4, goth., à long. lign., fig. s. bois ; vélin.

> Édition extrêmement rare de cette version allemande.
> Les gravures sur bois, au nombre de 27, sont tout à fait dans la manière de Schäufelein, et bien exécutées. Quelques-unes sont assez libres.

382. **SHAKESPEARE**. M. William Shakespear's Comedies, Histories, and Tragedies. Published according to the true Original Copies. Unto which is added, Seven Plays, Never before Printed in Folio : Viz. Pericles Prince of Tyre. The London Prodigal. The history of Thomas Lord Cromwel. Sir John Oldcastle Lord Cobham. The Puritan Widow. A Yorkshire Tragedy. The Tragedy of Locrine. The fourth Edition. *London, H. Herringman, E. Brewster, and R. Bentley*, 1685. In-fol.; veau brun antiqué, compart. à fr. et ornem. dorés.

> Quatrième édition collective. En regard du titre, le portrait de Shakespeare gravé par Martin Droeshout (il est restauré).

V. ROMANS.

1. *Apologues et romans grecs et latins.*

383. ÆSOPUS. Vita & Fabellæ Æsopi cum interpretatione latina ... Gabriæ Fabellæ tres ..... (A la fin :) *Venetiis, apud Aldum mêse octobri M.D.V* (1505). Pet. in-fol.; mar. vert, fil., tr. dor. (*anc. rel.*).

<small>Édition très recherchée, dont les exemplaires complets, avec la traduction latine, sont fort rares.

Magnifique exemplaire de Brancas de Lauragais, plus tard de La Vallière, enfin du prince Radziwill.</small>

384. Dyalogue des creatures moraligie (trad. de latin en français par Colard Mansion). (A la fin :) *Chy fine ce present liure appelle Dyalogue des* || *creatures plain ioyeuses fables et pourfitables* || *pour la doctrine del home. Commencie et finy* || *par la grace de dieu par gerart lyon [Leeu] demourant* || *en la vile de gouwe [Gouda] en hollande le x.e iour da*||*uril lan mil CCCC lxxxii* (1482). In-fol., fig. sur bois; mar. bleu, doublé de mar. rouge à riches et fins compart. à l'Y, tr. dor. (*Trautz-Bauzonnet*).

<small>« Ces dialogues, dit M. Brunet, fort goûtés au moyen âge, sont des espèces d'apologues en prose offrant chacun un sens moral. Les fabulistes modernes en ont imité plusieurs. Dans un manuscrit du xive siècle, l'auteur de l'original latin est nommé Nicole *cognomento Pergaminus.* » Le caractère d'impression et les figures sur bois au trait, naïves, sont les mêmes que dans l'original latin sorti des presses du même imprimeur en 1480. La beauté de l'impression, aussi fraîche aujourd'hui que si elle sortait de la presse, justifie la réputation du célèbre imprimeur de Gouda.

M. Yemeniz ajoute de son côté : « Le seul exemplaire connu, jusqu'à celui-ci, de ce précieux livre, était celui de la Bibliothèque du Roi. J'ai eu le bonheur de me procurer à Gand, en 1849, le présent exemplaire, à un prix fabuleux et non regrettable pour un livre de cette importance. Il était broché, dans toutes ses marges. Je l'ai confié au plus habile et au plus intelligent de nos relieurs à qui j'ai payé 1000 fr. cette riche reliure. »</small>

385. LONGI. Pastoralium de Daphnide et Chloe, libri quatuor. Ex recensione & cum animadversionibus Johan.-Baptistæ Casparis d'Ansse de Villoison. *Excudeb. Franc.-Ambr. Didot, Parisiis, Sumptib. Guill. De Bure natu*

majoris, 1778. 2 vol. in-4; mar. brun, fil. et tr. dor. (*Derome jeune*).

Magnifique exemplaire sur *papier de Hollande*.

386. LONGUS. Les Amours Pastorales de Daphnis et Chloé (trad. par Amyot). *S. l. (Paris)*, 1718. Pet. in-8, fig.; mar. rouge, fil. et tr. dor. (*anc. rel.*).

Édition originale, dite du Régent, avec les figures gravées par B. Audran d'après les dessins de Philippe duc d'Orléans. La figure des *Petits Pieds*, qui ne fait pas partie de l'édition, a été ajoutée.

Magnifique exemplaire, avec les gravures du premier tirage, en brillantes épreuves.

387. ACHILLIS TATII de Clitophontis & Leucippes amoribus Lib. VIII. Longi Sophistæ de Daphnidis & Chloes amoribus Lib. IV. Parthenii Nicæensis de amatoriis affectibus Lib. I. Omnia nunc primum simul edita Græce ac Latine. *Ex Officina Commeliniana MDCI.* (1601.). In-8, front. s. bois; mar. rouge, fil. et tr. dor. (*anc. rel.*).

Première édition du texte grec de ce roman. Exemplaire aux deuxièmes armes de J.-A. de Thou.

388. ACHILLES TATIUS. Les Amours de Clytophon et de Leucippe, trad. du grec d'Achilles Tatius (par Jean Baudouin). *Paris, Toussainct Quinet*, 1635. In-8; mar. bleu, fil., tr. dor. (*anc. rel.*).

Frontispice gravé par Abr. Bosse, figures par Rabel.
Exemplaire aux armes de la comtesse de Verrue.

389. APULEJUS (L.). Qvæ præsenti enchiridio contineantvr L. Apuleii de asino aureo libelli XI... (A la fin :) *Impressum Florentiæ opera et impensa Philippi de Giunta, ciuis florentini, anno à uirginis nuntio quingentesimo duodecimo supra Mille, mense Februario* (1512). In-8; mar. brun, ornem. à froid, tr. dor. et cis. (*rel. du* xvi° *s.*).

Bel exemplaire. Curieuse reliure à estampages.

390. APULÉE. Lucius Apulei' || de Lasne doré au||trement dit de la || Couröne Ceres / cötenāt maintes belles histoires / delectantes fa||bles / et subtilles inuēcions de diuers propos speciallemēt de phi||losophie Träslate de Latin en langaige Francoys... (A la fin :) *Cy finist lexposition spirituelle de*

Lucius Apuleius || *De Lasne dore Translate de Latin en Francoys* || *par Guillaume Michel: dict de Tours. Lan* || *mil cinq cens et dixsept. Et fut acheve* || *D'imprimer en ceste ville de Paris : Le* || *dixseptieme iour de Iuing. Mil cinq* || *cens et vingt deux* (1522). *Pour la veufue* || *feu Iehan Ianot. Demourant* || *en la rue neufue Nostre dame.* || *A lenseigne de sainct Iehan* || *baptiste, pres saincte ge* || *neuiefue des Ardans.* In-4, goth., fig. s. bois; mar. rouge, comp., tr. dor. (*Lortic*).

Édition extrêmement rare. Très bel exemplaire.

391. PETRARCA. Epistola dñi. Francisci Petrarche. Laureate (*sic*) || poete ad dñm Iohēm. Florentinū poetam || de Historia Griseldis mulieris maxime cō || stantie et patiētie.... *S. l. n. d.* Gr. in-8, semi-goth., de 12 ff. dont 1 bl.; mar. citron, orn. à fr., tr. dor. (*Hardy*).

L'impression de cette édition, considérée par Panzer comme première de l'*Histoire de Griselidis*, est attribuée tantôt à Ulrich Zell de Cologne, vers 1468 ou 1470, tantôt à Miscomini de Florence, entre 1490 et 1495.
Fort rare. Magnifique exemplaire.

2. Romans français.

A. Romans de chevalerie.

392. FIERABRAS. La Conqueste du grand roy Charlemaigne des Espaignes, avec les faicts gestes des douze Pers de France & du grand Fierabras & le combat faict par luy contre le petit Oliuier, lequel le vainquist... Les douze Pers de France. *A Rouen, chez Loys Costé, libraire demeurant à la ruë Escuyere aux trois Croix couronnez.* S. d. (vers 1600). In-4, à 2 col., fig. s. bois; mar. brun, comp. à fil., tr. dor.

Version en prose, par Jehan Bagnyon, de Lausanne, de la chanson de Fierabras. Les gravures sur bois, de style imagerie, sont signées des initiales R. L. P.
Bel exemplaire, avec l'*ex-libris* d'Edward Vernon Utterson.

393. OGIER LE DANOIS. Ogier Le Dannoys || Duc de Dannemar || che Qui fut lũg des || douze pers de Frāce || Lequel / auec le secours ҫ ay || de du Roy charlemaigne / chassa les paiens hors || de Rōme Et remist le pape en son siege Et fut lõg ||-

tẽps en faerie / puis,reuint... *On les vent a Paris en là rue neufue nostre dame a lenseigne de lecu de France.* (A la fin :)... *Nouuellement imprime a Paris Par la veufueu*(sic) *feu Iehan trepperel et Iehan iehannot Imprimeur et libraire iure de luniuersite de Paris Demourant en la rue Neufue Nostre dame A lenseigne de lescu de France.* S. d. (v. 1522). In-4, goth., à 2 col., fig. s. bois; mar. brun, jans., tr. dor. (*Thompson*).

> Édition rare. Très bel exemplaire provenant de la collection Solar.

394. GALIEN. Histoire des nobles prouesses et vaillances de Galien restauré fils du Noble Oliuier le Marquis et de la belle Iaqueline fille du Roy Hugon Empereur de Constantinoble. Auec les figures propres mises de nouueau soubs chacun chapitre. *A Troyes, chez Nicolas Oudot,* 1606. In-4; mar. bleu, fil., dor.

> Cette édition du roman en prose contient des gravures sur bois de rassortiment dont plusieurs sont intéressantes. La dernière porte la croix de Lorraine.
> Très-bel exemplaire de R. Heber et du prince d'Essling.

395. MILLES ET AMYS. Lhystoire des no||bles et vaillans Cheualiers Mil||les ҫ Amys, lesquelz en leur viuant furent plains de grandes proesses ҫ vaillances. *A Paris, par Nicolas Bonfons, demeurant en la rue neufue nostre Dame a lenseigne sainct Nicolas.* S. d. In-4, goth., à 2 col., fig. s. bois; mar. brun, fil. à fr., tr. dor. (*Duru*).

> Édition postérieure à 1560, peu commune.
> Exemplaire court en tête. Qq. piq. de vers.

396. JOURDAIN DE BLAVES. Les faitz et pro||uesses du noble et vaillant cheualier Iour||dain de Blaues filz de Girard de blaues ||... (A la fin :) *Nouuellement Imprime a Paris pour Iehan bonfons, Libraire demourant en la rue neufue nostre dame a lenseigne sainct Nicolas.* S. d. In-4, goth., à 2 col., fig. s. bois; veau fauve, tr. rouge. (*anc. rel.*).

> Édition de toute rareté. Le titre, la table et les 8 premiers ff. de texte de cet exemplaire sont manuscrits. A la fin de la table, on lit : *Monchaussez scripsit,* pour M. le Prince de Vaujour. 1736. Un exemplaire complet a atteint le prix de 19 l. st. à la vente Heber en 1836.

397. GUÉRIN DE MONTGLAVE. L'Histoire dv noble prevx et vaillant Gverin de Mont-Glave... *A Roven, chez Louys Costé,*

aux trois ††† *Couronnees.* (A la fin :) *Acheué d'Imprimer, ce 5 de Mars* 1626. — L'Histoire de PIERRE DE PROVENCE et de la belle Magvelonne. *A Roven, chez la Veufue de Louys Costé.* S. d. — L'Histoire dv noble, prevx et vaillant chevallier GVILLAVME DE PALERNE et de la belle Melior. *A Roven, chez David Ferrand.* S. d. En 1 vol. petin-4, fig. s. bois; mar. rouge, fil., orn., tr. dor. (*anc. rel.*).

<small>Édition non indiquée au *Manuel*.
Exemplaire de la *bibl. du marquis d'Aix à la Serraz.*</small>

398. QUATRE FILS AYMON. Les quatre Filz‖Aymon : Duc de ‖ Dordonne : c'est‖a scauoir Regnaut Alard Guichard /·(t Richard / auec leur cousin ‖ Maugist... / *A Paris, par Nicolas Bonfons, demeurant en la rue neuue nostre Dame / a lenseigne sainct Nicolas.* S. d. (après 1573). In-4, goth., à longues lignes; mar. vert, fil., tr. dor. (*Thouvenin*).

<small>Exemplaire de C<small>IGONGNE</small>, provenant de la vente Double. Racc. au titre et à qq. ff.</small>

399. QUATRE FILS AYMON. Les quatre filz aymon. Où sont adioustées les figures soubz chascun Chapitre. *A Lyon. Par Ionas Gautherin,* 1613. In-4, de 142 pp., fig. s. bois; mar. grenat, fil., riches ornem., tr. dor. (*Lortic*).

<small>Édition fort rare, ornée de curieuses gravures sur bois. Exemplaire réglé, avec témoins, provenant de la vente Benzon.</small>

400. RENAUD DE MONTAUBAN. La Chronique de Turpin, archevesque et duc de Reims, et premier pair de France, etc., faisant mention de la conqueste du trespuissant empire de Trebizonde, faite par le tres-preux Regnaut de Montauban, filz du duc Aymond d'Ardaine... *A Lyon, par François Arnoullet,* 1583. In-8; cuir de Russie, fil., dent., tr. dor. (*Thouvenin*).

<small>Édition fort rare, et qui n'est qu'une réimpression du roman de la *Conquête de Trébisonde,* et non pas de la *Chronique* de Turpin, comme son titre le ferait croire.
Exemplaire de Renouard, en parfait état.</small>

401. MERLIN. Sensuyt ‖ le p̃mier vo‖lume de Merlin. Qui est le premier liure de la Table ronde. Auec plu‖sieurs choses moult récréati‖ue (*sic*). *Nouuellement imprimé* ‖ *à Paris en la grãt Rue sainct* ‖ *Iacques a lenseigne de la* ‖ *Roze blanche Couronnee* (Philippe le Noir). S. d. — Le second volume ‖

de Merlin. Nou||uellement impri||mé à Paris. || On les vent a paris ... (A la fin :) ... *Nouuellement imprime a paris par la veufue feu lehã trepperel et Iehan iehannot ... a lenseigne de lescu de France.* S. d. — Les prophecies de || Merlin. || Nouuel||lement imprimees a Paris. *Ibid., id.* S. d. 3 vol. in-4, goth., à 2 col., fig. sur bois, mar. rouge, fil., tr. dor.

<small>Bel exemplaire aux armes de A. Audenet; de la bibl. Yemeniz. Qq. ff. plus courts que le reste de l'ouvrage, dont la haut. est de 182 mill. et la larg. de 125 mill.</small>

402. GYRON LE COURTOYS. Auecques la deuise des armes de tous les cheualiers de la table ronde. *Imprime a paris pour Anthoine verard ...* S. d. (vers 1501). In-fol., goth., à 2 col., fig. s. bois; mar. rouge, fil., tr. dor. (*anc. rel.*).

<small>Première édition, dont on ne connaît que peu d'exemplaires absolument complets. Celui-ci a 38 ff. manuscrits d'une écriture du xviie siècle, au milieu de laquelle on a collé des gravures découpées provenant d'une édition de Vérard. De la bibl. du marquis d'Aix à la Serraz.</small>

403. MELIADUS || De leonnoys ... *On les vend a Paris ... en la boutique de Galliot du pre marchant libraire.* (A la fin :) ... *acheue dimprimer a Paris le xxve iour du moys de Nouembre. Lan mil cinq cens . xxviii* (1528). In-fol., goth., à 2 col., front. s. bois; mar. La Vallière, riches compart. à la Grolier, en or et en mosaïque, dos orné, tr. dor. (*Hagué*).

<small>Première édition, extrêmement rare. Magnifique exemplaire, très grand de marges.</small>

404. MELIADUS de Leonnoys ... Nouuellemēt Imprimee a Paris [par Denis Janot]. (A la fin :) *Le present vollume des faictz gestes du noble roy Meliadus de Leonnoys fut acheue dimprimer a Paris le . xx . iour du moys de Mars, Lan mil cinq cens . xxxii* (1532). In-fol., goth., à 2 col., front. gr. s. bois; veau écaille, fil. (*anc. rel.*).

<small>Édition fort rare. Exemplaire aux armes de la comtesse DE VERRUE; un peu rogné en tête.</small>

405. TRISTAN. Histoire du noble Tristan, prince de Leonnois, chevalier de la table ronde, et d'Yseulte, princesse d'Yrlande, Royne de Cornoüaille. Fait François par Iean Maugin, dit l'Angevin. *A Paris, par Nicolas Bonfons, ruë neuue*

nostre Dame, à l'enseigne Sainct Nicolas, 1586. In-4, à 2 col., de 183 ff., fig. s. b.; mar. bleu, fil., tr. dor. (*Niedrée*.)

Très bel exemplaire, sauf une marge rapportée au titre.

406. AMADIS DE GAULE (les livres I-XII, XXII-XXIV). *Paris, V. Sertenas, E. Groulleau, etc.*, 1550-1615. 15 vol. in-8, fig. s. bois; demi-rel. dos et coins de cuir de Russie.

Voici la composition de cet exemplaire : T. I à III : *Paris, V. Sertenas*, 1555; — t. IV, *ibid., id.*, 1550; — t. V à VII, *ibid., id.*, 1555; — t. VIII, *ibid., E. Groulleau*, 1550 (ces huit premiers livres sont de la traduction du seigneur des Essars, Nic. de Herberay); — t. IX (traduit par Gilles Boileau et revu par C. Colet), *ibid., V. Sertenas*, 1557; — t. X (trad. par J. Gohorry), *ibid., id.*, 1557; — t. XI (trad. par le même), *ibid., E. Groulleau*, 1560; — t. XII (trad. par G. Aubert, de Poitiers), *ibid., 1. Longis et Rob. le Mangnier*, 1560; — les t. XIII à XXI n'ont pas paru dans le format in-8; — t. XXII à XXIV sont en éditions originales (*Paris, Gilles Robinot*, 1615; *ibid., Olivier de Varennes*, 1615; *ibid., id.*, 1615). Pour les douze premières parties, elles se composent de livres de seconde et de troisième date, mais qui sont remarquables par les gravures sur bois, dont la plupart paraissent avoir été dessinées par Jean Cousin.

Très bel exemplaire, réglé.

407. FLORES DE GRÈCE. Le premier livre de la cronique du tres vaillant et redouté dom Flores de Grece, surnommé le chevalier des Cignes, second filz d'Esplandian, empereur de Constantinople. Histoire non encore ouye, mais belle entre les plus recommandées. Mise en Françoys par le Seigneur des Essars Nicolas de Herberay. *Nouuellement imprimé à Paris par Estienne Groulleau, pour lui Ian Longis et Vincent Sertenas.* 1552. Pet. in-fol., grav. s. bois; v. br. (*anc. rel.*).

Cette édition contient 69 fig. dont plusieurs se répètent; celles du f. 121 ayant pour sujet une chasse aux singes, et celle du f. 127 représentant des « damoiselles cueillant des fleurettes et devant lesquelles le Chevalier aux flammes joue de la harpe », sont excellentes d'esprit et de finesse.

Exemplaire aux armes du duc DE HAUTEFORT.

408. OLIVIER DE CASTILLE. L'Histoire d'Olivier de Castille et d'Artus d'Algarbe, preux et vaillans chevaliers. Auec les prouësses de Henry, fils d'iceluy Oliuier, et de Helaine, fille du Roy d'Angleterre. *A Paris, par Nicolas Bonfons*, 1587. In-4, à 2 col., fig. s. bois; mar. bleu, fil., tr. dor. (*Lortic*).

Très bel exemplaire, avec témoins.

409. PALMERIN. L'histoire de Palmerin d'Olive, filz dv roy Florendos de Macedoine, & de la belle Griane, fille de Remicius Empereur de Constantinople : discours plaisant & de singuliere recreation, traduit jadis par un Auteur incertain de Castillan en Françoys, mis en lumiere & en son entier, selon nostre vulgaire, par Ian Maugin, dit le petit Angevin. *Anvers, Ian Waesberghe, M.D.LXXVII* (1572). Pet. in-4, à 2 col., front. et fig. s. bois; veau fauve, fil.

Ce volume contient 38 jolies vignettes, presque toutes répétées plusieurs fois. Elles portent la plupart la marque d'Antoine Bosch, dit Silvius. Au f. 53, on voit, comme marque de graveur, un C dans un carré.

410. PRIMALÉON DE GRÈCE. L'histoire de Primaleon de Grece continuant celle de Palmerin d'Olive, naguere tirée tant de l'italien comme de l'espagnol et mise en nostre vulgaire par François de Vernassal, Quercinois. *Paris, Vincent Sertenas (impr. par Pasquier le Tellier),* 1550. In-fol., fig. s. bois, demi-rel. mar. rouge (*Malet*).

Édition ornée de 51 gravures ; le dessin de plusieurs est attribué à Jean Cousin. On y remarque surtout celle du f. 99 représentant François Ier recevant d'une dame agenouillée l'hommage d'un livre.

Très bel exemplaire, réglé.

411. PALMÉRIN D'ANGLETERRE. Histoire dv Prevx, vaillant et très-victorievx chevalier Palmerin d'Angleterre, filz du Roy Dom Edoard ... Traduite du Castillan en François & reueuë & corrigée mieux qu'au parauant. *Paris, Iehan Ruelle, M.D. LXXIIII* (1574). 2 vol. in-8; mar. bleu, fil. à comp., tr. dor.

Édition peu commune. Mouillures et quelques racc.

412. PALLADIEN. L'histoire palladienne, traitant des gestes & généreux faitz d'armes et d'amovrs de plvsievrs grandz princes et seignevrs, specialement de Palladien filz du roy Milanor d'Angleterre, & de la belle Selerine sœur du Roy de Portugal : nouuellement mise en nostre vulgaire Françoys, par feu Cl. Colet, champenois. *A Paris, Pour Ian Dallier* ... 1555. (Au dern. f. :) *Nouuellement imprimée à Paris, par Estienne Groleau Libraire & imprimeur* ... In-fol., fig. s. bois; veau écaille, fil., tr. dor. (*anc. rel.*).

Roman de chevalerie rare. Il contient 39 figures, dont plusieurs sont attribuées à Jean Cousin.

Très bel exemplaire, aux armes de la comtesse DE VERRUE.

413. JASON. Cest lhistoire du preux et || vaillant cheualier Ia||son fils au noble roy || Eson roy de the||bes et de sa mye || Medee. (A la fin :) ... *Nouuellement imprime a Paris vur Alain lotrian Impr̄meur et libraire demourant en la rue neúfue nostre Dame a lescu de France.* S. d. In-4; mar. orange, dent. à fr., tr. dor. (*rel. angl.*).

<blockquote>Fac-similé sur vélin d'une édition parisienne publiée entre 1532 et 1543. Il serait de la main de Leclabart, et a figuré à la vente Paris (*Bibliotheca Parisina*; Londres, 1790, n° 374).</blockquote>

414. MADIEN. Lhystoire ⁊ Con||queste de grece fai||cte par Philippe || de Madien, aultrement dict le Cheualier à l'esparuier blanc lequel || par ses vertueuses œuvres fut couronne Roy de sept Royaulmes || ... *A Paris pour Iehan Bonfons, libraire demourant en la rue nostre Dame a lenseigne sainct Nicolas.* S. d. In-4, goth., à 2 col., fig. s. bois; mar. vert, fil., tr. dor. (*Derome*).

<blockquote>Édition extrêmement rare. Exemplaire de Guyon de Sardière et de Renouard, court de marges, avec titre raccommodé.</blockquote>

415. GÉRARD DE NEVERS. Histoire du tres noble et chevaleureux prince Gerard, comte de Nevers et de Rethel, et de la très-vertueuse et sage princesse Euriant de Savoye, sa mye. Ouvrage enrichy de nottes critiques et historiques (par Th. S. Guellette). *Paris, S. Ravenel* (1727). In-8; mar. rouge, fil., tr. dor. (*anc. rel.*).

<blockquote>Reliure très fraîche, aux armes de LOUIS XV.</blockquote>

416. BAUDOUIN DE FLANDRES. Lhystoire ⁊ cronicque || du noble et vaillant || Baudoin côte de Flā||dres lequel espousa le || dyable. Nouuellement imprime a Lyon. *On les vend a Lyon aupres de nostre dame de confort cheulx Oliuier Arnoullet.* (A la fin :) *Cy finist le liure de Baudoyn conte de flādres nouuellement imprime a Lyon par Oliuier Arnoullet.* S. d. Pet. in-8, goth.; fig. s. bois; mar. vert, fil. à fr., tr. dor. (*Duru*).

<blockquote>Très bel exemplaire, de la coll. Yemeniz (H. : 0,191).</blockquote>

417. VALENTIN ET ORSON. L'histoire de devx nobles et vaillants Chevaliers Valentin & Orson, Enfans de l'Empereur de Grece & Neueux du très-Chrestien & redouté Roy de France Pepin : Contenant les gestes & proësses merueilleuses d'iceux contre les Sarrazins. *A Paris, Par Nicolas et*

192   BELLES-LETTRES.

Pierre Bonfons, demeurants Rue neuue nostre Dame, enseigne Sainct Nicolas. S. d. (vers 1598). In-4, à 2 col., fig. s. bois ; mar. rouge, compart. à fil., milieu, tr. dor. (*Lortic*).

Magnifique exemplaire, avec témoins.

418. PARIS ET VIENNE || imprime nouuel||lement a Paris. || *On les vend a Paris en la rue neufue nostre Dame a lenseigne de lescu de France. Par Alain Lotrian.* (A la fin :) *Imprimee a Paris p Alain Lotrian...* Pet. in-4, goth., à 2 col., fig. s. bois; mar. vert, fil. à fr., tr. dor. (*Capé*).

Cette adresse de Lotrian place cette édition entre les années 1532 et 1543. Très bel exemplaire, avec témoins.

419. LE CHEVALIER DORÉ. La plaisante et amoureuse histoire du cheuallier dore, et de la pucelle surnommee cueur dacier. (A la fin :) ... *Nouuellement imprimée. M.D.XLII.* (1542). Pet. in-8, fig. s. bois; mar. rouge, fil., tr. dor. (*anc. rel.*).

Édition rare de ce roman qui n'est qu'un épisode de celui de Perceforest.
Exemplaire très grand de marges (H. : 0,158), et dans une excellente reliure, très fraîche, mais un feuillet vers la fin est à la plume, et le dernier est raccommodé.

420. PIERRE DE PROVENCE. L'histoire de Pierre de Prouuence, et de la belle Maguelonne. *En Anuers, chez Ian de Waesberghe*, 1560. Pet. in-4; mar. rouge, fil., tr. dor. (*Trautz-Bauzonnet*).

Bel encadrement du titre. Magnifique exemplaire, réglé, avec témoins ; c'est celui d'Armand BERTIN.

B. Romans de divers genres, Contes, Nouvelles, etc.

421. LA SALLE (Ant. de). Lhystoi||re et cro-||nicque du petit Iehā de || saintre Et de la ieune da||me des belles Cousines||... (A la fin du texte :) ... *Nouuellement Imprime a Paris par Iehan Trepperel Demourant a la rue neufue nostre Dame a lenseigne de lescu de France.* S. d. (après 1527). Pet. in-4, goth., à 2 col., fig. sur bois; mar. rouge, large dent., doublé de tabis, tr. dor. (*anc. rel.*).

Édition rare. Exemplaire trop rogné en tête.

422. (RABELAIS.) Pantagruel, || Roy des Dipsodes, || restitue a || son naturel, avec ses faictz || & prouesses espouenta-|| bles : cōposez par feu || M. Alcofribas || abstracteur || de quinte || essence. || M. D. XLII. (1542). || *On les vend a Lyon chez Françoys* || *Juste, deuāt nr̃e Dame de Cōfort.* In-16, goth., fig. s. bois ; mar. citron, fil., tr. dor. (*Capé*).

<small>Édition extrêmement rare. Joli exemplaire, de la bibl. Taschereau. H. : 0,095.</small>

423. (RABELAIS.) Pantagruel, roy des dipsodes, restitué à son naturel : auec ses faictz & prouesses espouuentables : composés par feu M. Alcofribas abstracteur de quinte essence... *A Lyon, chés Estienne Dolet,* 1542. In-16, de 251 pp., fig. s. bois ; mar. grenat, fil. à fr., tr. dor. (*rel. angl.*).

<small>Les *Navigations de Panurge* annoncées au titre ne se trouvent pas à la suite. Exemplaire réglé, de la bibl. d'E. Vernon Utterson.</small>

424. CRENNE (Helis. de). Les Angoysses Douloureuses qui procedent Damours : composees par Dame Helisenne De Crenne. *S. l. n. d., à la marque d'Icare.* 3 part. in-8, fig. s. bois ; mar. rouge, fil., tr. dor. (*Bauzonnet*).

<small>Contrefaçon lyonnaise de l'édition donnée à Paris par Pierre Sergent en 1541. Très bel exemplaire, avec témoins.</small>

425. LA FONTAINE. Les Amovrs de Psiché et de Cupidon, par M. de La Fontaine. *Paris, Claude Barbin,* 1669. In-8 ; mar. rouge, comp. à fil., tr. dor. (*Du Seuil*).

<small>Première édition et la seule publiée du vivant de l'auteur. Elle contient aussi en original le poème d'*Adonis*, qui est le complément naturel du précédent.
Très bel exemplaire, réglé, aux armes du ministre Louis-Henri, comte DE LOMÉNIE DE BRIENNE, avec l'emblème de la *Mélusine dans son bain* en guise de fleurons, et avec son chiffre au dos de la reliure : ce qui constitue un spécimen rarissime.</small>

426. FÉNELON. Suite du quatrième livre de l'Odyssée d'Homère, ou les avantures de Telémaque fils d'Ulysse. *A Paris, Chez la veuve de Claude Barbin, au Palais, sur le second Perron de la sainte Chapelle,* 1699. In-12 ; mar. rouge, comp. à fil., tr. dor. (*Smeers*).

<small>Édition originale, selon les uns, et réimpression de l'édition originale de</small>

la première partie du Télémaque, selon d'autres. Le titre courant porte d'un bout à l'autre : *Suite de l'Odicée*.

Très bel exemplaire (H. : 0,152 1/2).

427. FÉNELON. Les Avantures de Telemaque fils d'Ulysse, par feu messire F. de Salignac de la Mothe Fénelon. Nouvelle édition conforme au manuscrit original et enrichie de figures en taille-douce. *Amsterdam, J. Wetstein*, 1734. Gr. in-4 ; mar. rouge, fil., tr. dor. (*anc. rel.*).

Édition ornée de belles gravures de Bern. Picart, Folkema, etc. Bel exemplaire.

428. FÉNELON. Les Aventures de Telemaque par De Fénelon. Imprimé par ordre du Roi pour l'éducation de Monseigneur le Dauphin. *Paris, de l'impr. de Didot l'aîné*, 1784. 4 vol. in-8 ; dem. rel. mar. rouge.

Un des cinq exemplaires sur vélin.

429. (BUSSY-RABUTIN.) Histoire amoureuse des Gaules. *A Liège (à la Croix de Malte)*. S. d. Pet. in-12, de 2 ff. et 259 pp. ; vélin.

C'est une des premières éditions. La clef occupe le feuillet qui suit le titre. Magnifique exemplaire, de la bibl. de M. H. Bordes.

3. *Romans, Contes, etc., italiens et espagnols.*

430. Real (*sic*) di Franza. (A la fin :) *Opera Impressa in Venetia Per Christophalo* || *de Pensis da Mandello Nel Anno del nostro* || *Signore. MCCCC LXXXXVIIII. Adi. xxvii. De Marzo* (1499). In-fol., à 2 col. ; mar. bleu, fil., tr. dor. (*Bauzonnet-Trautz*).

Seconde édition, extrêmement rare. Très bel exemplaire, bien complet, avec le f. blanc à la fin. Racc. au titre.

431. BOCCACCIO (G.). Il Decamerone di M. Giovanni Boccaccio. Nuouamente stampato con un raccoglimento di tutte le sentenze in questa sua opera da lui usate. *In Lione, appresso Gulielmo Rovillio*, 1555. In-16, fig. s. bois ; mar. rouge, comp. à petits fers, tr. dor. (*anc. rel.*).

Cette jolie édition est faite sur le texte de 1527, soigneusement revu par Fr. Giuntini. Il y a une vignette à chaque journée.

Précieux exemplaire ayant appartenu à CHARLES II, roi d'Angleterre. Les plats et le dos portent le monogramme du prince (C R S) avec la couronne royale et le cœur enflammé de la duchesse de Portsmouth.

432. BOCCACCIO. Il Decamerone di M. Giovanni Boccaccio. *Londra (Paris)*, 1757. 5 vol. in-8, fig.; mar. vert, fil., compart., tr. dor. (*Derome*).

Cette édition est ornée de 116 fig. et d'autant de vignettes sur cuivre d'après les dessins de Gravelot, Eisen, Boucher et Cochin.
Exemplaire du premier tirage, avec planches portant la griffe. On sait que les épreuves de cette édition sont beaucoup plus belles que celles tirées pour l'édition française. Le frontispice du t. Ier est de la gravure de Le Mire, tandis que le même, de l'édition italienne, est du burin d'Aliamet, ce qui ne paraît pas avoir été remarqué.

433. BOCCACE. Le Decameron de M. Ieau Boccace Florentin, nouuellement traduict d'Italien en Françoys par maistre Antoine le Maçon conseiller du Roy et tresorier de l'extraordinaire de ses guerres. *A Lyon chez Guillaume Rouille, à l'Escu de Venise*, 1552. In-16; mar. rouge, compart. à fr. et ornem., tr. dor. (*Capé*).

Très jolie édition imprimée en caractères italiques. Il y a, en tête de chaque journée, une petite vignette dans le goût de Bernard Salomon.
Charmant exemplaire.

434. Tirante il Bianco valorosissimo cavaliere : nel quale contiensi del principio della caualeria... con la morte di Abrain Re, e Signore della grā Canaria, e rotta delle sue gēti. Di lingua spagnola nello idioma nostro per Messer Lelio di Manfredi tradotto. Nuouamente posto in luce : e con accurata diligentia castigato. (A la fin :) *In Vinegia, nelle case di Pietro di Nicolini da Sabbio : alle spese pero del Nobile huomo M. Federico Torresano d'Asola...* 1538. In-4; vélin blanc, tr. dor. et cis. (*anc. rel.*).

Première et fort rare édition de cette traduction. Très bel exemplaire, avec témoins.

435. CERVANTES. Primera parte || del || ingenioso hidalgo don || Qvixote de la || Mancha. || Compvesto por || Miguel de Ceruantes Saauedra... *En Brvcelas, por Huberto Antonio..., año* 1617. — Segvnda parte || del || ingenioso cavallero don || Qvixote de la || Mancha. || Por Miguel de Ceruantes Saavedra autor de su primera parte. *En Brvselas* (sic) *por Huberto*

Antonio, 1616. 2 vol. in-8 ; mar. olive, compart. à fil., dos à petits fers, tr. dor. (*anc. rel.*).

« On s'étonnera à bon droit de voir, dans le présent exemplaire, la première partie datée de 1617 tandis que la seconde porte l'année 1616 ; la date de 1616 est vraiment celle de l'impression de la seconde partie, le titre de la première partie paraît renouvelé : vraisemblablement l'impression de cette portion de l'ouvrage a précédé celle de la deuxième partie et nous croyons, d'après M. Brunet, qu'elle eut lieu à Bruxelles, en 1611, d'après l'édition de Madrid de 1608 (celle qui contient des corrections). »

Les lignes qui précèdent sont extraites d'une longue notice de la main de M. A. Dinaux placée en tête. Cet exemplaire, d'une condition remarquable, revêtu d'une excellente reliure, est aux armes et au chiffre (λ λ) de Louis PHÉLYPEAUX DE LA VRILLIÈRE, conseiller d'État et possesseur d'une somptueuse bibliothèque, mort en 1681. Le portrait que M. Dinaux y a joint n'est pas, comme il l'a cru, celui de cet homme d'État bibliophile, mais bien celui de son fils, Balthazar Phélypeaux, marquis de Châteauneuf.

VI. PHILOLOGIE, ÉPISTOLAIRES ET POLYGRAPHES.

436. ATHENÆVS (en grec). (A la fin :) *Venetiis, apvd Aldvm, et Andream socervm mense avgvsto. M.D.XIIII* (1514). In-fol. ; mar. bleu foncé, compart. à fil., tr. dor.

Première édition, due aux soins de Marc Musurus. Curieuse épître dédicatoire adressée par Alde au Hongrois Janus Vertessy (trad. par M. Didot dans son *Alde Manuce*, pp. 380 à 383).
Magnifique exemplaire, presque non rogné.

437. AVLI GELII Noctium atticarum commentarii. (A la fin de la table :) *Impressum Brixiæ per Boninū de Boninis de Ragusia anno domini M.CCCC.LXXXV. Die tercio Martii* (1485). In-fol. ; mar. vert, fil. à fr., tr. dor. (*Niedrée*).

Édition fort rare, l'une des premières. Magnifique exemplaire, avec témoins. Piqûres de vers. Racc.

438. AVLI GELLII Noctivm atticarvm libri vndeviginti. (A la fin :) *Venetiis, in ædibvs Aldi, et Andreæ soceri mense septembri M.D.XV* (1515). In-8 ; mar. fauve, dent., tr. dor. et cis. (*anc. rel.*).

Première édition aldine sous cette date, avec la faute *duerniorem*, etc. Très bel exemplaire, réglé, avec témoins.

439. (MACROBII expositio in somnium Scipionis ex Ciceronis

libro de Repvblica excerptvm; et Satvrnaliorvm liber.) (A la fin :) .... *Impressi Venetiis opera et impensa Nicolai Ienson Gallici. M.CCCC.LXXII* (1472). 2 part. en 1 vol. in-fol.; mar. rouge, fil., dent., tr. dor. (*anc. rel.*).

> Première édition. Exemplaire du comte Boutourlin, avec témoins.

440. ERASMUS. Familia-||rivm collo-||qviorvm Des. Erasmi||Rot. opvs, ab avthore || diligenter recogni- || tvm, emendatvm, et || locvpletatvm : adie-||ctis aliquot novis. *S. l. n. d.* (*Bâle, Froben*, 1526). In-12 allongé; mar. rouge, fil., tr. dor. (*Belz-Niedrée*).

> Les premières éditions de ce livre célèbre sont entourées de mystère. L'Église l'ayant mis en interdit, peu d'exemplaires de ces éditions échappèrent à la destruction. Celle-ci serait la seconde donnée par Froben, à Bâle, de même que la première.
> L'épître dédicatoire d'Erasme au célèbre imprimeur bâlois est datée *Calend. Aug.* 1524. Le volume a 336 ff. ch., suivis de 30 ff. n. ch. pour les scholies, un épilogue de l'auteur au lecteur, daté de 1526 *xii Cal. Junias Basileæ*, et un index. A la suite viennent cinq nouveaux colloques, en 46 ff. ch., pourvus d'un titre.
> C'est cette édition qui figure au catalogue Renouard (n° 2511), où elle est attribuée aux presses de Simon de Colines. Renouard la dit tellement rare, qu'il n'en a jamais vu que deux exemplaires : le sien, qui n'avait que la moitié du titre, et un autre qui n'en avait point et qui a passé en Angleterre.
> Magnifique exemplaire, presque non rogné, avec témoins (H. : 0,148).

441. BEMBO (P.). Gli Asolani di Messer Pietro Bembo. (A la fin :) *Impressi in Venetia nelle Case d'Aldo Romano nel anno M.D.V. del mese di Marzo* (1505). Pet. in-4; mar. rouge, fil. et tr. dor. (*Hardy*).

> Première édition, dédiée à la célèbre Lucrèce Borgia, et fort rare.
> Très bel exemplaire, avec l'épître dédicatoire qui ne figure que dans peu d'exemplaires, ayant été supprimée par Alde lui-même, sur l'ordre du pape Jules II (voir là-dessus *Alde Manuce*, par M. Didot, pp. 273-274).

442. Epistolæ Basilii Magni, Libanii rhetoris, Chionis Platonici... (en grec). (A la fin :) *Venetiis, apud Aldum, mense Martio. M.ID...* (1499). In-4; mar. vert, fil. et tr. dor. (*Derome*).

> Première et rare édition. Très bel exemplaire. Timbre de la bibl. Mazarine.

443. (PHALARIDIS epistolæ, e græco in latinum translatæ a

Franc. (Accolti d'Arezzo) Aretino. — M. Bruti epistolæ a Mithridate collectæ et e gr. in lat. versæ per Raimitium. — Cratis Cynici epistolæ, e gr. in latinum, trad. per Athanasium Constantinopolitanum. *Parisiis, per Michaelem (Friburger), Martinum (Crantz) et Ulricum (Gering).* S. d. (1471). In-4, de 82 ff. ; mar. bleu, fil., tr. dor. (*Lefebvre*).

Volume considéré comme le second, mais en tout cas un des premiers livres imprimés à Paris, en Sorbonne, par les premiers typographes établis dans notre capitale, et avec les mêmes caractères que le premier livre sorti des mêmes presses, dans le courant de l'été de 1471.

Exemplaire avec témoins, mais une piqûre de vers le traverse de part en part. Grandes initiales peintes à la main.

444. (CICERONIS Epistolæ ad familiares.) (A la fin :)

Hesperię quondam Germanus quosq libellos
   Abstulit : En plures ipse daturus adest.
Nanq uir ingenio mirandus & arte *Ioannes*
   Exscribi docuit clarius ęre libros.
Spira fauet *Venetis :* quarto nam mense peregit
   Hoc tercentenum bis Ciceronis opus.

M.CCCC.LXVIIII. (1469). In-fol. ; mar. rouge, compart. à fil., tr. dor. (*anc. rel.*).

Seconde édition donnée sous cette date par Jean de Spire, et plus rare encore que la première, dont on ne connaît qu'une douzaine d'exemplaires. Elle est regardée comme le second livre imprimé à Venise.

Superbe exemplaire, à grandes marges. Piq. de vers aux derniers ff. La première page est entourée d'une charmante bordure à entrelacs, en or et en couleurs, avec armoiries d'un bibliophile italien. Grand nombre de belles initiales enluminées dans le cours du volume.

445. CICERO. M. Tvllii Ciceronis epistolarvm familiarivm liber primvs.... [libri XVI]... (A la fin :) M.CCCC.LXXI (1471). *Opvs... a Nicolao Ienson gallico... impressum feliciter finit.* Gr. in-4 ; mar. violet, tr. dor. (*rel. angl.*).

Belle édition et l'une des premières. Très bel exemplaire de la bibl. d'E. Vernon Utterson. Bordure et initiales en or et en couleurs. Notes manuscrites du temps.

446. CICÉRON. Les Epistres familiaires de Marc Tulle Cicero, pere d'eloquence Latine. Nouuellement traduictes de Latin en Françoys par Estienne Dolet natif D'Orleans... *A Lyon, chés Estienne Dolet,* 1542. In-8 ; mar. rouge, large dent., tr. dor. (*anc. rel.*).

Édition fort rare. Bel exemplaire, réglé.

447. PLINII (Caii) Secundi Nouicomensis Oratoris facundissimi epistola ꝯ Liber Primus (libri VIII) incipit... (A la fin :) M.CCCC.LXXI. (1471). In-4, de 120 ff.; mar. rouge, fil. et tr. dor. (*anc. rel.*).

> Première édition, fort rare, imprimée avec les caractères qui, selon M. Brunet, paraissent être ceux de Christ. Valdarfer, de Venise.
> Très bel exemplaire, avec initiales historiées peintes en or et en couleurs. Le premier feuillet, contenant une épître dédicatoire et qui manque presque toujours, ne se trouve pas dans cet exemplaire, dont la reliure est aux armes du duc DE MARLBOROUGH. A l'intérieur est collé l'*ex libris* armorié du duc DE CAMBRIDGE, vice-roi de Hanovre, oncle de S. M. la reine Victoria.

448. (SENECÆ [L. A.] Epistolæ.) (A la fin du texte :) *Impresse Parisiis. Anno domini M.CCCC.LXX.V.* (1475). In-4; mar. rouge, large dent., tr. dor.

> Édition sortie des presses de Pierre de Keysere et Jean Stoll, fondateurs de la seconde imprimerie parisienne.
> Extrêmement rare. Très bel exemplaire, réglé.

449. VOITURE (de). Les OEuvres de Monsieur de Voiture, contenant ses lettres et ses poësies, avec l'Histoire d'Alcidalis et de Zelide. Nouvelle et dernière édition, augmentée de la Conclusion de l'Histoire d'Alcidalis et de Zelide (par Desbarres). *Paris, M. Guignard & Cl. Robustel,* 1713. 2 vol. in-12, portrait et front. gr.; veau fauve, fil., tr. dor. (*Capé*).

> Première édition avec la *Conclusion.* Joli exemplaire.

450. SÉVIGNÉ (Mme de). Lettres de Marie Rabutin-Chantal, marquise de Sévigné, à Mad. la comtesse de Grignan, sa fille. *S. l.,* 1726. 2 tom. en 1 vol. in-12; mar. bleu, fil., tr. dor. (*Lortic*).

> Réimpression de la première édition plus complète, donnée sous la même date. Elle compte 134 lettres, tandis que l'édition de 1725, la première de toutes, n'en compte que 31 tant entières qu'en fragments.
> Très bel exemplaire.

451. (LUCIANUS Samosatenus. Dialogi [en grec]). (A la fin :) Ἐν Φλωρεντίᾳ ἔτει χιλιοστῷ τετρακοσιοστῷ ἐνενηκοστῷ ἕκτῳ. (*Florence,* 1496.) In-fol.; mar. rouge, compart., doublé de tabis, tr. dor. et cis. (*Bradel*).

> Première édition, fort belle et très rare, sortie des presses d'un imprimeur anonyme, mais qui paraît être Fr. de Alopa.
> Magnifique exemplaire, très grand de marges.

BELLES-LETTRES.

452. LUCIEN, de la traduction de N. (Nicolas) Perrot, sieur d'Ablancourt. Divisé en deux parties. Nouvelle édition, reveüe & corrigée. *Amsterdam, Pierre Mortier*, 1697. 2 vol. in-12; mar. vert, fil., tr. dor. (*Boyet*).

    Les pages 393-413 du t. II sont consacrées à un *Dialogue des lettres de l'alphabet où l'usage et la grammaire parlent*, dû à la plume de Nicolas Frémont d'Ablancourt, neveu du traducteur. Ce dialogue est très curieux pour l'histoire de l'orthographe française.
    Exemplaire de Crozat et de M. Brunet.

453. POLITIANUS. Omnia opera Angeli Politiani et alia quædam lectu digna ... (A la fin :) *Venetiis in ædibus Aldi Romani mense Iulio M.IID* (1498). In-fol.; veau fauve, dos orné, tr. jaspée (*anc. rel.*).

    L'une des plus belles impressions aldines. Magnifique exemplaire, grand de marges et très pur, aux armes du comte D'HOYM.

454. CODRUS. In hoc Codri volumine hæc continentur : Orationes, seu Sermones ut ipse appellabat. Epistolæ, Siluæ, Satyræ, Eglogæ, Epigrammata (cura Phil. Beroaldi). (A la fin :) *Impressum Bononiæ per Ioannem Antoniũ Platonidem Benedictorum bibliopolam*, 1502. In-fol., en 2 parties, 140 ff., 54 ff., plus 7 ff. et 4 ff.; mar. rouge, fil., tr. dor. (*anc. rel.*).

    Première édition. Exemplaire bien complet, chose très rare, car les deux parties additionnelles qui suivent la suscription et qui contiennent : l'une la vie de Codrus et l'autre des pièces en vers et en prose, à sa louange, manquent à la plupart des exemplaires. Celui-ci est très grand de marges et parfaitement conservé. Il porte la signature anagrammatique de LA MONNOYE (*a Delio nomen*), et un grand nombre de notes de sa main.

455. Epistolia, Dialogi breves, Orativncvlæ, Poematia, ex variis vtriusque linguæ scriptoribus. Inter poematia autem est satyra elegantissima, quæ inscribitur Lis, non prius edita ... (en grec et en latin). *Anno M.D.LXXVII* (1577) *exc. Henr. Stephanus*. In-8; mar. La Vallière, comp., tr. dor. (*Lortic*).

    Très bel exemplaire, réglé.

456. PIRCKHEIMERI (Bilibaldi) consiliarii quondam Maximiliani I et Caroli V ... Opera historica, philologica et epistolica cum Alberti Dureri figuris æneis ... *Francofurti*, *excud. Ioh. Bringerus, impensis Jacobi Fischeri*, 1610. In-fol.; veau grenat, riche bordure, milieu, tr. dor. et cis. (*rel. du temps*).

Livre rare, qui renferme quelques travaux curieux au point de vue de l'histoire littéraire et de celle de l'art. On y trouve un portrait de l'auteur d'après Albert Dürer et une copie sur cuivre du célèbre *Char triomphal* de Maximilien, de Dürer, un des chefs-d'œuvre de la gravure sur bois.

457. (TERNAN, de) Nouveaux Dialogues des dieux pour le divertissement de monseigneur le duc de Bourgogne. *Paris, P. Aubouin, Emery et Clousier*, 1686. In-12, front. et fig.; mar. rouge, fil., tr. dor. (*anc. rel.*).

Exemplaire avec témoins et figures avant la lettre; aux armes du chancelier BOUCHERAT.

HISTOIRE

I. GÉOGRAPHIE. — VOYAGES.

458. PTOLOMÆUS. (Clavdii Ptholomei Cosmographia; latine reddita a Jac. Angelo, curam mapparum gerente Nicolao Donis Germano.) (A la fin :) ... *Anno M.CCCC.LXXXII* (1482). *Avgvsti vero Kalendas xvii. Imprssvm* (sic) *Vlme per ... Leonardvm Hol...* Gr. in-fol., cartes; mar. rouge, fil. et tr. dor. (*Derome*).

Édition précieuse et fort rare, ornée d'un grand nombre de belles initiales, et de trente-deux cartes gravées sur bois par Jean Schnitzer de Armszheim.
Magnifique exemplaire, grand de marges, avec toutes les initiales et les cartes coloriées à l'époque. Qq. piq. de vers.

459. PTOLOMÆUS. (Clavdii Ptolemæi Geographia, latine reddita.) (A la fin :) ... *Impressvm fvit et completvm Rome anno ..... M.CCCC.LXXXX, die iv Novembris arte ac impensis Petri de Tvrre* (1490). In-fol., cartes; cuir de Russie, dent., tr. dor. (*Bozérian jeune*).

Édition fort rare, ornée de vingt-sept cartes gravées sur métal, les mêmes que celles qui avaient servi à la précieuse édition de Rome, de 1478. Ces cartes sont les plus anciennes que l'on connaisse en ce genre.
Exemplaire très complet, presque non rogné. Plusieurs ff. du commencement et de la fin ont des piqûres de vers et quelques taches.

460. PTOLOMÆUS. Clavdii Ptholemæi Alexandrini li‖ber Geographiæ cvm tabvlis et ‖ vniversali figvra et cvm ad‖ditione locorvm qvæ a ‖ recentioribvs reper‖ta svnt diligenti cvra emenda‖tvs et im‖pressvs (cum annotationibus Bern. Sylvani Eboliensis). (A la fin :) *Venetiis per Iacobum Pentium de leucho Anno Domini M.D.XI* (1511). *Die xx Mensis Martii.* In-fol., cartes; demi-rel., mar. rouge.

Édition [fort rare. Exemplaire sur vélin, avec quelques feuilles sur papier. Vingt-sept cartes gravées sur bois et une mappemonde, en partie coloriées.

461. PTOLEMÆVS avctvs, restitvtvs, emacvlatvs, cvm tabvlis veteribvs ac novis. (A la fin :) *Ioannes Scotus, Argentorati literis excepit*, 1520. In-fol., de 59 ff. ch. (le dernier coté 54), cartes; veau rac. dent.

> Précieuse édition, extrêmement rare, brièvement décrite par M. Harrisse (*Additions* à la *Bibl. americ. vetus.*, n° 58). Le titre, tiré en rouge, est entouré d'un beau cadre en *clair-obscur*. Même cadre tiré en noir à la page du colophon. Quarante-huit cartes, plus une carte ajoutée. On y trouve la plus ancienne carte du duché de Lorraine que l'on connaisse, et la carte dite *de l'Amiral*, dressée par Christophe Colomb (la 31°), gravées toutes les deux aux frais du duc René II de Lorraine.
> Très bel exemplaire. Cartes coloriées.

462. PTOLOMÆUS. Clavdii Ptole||mæi Alexandrini || Geographicæ enar||rationis || libri octo. || Ex Bilibaldi Pirckeymheri || tralatione, sed ad Græca & prisca exemplaria a Mi||chaële Villanouano iam primum recogniti. || Adiecta insuper ab eodem Scholia, || quibus exoleta urbium no||mina ad nostri secu||li more expo||nuntur. ... *Lvgdvni* || *ex officina Melchioris et* || *Gasparis Trechsel fratrvm.* || *M.D.XXXV* (1535). In-fol., bordures et fig. sur bois, cartes; mar. vert, compart., dent., tr. dor. (*anc. rel.*).

> Première édition, donnée par le célèbre Servet.
> Les Trechsel ont employé dans une partie de cette édition, pour encadrer les pages, des bordures gravées sur bois qu'ils ont dû se procurer à Bâle, car elles portent le cachet des ornements d'Urse Graf et d'Holbein. Cette belle édition est accompagnée de cinquante cartes gravées sur bois. Très bel exemplaire, avec cartes coloriées.

463. PTOLEMÆUS. Clavdii Ptolemæi Alexandrini Geographicæ Enarrationis, libri Octo ... *Prostant Lugduni apud Hugonem à Porta. M.D.XLI* (1541). (A la fin :) *Excvdebat Gaspar Trechsel Viennæ M.D.XLI.* In-fol., fig. sur bois et cartes; veau granit, fil. et tr. dor. (*anc. rel.*).

> Seconde édition du travail de Servet, avec des augmentations d'une part, et des suppressions de l'autre. Elle contient les 50 cartes de la première édition, mais avec des corrections. Comme le colophon l'indique, elle a été imprimée à Vienne, en Dauphiné. Elle est fort rare.
> Magnifique exemplaire, très pur et presque non rogné.

464. STRABO. De Sitv orbis (en grec). (A la fin :) *Venetiis in ædib. Aldi, et Andreæ soceri mense novembri M.D.XVI* (1516). In-fol.; mar. bleu, fil., tr. peigné.

> Première édition du texte original, due à Benoît Thyrreno. L'épître

dédicatoire au célèbre prince Alberto de' Carpi, mort réfugié en France, contient un remarquable éloge de feu Alde l'Ancien. Belle impression en rouge et en noir. Magnifique exemplaire, très pur.

465. (STRABONIS Geographia, latine, ex interpretatione Guarini Veronensis et Gregorii Typhernatis.) (A la fin :)

> . . . .
> Cōrardus suueynheym : Arnoldus pānartzq magistri
> Rome impresserunt talia multa simul.
> Petrus cum fratre Francisco maximus ambo
> Huic operi aptatam contribuere domum.

S. d. (en 1469 ou 1470). Gr. in-fol.; mar. rouge, fil., tr. dor. (*Hardy*).

Première édition latine. Les dix premiers livres sont de la traduction de Guarini de Vérone; les sept autres sont de celle de Grégoire Typhernas (voir aussi le n° 45 ci-dessus). Cette précieuse édition est fort rare. Magnifique exemplaire, très pur, avec témoins.

466. STEPHANUS (Byzantinus) de urbibus (en grec). *Venetiis, apud Aldum Romanum,* 1502. In-fol.; veau antiqué, riches compart. à fr., tr. dor. (*rel. ital. du* xvi° *siècle*).

Première édition. Ce remarquable exemplaire a appartenu au savant Jacques Vintimille, né à Rhodes et devenu conseiller au Parlement de Dijon, ainsi qu'il nous l'apprend dans la note placée à la fin du volume. Les notes manuscrites du texte sont de Mauritius David. Curieuse reliure; dos refait.

467. POMPONIJ MELLE Cosmographi de situ orbis (libri tres). (A la fin :) *Impressum est hoc opusculum Venetijs per Bernardū pictorem & Erhardum ratdolt de Augusta una cū Petro loslein de Langencen correctore ac socio... M.CCCC.LXXVIII* (1478). In-4; mar. La Vallière, fil. à fr., ornem. et tr. dor.

Édition rare. Belle impression en rouge et noir. Charmantes initiales, et beau cadre à la première page.
Exemplaire parfait, presque non rogné.

468. POMPONIUS MELA. Ivlivs Solinvs. Itinerarium Antonini Avg. Vibivs Seqvester. P. Victor de regionibus urbis Romæ. Dionysius Afer. De situ orbis Prisciano Interprete. (A la fin :) *Venetiis in ædibvs Aldi, et Andreæ soceri mense octobri M.D.XVIII* (1518). In-8; mar. brun, compart., tr. dor. et cis. (*anc. rel.*).

Édition aldine peu commune. Bel exemplaire, dans sa première reliure italienne.

469. ANTONINUS. Itinerarium prouinciarum omniũ Antonini Augusti... *Venale habetur ubi impressum est, in domo Henrici Stephani e regiõe schole Decretorum Parrhisiis* (1512). In-16; mar. brun, comp. à fil., anc. tr. dor. et cis. (*Bauzonnet-Trautz*).

> Première et rare édition, donnée par Geofroy Tory d'après les manuscrits de Christophe de Longueil.
> Exemplaire avec témoins, de la plus belle conservation (H. : 0,125), provenant de la bibl. Yemeniz.

470. BREYDENBACH. Des sainctes peregrinations de iherusalem et des auirons et des lieux prochains. Du mont de synay et la glorieuse Katherine (tiré du latin de Bernard de Breydenbach, par Frère Nicole le Huen). (A la fin :)... *Imprime a Lyon par hõnestes hõmes Michelet topie de pymont : & Iaques heremberck dalemaigne demourant audit lyon. Lã de nostreseigneᵉ Mille .cccc. quatre vĩgtz & huictz* (1488) *et le xxvii de nouẽbre.* In-fol., goth., fig. s. bois et en taille-douce; mar. La Vallière, riches compart. à fr. et dor., tr. dor. (*Lortic*).

> Première et rare édition française de cet ouvrage curieux qui est aussi le premier où figurent un alphabet arabe et un petit glossaire turc. Pour les gravures sur bois dont elle est ornée, voir Didot, *Catal. raisonné*, n° 463. Elle contient en outre sept planches de vues, dont une de Jérusalem, gravées en taille-douce.
> Très bel exemplaire. La première planche (*Venise*), et la sixième (*Modon*) dont il n'y a ici qu'un fragment de l'original, ont été admirablement reproduites par M. Pilinski.

471. GIRAUDET (G.). Discours du voyage d'outre-mer au saint sepulchre de Ierusalem et autres lieux de la terre saincte et du mont de Sinaï, qui est és désers d'Arabie, où Dieu donna la loy à Moyse. Par Gabriel Giraudet, de la ville du Puy en Velay, prestre hierosolymitain. *Paris, Thomas Brumen*, 1585. In-8, fig. s. bois; mar. rouge, fil., tr. dor. (*Kœhler*).

> Édition fort rare d'un ouvrage intéressant et réimprimé plusieurs fois. Dédiée à la reine Louise de Lorraine. En dehors du récit de voyage, on y trouve un chapitre sur le concile de Clermont, un autre sur le recouvrement des saints-lieux, une pièce de vers : *Prosopopée de la terre saincte*, et une lettre (en latin) à Étienne Durant, président du tribunal de Toulouse. Vingt-trois gravures sur bois, fort bien composées.
> Magnifique exemplaire, réglé, avec témoins.

472. VESPUCE. Le nouueau monde et nauigacions faiǁctes p

Emeric de Vespuce florētin / Des‖ pays et isles nouuelle-mēt trouuez / au ‖ parauāt a nous incogneuz. / Tāt en le‖thiope q̄ arabie Calichut ᵽ aultres plu‖sieurs regions estranges /Translate de italien en Lāgue ‖ francoyse par Mathurin du redouer licencie es loix. *Imprime a Paris pour Galliot du pre / marchand libraire...* (A la fin :) *Cy finist le liure intitule le nouueau monde et nauigacions de Almeric de Vespue* (sic)... *Imprime a paris pour Galliot du pre...* S. d. Pet. in-4, goth.; mar. La Vallière, ornem. et tr. dor. (*Capé*).

Livre précieux et extrêmement rare. Le privilège est du 10 janvier 1516 (1517 n. st.). Magnifique exemplaire, grand de marges et très pur.

473. CORTEZ (Fernan). Præclara Ferdinādi. ‖ Cortesii de Noua maris Oceani Hy‖spania Narratio Sacratissimo ac Inuictissi‖mo Carolo Romanorū Imperatori semper Augusto, Hyspa‖niarū & ē Regi. Anno Domini M.D.XX. transmissa... p̄ Doctorē ‖ Petrū Saguorgnanū ‖ Foro Iuliēsē ‖ Reueñ. D. Ioan. de Reuelles‖Episco. Viēnēsis Secretariū‖ ex Hyspano Idi‖omate in lati‖nū versa. Anno Dni. M.D.XXIIII. K.L. Martii. (Au v° de l'avant-dern. f. :) *Impressum Norimberga... per Fœdericū [Peypus] Arthemesium...* 1524. 2 part. en 1 vol. in-fol., fig. s. bois; mar. vert, compart. à fil. à fr., ornem. et tr. dor. (*Hardy*).

Ouvrage précieux et fort rare, qui offre la traduction de la seconde et de la troisième lettre du célèbre *conquistador*. Portraits du pape Clément VII et de l'empereur Charles-Quint, ainsi que les grandes armoiries impériales, etc., fort bien gravés sur bois.

Très bel exemplaire, grand de marges.

474. CORTEZ (Fernan). De Insvlis nv‖per inventis Ferdinandi Cortesii‖ ad Carolum V. Rom. Imperatorem Narrationes, ‖ cum alio quodam Petri Martyris ad Clementem VII. Pon-‖ tificem Maximum consimilis argumenti‖libello. ‖ His accesserunt Epistolæ duæ, de felicissimo apud Indos ‖ Euangelij incremento, quas superioribus hisce diebus qui‖dam fratres Mino. ab India in Hispaniam transmiserunt. ‖ Item Epitome de inuentis nuper Indiæ populis idololatris ‖ ad fidem Christi, atq̃ adeo ad Ecclesiam Catholicam conuer-‖tendis, Autore R. P. F. Nicolao Herborn, regularis obser-‖uantiæ, ordinis Minorum Generali Commissario ‖ Cismontano. *Venduntur in pingui Gallina. Anno. M.D.XXXII* (1532). (Au r° du dern. f. de la prem. part. :) *Coloniæ ex officina Melchioris Nouesiani. Anno M.D.XXXII. Decimo Kalen-*

das mensis Septembris. (Au v° du même f. :) *Coloniæ, Impensis honesti civis Arnoldi Birckman. Anno Domini M.D.XXXII. Mense Septembri.* 2 part. en 1 vol. in-fol., fig. s. bois; mar. vert, compart. à fil. à fr., orn. et tr. dor. (*Hardy*).

    Réimpression de la traduction de P. Savorgnano, augmentée de plusieurs pièces intéressantes. La seconde partie (8 ff.), avec signatures distinctes, contient le récit de Pierre le Martyr. Portrait de Charles-Quint, différent de celui de l'édition décrite au n° précéd., répété trois fois; bordures et jolies initiales. Édition fort rare, à peine citée au *Manuel*.

    Très bel exemplaire, avec témoins. Qq. piqûres de vers.

475. THEVET (A.). Les‖Singvlari‖tez de la Fran‖ce antarctiqve, av‖trement nommée Ameriqve : & de‖plusieurs Terres et Isles de‖couuertes de nostre temps. Par F. André Theuet, natif d'Angoulesme. *A Paris, chez les heritiers de Maurice de la Porte*, 1558. In-4, fig. s. bois; mar. La Vallière, compart. à fil., milieu, tr. dor. (*Lortic*).

    Première édition, rare et recherchée, de ce récit de voyage dont l'expédition française au Brésil, en 1555, sous les ordres du chevalier de Villegagnon, a fourni l'occasion. Elle est ornée de 40 figures, dont quelques-unes portent la croix de Lorraine. Plusieurs d'entre elles sont bien composées, pleines de mouvement et d'un beau style.

    Très bel exemplaire, réglé. Racc. à qq. ff.

II. CHRONOLOGIE. HISTOIRE UNIVERSELLE. PAGANISME. HISTOIRE ECCLÉSIASTIQUE.

476. GYRALDUS. Lilii Gregorii Gyraldi de annis et mensibus, cæterisque temporum partibus... eiusdem Calendarium & Romanum & Græcum gentis utriusq; solennia, ac rerum insigniter gestarū tempora complectens, magno tum historiis, tum cæteris autoribus cognoscendis usui futurum. *Basileæ, apud Mich. Isingrinium*, 1541. Pet. in-8; veau brun, compart. et ornem. à fr. (*anc. rel.*).

    C'est un des plus anciens auteurs des temps modernes qui se soient occupés de la division du temps. Il dédia son savant commentaire à Renée, duchesse de Ferrare, fille de Louis XII, roi de France. Livre fort rare, non cité au *Manuel*.

    Exemplaire de l'empereur CHARLES-QUINT, dont les armoiries (*aigle à deux têtes*) avec ses initiales et, au-dessous, les colonnes d'Hercule avec la devise : *Plus oultre*, figurent sur les plats de la reliure qui est parfaitement conservée.

477. (ROLEWINCK, W.) Fasciculus temporum en francoys.‖ Les fleurs et manieres‖ de temps passes.... (A la fin, avant la table :) *Ce present liure a este translate de latin en francoys par venerable et discre‖te personne maistre Pierre sarget... Lan M.‖CCCC.lxxxiij. Imprime a lyon p‖maistre Mathie Hus‖ Lan. M.CCCC.‖ xcviij.* (1498) *habitãt‖ de la dicte‖ cite.* In-4, goth., de 98 ff., fig. s. bois; mar. rouge, fil., ornem. et tr. dor. (*Lortic*).

Seconde et belle édition de cette version due à Pierre Farget et non Sarget, comme on lit au colophon. On y trouve, au f. 89 v°, le passage relatif à l'invention de l'imprimerie. Cette édition est extrêmement rare; M. Brunet la cite à peine et n'en rapporte aucune adjudication.

Très bel exemplaire. Légers racc.

478. BOSSUET. Discours sur l'Histoire universelle, par M. Bossuet. Imprimé par ordre du roi pour l'éducation de Monseigneur le Dauphin. *Paris, imprim. de Didot l'aîné,* 1786. 4 vol. in-8; mar. rouge, comp. à fil., doublé de tabis, tr. dor. (*Bradel*).

Exemplaire sur VÉLIN.

479. (PALÆPHATUS.) Le premier livre des narrations fabuleuses, auec les discours de la verité et histoires d'icelles, traduict par Guillaume Gueroult, auquel auons adjousté aucunes œuures poetiques du mesme traducteur. *A Lyon, de l'imprimerie de Robert Granjon,* 1558. In-4, de 4 ff. prél. et 59 ff. ch.; mar. rouge, fil., tr. dor. (*Kœhler*).

Édition imprimée en caractères de *civilité*. Rare. Magnifique exemplaire.

480. EUSEBIUS. Ecclesiasticæ historiæ, Eusebii Pamphil Lib. X. Eiusdem de vita Constantini. Lib. V. Socratis, Lib. VII. Theodoriti episcopi Cyrensis. Lib. V. Collectaneorum ex historia eccles. Theodori Lectoris Lib. II. Hermii Sozomeni Lib. IX. Euagrii Lib. VI (en grec). *Lutetiæ Parisiorvm, ex offic. Rob. Stephani,* M.D.XLIIII (1544). In-fol.; mar. citron, fil. et tr. dor. (*Boyet*).

Chef-d'œuvre de typographie et premier livre où Robert Estienne ait employé les beaux types grecs, dits *grecs du roi*, gravés par Garamond sur les modèles fournis par le célèbre calligraphe Ange Vergèce (voir plus haut, le n° 1).

Magnifique exemplaire ayant appartenu à DE LONGEPIERRE, avec sa Toison d'or aux angles et au centre des plats.

481. BOURBON (J. de). La grande et || merueilleuse et trescruelle oppugnation de || la noble cité de Rhodes / prinse naguieres par Sultan || Seliman a present grant Turcq / ennemy de la tres||saincte foy Catholicque / redigee par escript / par || excellent et noble cheualier Frere Iacques || bastard de Bourbon / commandeur de || Sainct Mauluiz / Doysemont / ȼ ||Fonteynes / au prieure || de France.... (Au vº de l'av.-dern. f. :)... *imprimee a Paris / par Maistre Pierre Vidour / Pour honneste personne Gilles de Gourmõt... Lan mil cinq cens. xxv* (1525). *Au moys de Decembre.* In-4, goth.; mar. vert, fleurs de lis aux angles des plats, tr. dor. (*Duru*).

> Première édition, très rare, ornée de fort belles initiales à fond criblé. Dédiée à Philippe de Villers-l'Isle-Adam, le grand maître de Rhodes.
> Magnifique exemplaire, de la bibl. Solar.

482. LAMBERT. Priviléges concedez a l'ordre de S. Iean de Hierusalem, tant par les Roys tres-chrestiens de France et de Nauarre, que par nos Saincts Peres les Papes & autres princes souuerains... Le tout recueilly par F. I. B. Lambert, Cheualier dudit Ordre de la venerable langue de Provence. *Paris, veuve Remy d'Allin*, 1625. In-4; mar. olive, fil., fleurs de lis, tr. dor. (*anc. rel.*).

> Livre rare. Les plats de la reliure et le dos sont couverts de fleurs de lis (coins restaurés). Il a peut-être appartenu au roi Louis XIII.

III. HISTOIRE ANCIENNE ET MODERNE.

483. JOSÈPHE (Flavius). Lhistoire escripte pre||mierement en Grec par Iosephus le Iuif / autheur || tresnoble ȼ ancien. Et en apres mise en La||tin dont elle a este depuis faicte || francoyse... Elle est a present notee||a la marge des accordances de la Bible et || dung aultre historiographe ancien || nomme Egesippus. Le tout bien || a propos / et par || merueilleuse di||ligence. *On les vend a Paris en la rue Sainct Iaques a len||seigne du Loup a la boutique de Poncet le Preux.* || 1530. (A la fin :) *Cy finist lhystoire de Iosephus... Et fut accomplye de Imprimer le huytiesme iour Doctobre mil cinq cens ȼ trête par Nicolas Sauetier Imprimeur / Demourãt a Paris Rue des Carmes a lẽseigne de lhôme Sauuage Pour honnestes personnes Galliot du pre / Poncet le preux / ȼ Claude cheuallon Libraires Iurez de Luniuer-*

site de Paris. In-fol., goth., fig. s. bois; mar. La Vallière, fil., dos orné, tr. dor. (*Lortic*).

Édition d'une grande rareté, ornée de belles initiales à fond criblé, et de sept grandes gravures, empruntées à l'édition de Vérard.

Exemplaire réglé, relié sur brochure et à toutes marges, avec le feuillet blanc final. Titre habilement refait.

484. JOSÈPHE (Fl.). Li X. Vltimi libri di Giosefo de le antichita givdaiche... *In Vinegia, appresso Vicenzo Vaugris a'l segno d'Erasmo. M.D.XLIIII* (1544). In-8; mar. brun, compart., tr. dor. (*anc. rel.*).

Edition non citée au *Manuel*. Exemplaire revêtu d'une remarquable reliure faite pour D. CANEVARI, médecin du pape Urbain VII. Au centre des plats, dans un creux, se trouve un médaillon en mosaïque représentant Apollon conduisant son char; autour, la devise grecque de Canevari. Légères restaurations.

485. (La Destruction de Iherusalem et la mort de Pilate.) Au r° du dern. f. :) *Cy finist ce present traicte intitu||le la destruction de iherusalem ⁊ || la mort de pilate || Amen*. S. l. n. d. Pet. in-fol., goth., à 2 col., de 19 ff., sign. A-C (iij), fig. s. bois ; mar. rouge, large dent., tr. dor. (*Kœhler*).

Histoire romanesque de la destruction de Jérusalem.

Édition fort rare, imprimée à Lyon, probablement par Guillaume le Roy, vers 1485. Au v° du 1er feuillet (dont le recto est blanc), se trouve une gravure sur bois, de la grandeur de la page, représentant les derniers moments de Pilate. Elle est répétée à la dernière page du volume.

Magnifique exemplaire, avec témoins, de la bibl. Yemeniz.

486. PAVSANIAS (en grec). (A la fin :) *Venetiis, in ædibus Aldi, et Andreæ Soceri mense Ivlio. M.D.XVI* (1516). In-fol.; mar. bleu, fil., tr. peigne.

Première et rare édition, donnée par Marc Musurus.

Très bel exemplaire, double de la bibl. de Berlin.

487. CTESIAS, etc. Ex Ctesia, Agatharchide, Memnone excerptæ historiæ. Appiani Iberica. Item, De gestis Annibalis. Omnia nunc primum edita (en grec). Cum Henrici Stephani Castigationibus. *Ex offic. Henr. Steph. An. M.D.LVII* (1557). — ARISTOTELIS et THEOPHRASTI scripta quædam (en grec). *Ibid., Id.* (1557). — DIONYSII Halicarnassei responsio ad Gn. Pompeij epistolam... (en

grec). *Lutetiæ, apud Car. Stephanum,* M.D.LIIII (1554). En 1 vol. in-8; vélin blanc (*anc. rel.*).

Premières éditions. Ravissante impression en petits caractères. Exemplaire presque non rogné, avec témoins.

488. THVCYDIDES cvm commentariis antiqvis et valde vtilibus sine qvibvs avthor intellectv est qvam difficillimvs (en grec). (A la fin :) *Florentiæ, apud Bernardum Iuntam, anno... Millesimo quingentesimo sexto die secunda nouembris* (1506). In-fol.; veau bleu, fil., tr. peigne.

Seconde et très rare édition. Les chiffres de la pagination ne sont point réguliers. M. Brunet dit que dans certains exemplaires la date a été rectifiée pour devenir 1526.
Bel exemplaire, double de la bibl. de Dresde. Notes manuscrites.

489. THUCYDIDE. Lhistoire de Thucydide Athenien, de la guerre, qui fut entre les Peloponnesiens et Atheniens, translatee (du lat. de Laur. Valla) en langue françoyse par feu Messire Claude de Seyssel lors euesque de Marseille et depuis Archeuesque de Turin. (A la fin :) *Imprime a Paris en lhostel de maistre Iosse Badius... acheue le dixiesme iour daoust, Lan Milcinqcens vingt-sept* (1527). In-fol.; veau noir, compart. à fil., tr. dor., étui de cuir (*anc. rel.*).

Première édition de cette traduction. Fort rare. On y trouve un dizain de Clément Marot au lecteur.
Exemplaire avec le titre et les initiales enluminées en or et en couleurs, et revêtu d'une belle reliure de style italien, avec médaillons dorés des bustes de Platon et de Didon. Au centre un écusson supporté par deux lions couronnés, et représentant une main tenant une double branche fleurie, surmontée d'un oiseau ou d'un dragon. On attribue un semblable emblème aux anciens rois d'Écosse et, en particulier, à Marie Stuart.

490. XENOPHONTIS omnia quæ extant opera, et Epistolarum fragmenta, græce et latine, cum annotationibus Henrici Stephani. *Anno* 1561. *Exc. Henricus Stephanus, illustris viri Huldrici Fuggeri typogr.* In-fol.; mar. rouge, fil. tr. dor. (*Derome*).

Première et belle édition donnée par les Estienne. Exemplaire fort bien relié, contenant le texte grec et la traduction latine. De la bibl. Yemeniz.

491. XENOPHONTIS quæ extant opera; annotationes Henrici

Stephani. Editio secunda. *Anno M.D.LXXXI* (1581). *Excud. Henricus Stephanus.* In-fol.; veau rac., fil.

<small>Édition dédiée à Jacques I*er*, roi d'Angleterre, fils de Marie Stuart. Très bel exemplaire, réunissant la version latine au texte grec.</small>

492. DIODORE DE SICILE. Les troys premiers livres de lhistoire de Diodore sicilien, historiographe grec. Translatez de latin en francoys par maistre Anthoine Macault notaire secretaire et vallet de chambre ordinaire du Roy Francoys premier. Imprimez de l'ordonnance et commandement dudit seigneur... *On les vent a Paris en la rue de la luifuerie, deuant la Magdalaine, a l'enseigne du pot cassé.* (A la fin :) *Imprime a Paris en avril MDXXXV* (1535). In-4; veau noir estampé (*rel. du temps*).

<small>On remarque dans ce volume la belle planche représentant François I*er* écoutant la lecture de l'ouvrage. C'est une des pages xylographiques les plus remarquables de l'époque.

La question de savoir de quelles presses est sorti ce volume intéressant n'est pas encore résolue, bien qu'on soit autorisé à croire qu'il a été imprimé par la veuve de Geoffroy Tory ou dans les ateliers de ce dernier (voir Didot, *Catal. raisonné,* n° 751).

Précieux exemplaire, dans sa première reliure, portant sur les plats la plaque à froid connue sous le nom du *Pot cassé*.</small>

493. DIODORI Siculi Bibliothecæ historicæ libri XVII. *Lugduni, apud hæredes Seb. Gryphii,* 1559. In-16; veau fauve, riches compart. en or et en mosaïque, tr. dor. et cis. (*rel. de la fin du* XVI° *siècle*).

<small>Jolie impression en caractères italiques. Exemplaire réglé, avec témoins, revêtu d'une riche reliure, dont on trouvera une reproduction au catalogue illustré. Elle porte au centre des plats les armoiries écartelées, entourées de cette inscription : IACOBVS MALINFANTIUS. T. ANΩ KAI MII-KATΩ. Ce Jacques Malenfant, originaire de Toulouse, était aumônier de Jeanne d'Albret, reine de Navarre.</small>

494. ARRIANI de ascensu Alexandri (en grec). (A la fin :) *Venetiis in ædibus Bartholomæi Zanetti Casterzagensis, ære uero, et diligentia Ioannis Francisci Trincaueli. Anno MDXXXV mêse septēbri* (1535). In-8; mar. rouge, fil., tr. dor.

<small>Première et rare édition. Très bel exemplaire.</small>

495. CURTIUS. (Quinti Curtij Ruffi Historiarum Alexandri Magni Libri IX.) (A la fin :) *Loquitur lector ad Vindelinum*

Spirensem Artificem qui Q. C. reddit in lucem. S. d. Gr. in-4; veau fauve, fil. et tr. dor. (*Simier*).

Édition très rare, dont on fixe la date à l'année 1470 ou 1471. C'est, sinon la première, du moins la seconde de cet historien.

Exemplaire parfait, grand de marges. Bordures enluminées à la première page.

496. DIONYSII Halicarnassei antiquitatum Romanarum Lib. X (en grec). *Lutetiæ, ex offic. Rob. Stephani... M.D.XLVI* (1546). — De Compositione, seu orationis partium apta inter se collocatione, ad Rufum. Eiusdem, artis Rhetoricæ capita quædam, ad Echecratem. Item quo genere dicendi sit vsus Thucydides, ad Ammæum. *Ibid., id.* 1547. 2 part. en un vol. in-fol.; mar. rouge, compart. à fil., fleurons, milieu, tr. dor. (*Lortic*).

Première édition, supérieurement imprimée avec les *grecs du roi*. Les beaux exemplaires, comme celui-ci, avec les deux parties bien complètes, sont fort rares.

497. LIVIVS (T.) Patavinvs historicvs. Dvobvs libris avctvs cvm L. Flori epitome, indice copioso et annotatis in libros VII belli Maced. (A la fin, avant la table:) *Mogvntiæ, in ædibvs Ioannis Scheffer, mense novembri. An. M.D.XVIII* (1518). Gr. in-fol.; mar. brun, compart. à fr., doublé de mar. brun, compart. à fr., tr. dor.

« La présente édition, dit M. Brunet, a été faite d'après un manuscrit trouvé dans un monastère à Mayence; les additions qu'elle renferme sont, outre le 33° livre, la dernière partie du 40°, depuis le chapitre 37. On y a joint deux préfaces, l'une d'Ulric de Hutten et l'autre d'Érasme. C'est dans la seconde que l'honneur d'avoir inventé l'imprimerie dans la ville de Mayence est attribué à Fust. »

L'épître de Hutten est adressée au cardinal Albert de Brandebourg, archevêque de Mayence; celle d'Érasme aux lecteurs est datée VII cal. *Mart.* 1519. Beaux cadres gravés sur bois.

Superbe exemplaire en *grand papier*, avec témoins. A l'intérieur du premier plat de la reliure, on a enchâssé une charmante peinture à l'huile, sur une plaque de métal, représentant la *Mort de Lucrèce*.

498. APPIANUS. (P. Candidi de Romanorum bellis ex Appiano Alexandrino traductis in Latinum libri.) (A la fin:)

Hic est alexandrinus appianus
A candido linguę latinę patrono
Romanus. hunc impressit & Vindelinus
Quem Spira nobilis parens dedalei
Produxit ingeni faceti lepidiq3.
    M.CCCC.LXXII.

(*Venise, Vindelin de Spire*, 1472). In-fol.; mar. bleu, fil. à fr., tr. dor. (*Duru*).

> Première édition de cette version latine. « Elle est belle, dit M. Brunet, et se trouve difficilement en bon état. »
> Magnifique exemplaire, presque non rogné. Qq. légers racc.

499. SALLUSTIUS. C. Crispi Sallvstii de conivratione Catilinæ.... (A la fin :) *Venetiis in ædibus Aldi, et Andreæ soceri, mense Ianvario. M.D.XXI* (1521). In-8 ; mar. bleu, fil. à fr., fleurons, tr. dor. (*Hardy*).

> « Seconde édition aldine, mieux exécutée, dit M. Brunet, et plus correcte que celle de 1509. » Exemplaire grand de marges. Piq. de vers racc.

500. SALLUSTIUS. C. Crispi Sallustii catilinaria et jugurthina bella. *Parisiis, excud. Firminus Didot, M.D.CCC.XIX* (1819). Gr. in-fol.; demi-rel., veau brun.

> Édition de luxe. Exemplaire sur VÉLIN.

501. SALUSTIO. La Conjuracion de Catilina y la Guerra de Jugurta por Cayo Salustio Crispo. (A la fin :) *En Madrid. Por Joachin Ibarra, M.DCC.LXXII* (1772). In-fol., fig. sur cuivre; mar. rouge, large dent., doublé de tabis, dent., tr. dor. (*Bradel*).

> Un des chefs-d'œuvre de la typographie, orné de grandes figures, d'en-têtes et de culs-de-lampe gravés par Carmona, d'après M. S. Maëlla. Exemplaire en *grand papier*, réglé.

502. CÆSAR (J.). Commentarivs Cæsaris. (A la fin :) *Impressum Venetiis. per Philippum de Pinciis Mantuanum Anno... M.cccc.lxxxiiii. Die uero xxv octobris* (1494). In-fol., de 136 ff. non ch.; mar. La Vallière, fil. à fr., milieu, tr. dor. (*Lortic*).

> Bel exemplaire d'une édition non décrite au *Manuel*. Impression en rouge et en noir. Jolies grandes initiales. A la fin, une belle marque sur bois représentant saint Antoine.

503. CÆSAR (J.). Commentariorum libri... (A la fin, avant l'index :) *Venetiis, in ædibus Aldi et Andreæ Soceri, M.DXIII. mense Aprili* (1513). In-8, fig. sur bois; mar. noir, compart. à fr. et dorés, tr. dor. et cis. (*anc. rel.*).

> Première édition aldine, due aux soins de Fra Giocondo, qui l'a enrichie des figures gravées sur bois d'après ses dessins; le fameux pont

sur le Rhin y est représenté pour la première fois. Devenu architecte du roi Louis XII, Fra Giocondo, dit Joyeux, dirigea la construction du pont Notre-Dame et de celui de l'Hôtel-Dieu.

Magnifique exemplaire, très pur. Carte coloriée. Un des plats de la reliure porte, en lettres dorées, ce nom : *Mavritivs Vrinach.*

504. TACITUS. P. Cornelii Taciti libri qvinqve noviter inventi atqve cvm reliqvis eivs operibus editi. (A la fin :) ... *Romę impressi p magistrum Stephanum Guillereti de Lothoringia Tulleñ. dioc. Anno. M.D.XV.* (1515) *kľ. Martii...* In-fol.; mar. rouge, fil. et tr. dor. (*Duru*).

« Cette édition précieuse, dit M. Brunet, est mise au rang des éditions *princeps*, parce qu'elle est la première qui contienne les cinq premiers livres des Annales. » Magnifique exemplaire, réglé, avec la partie complémentaire (*Vita Agricolæ*).

505. SUETONIUS. (A la fin :)

Hoc ego nicoleos gallus cognomine ienson
Impressi..........

MCCCCLXXI (1471). Pet. in-fol.; mar. bleu, ornem., tr. dor. (*C. Smith*).

Troisième édition de cet historien. Elle est très belle, comme tous les ouvrages sortis des presses vénitiennes de Jenson.
Exemplaire grand de marges. Initiales or et couleurs.

506. DIO CASSIUS. (Dionis Romanarum historiarum libri XXIII... en grec). *Lvtetiæ, ex offic. Rob. Stephani,* 1548. In-fol.; mar. brun, riches compart. dorés et en mosaïque, tr. dor. et cis. (*anc. rel.*).

Première édition, fort rare. C'est un des plus beaux livres imprimés par Rob. Estienne.
Exemplaire revêtu d'une remarquable reliure du xvi° siècle, à la Grolier, dont la provenance est à déterminer, et dont on trouvera une reproduction au catalogue illustré. Elle porte au centre un panache de plumes d'autruche, emblème employé par les Stuarts.

507. EGNAZIO. Svmmaire de Chroniqves, contenans les Vies, Gestes et Cas Fortuitz, de tous les Empereurs Deurope, Depuis Iules Cesar, Iusques a Maximilian dernier decede... Faict Premierement en Langue Latine par Venerable et Discrete personne Iehan Baptiste Egnace, Venicien. Et Translate de ladicte Langue Latine en Langaige Francoys, par Maistre Geoffroy Tory de Bourges. *On les vend a Paris, a*

HISTOIRE.

Lenseigne du Pot casse... (A la fin :) *Ce present Liure fut acheue dimprimer a Paris le XIII. iour DapurilM.D.XXIX.* (1529) *pour Maistre Geofroy Tory de Bourges, qui le vend au dict Paris a Lenseigne du Pot casse.* In-8 ; mar. rouge, compart. à la Grolier, tr. dor. (*Lortic*).

L'une des impressions rares de Tory. Très bel exemplaire.

508. (MONTESQUIEU, de) Considérations sur les causes de la grandeur des Romains et de leur décadence. *Paris, P.-M. Huart et J. Clousier,* 1735. In-8, de 2 ff., 277 pp. et 3 pp. n. ch. ; veau marbré.

Première édition donnée en France, non citée au *Manuel*. Rare.

509. ROBERTUS MONACHUS. (Historia de itinere contra Turchos et de expugnatione urbis Jerusalem per cruciatos.) *S. l. n. d. (Cologne, Therhoernen, vers* 1472). In-4 ; mar. olive, jans., tr. dor. (*Hardy*).

Première édition, extrêmement rare, de l'œuvre de ce témoin oculaire de la première croisade (voir aussi le n° 55 ci-dessus). Exemplaire avec témoins.

IV. HISTOIRE DE FRANCE.

1. *Histoire politique.*

510. La loy salicq̄||premiere loy des frācoys faicte p̄ le Roy phara||mon premier roy de france faisant mention de || plusieurs droitz croniques ȝ hystoires desdictz || roys de france. (A la fin :) *Explicit le traicte dentre les roys de* || *france et dangleterre comment les fil-* || *les ne peuent succeder a la couronne.* S. l. n. d. Pet. in-8, goth. ; mar. vert, comp. à fil., tr. dor. (*Lortic*).

Édition du commencement du xvi° siècle, d'une rareté insigne. Au-dessous du titre, une gravure sur bois, répétée à la fin du volume. Très bel exemplaire.

511. SEYSSEL (Cl. de). 1541. La grād monarchie de France, Composee par Messire Clavde de Seyssel... — La loy Sa-licque, premiere loy des Francoys. *On les vend en la rue neufue nostre dame, ... par Denys Ianot libraire & imprimeur.* (A la fin :) *Ce present liure a esté acheué d'imprimer*

à *Paris, par Denys Ianot, le dernier iour de Decembre, Pour Galliot du Pré, libraire iuré de Luniuersité de Paris.* In-8, fig. s. bois; mar. bleu, compart. à fil., milieu, tr. dor. (*Lortic*).

<blockquote>Première édition, avec un nouveau titre. Fort rare. Joli cadre au titre et huit petites gravures au trait. Très bel exemplaire, avec témoins.</blockquote>

512. Cronique abregee des faits, gestes et vies illustres des roys de France : depuis Pharamond iusques a Charles neufiesme de ce nom a present regnant. Nous auons adiousté à chacun d'iceux leur effigie au plus pres du naturel qu'il nous a esté possible representer. *Paris, Guillaume le Noir,* 1566. In-8, fig. s. bois; mar. rouge, fil. à fr.; tr. dor. (*Duru*).

<blockquote>Très bel exemplaire, avec témoins.</blockquote>

513. Effigies regum Francorum omnium a Pharamundo ad Henricum usque tertium, ad viuum, quantum fieri, potuit, expressæ, cælatoribus Virgilio Solis Noriber : & Iusto Amman Tigurino. Accessit Epitome Chronicon, eorum vitas et gesta breviter complectens. *Noribergæ,* 1576. (A la fin :) *Noribergæ, in officina typographica Katharinæ Theodori Gerlachij relictæ Viduæ & Hæredum Iohannis Montani.* In-4, front. et 262 portr.; mar. citr., compart. à fr., tr. dor. (*Hardy*).

<blockquote>Ces portraits sont des copies de ceux attribués à Claude Corneille, qui avaient paru à Lyon, en 1546, dans un livre intitulé *Epitome des roys de France;* mais ils sont d'une exécution supérieure et on les a encadrés dans des bordures historiées.

Vingt de ces portraits, qui sont à l'eau-forte et au burin, sont signés de Virgile Solis, et ce sont les plus jolis. Les autres sont de Jost Amman.</blockquote>

514. BOUCHET (Jean). Les Anciennes et modernes ge-||nealogies des Roys de France || et mesment (*sic*) du roy Pharamond || auec leurs Epitaphes et Effi||gies : *Et sont a vendre a paris en la rue Sainct Iacques et a Poictiers au Pellican. Et a limprimerie a la Celle et deuant les Cordeliers par Iacques Bouchet Imprimeur audict Poictiers.* (A la fin :) *Imprimez nouuellement à Poictiers p Iacques bouchet Imprimeur le vingt sixiesme iour de Iauier Lan mil cinq cens vingt et sept* (1527). In-4, goth., fig. s. bois; mar. vert, jans., tr. dor. (*Bauzonnet*).

<blockquote>Première et fort rare édition de cet ouvrage en prose et en vers, qui fait beaucoup d'honneur aux presses de Jacques Bouchet.</blockquote>

HISTOIRE.

Les portraits sur bois dont elle est ornée, au nombre de 57, sont en général fort bien gravés, et offrent un grand intérêt pour l'histoire de l'art xylographique en France. Le dernier feuillet préliminaire, dont le recto est blanc, porte au verso une grande figure, de style archaïque, représentant l'incendie de Troie et le départ des prétendus ancêtres des Français. Cette image avait figuré pour la première fois dans l'*Histoire de Clotaire*, du même auteur, publiée à Poitiers en 1517.

Le feuillet avec le privilège, qui manque presque toujours, se trouve dans cet exemplaire : il est du 23 avril 1528, et, par conséquent, postérieur à l'impression du volume, circonstance qui peut expliquer son absence dans la plupart des exemplaires. Celui-ci est d'une conservation irréprochable. Timbre de la bibl. J. Richard au titre.

515. HORDAL (J.). Heroinæ nobilissimæ Ioannæ Darc Lotharingæ vvlgo Avrelianensis pvellæ Historia... Eiusdem Mauortiæ Virginis Innocentia a calumniis vindicata. Authore Ioanne Hordal.... *Ponti-Mussi, apud Melchiorem Bernardum*, 1612. Pet. in-4, grav.; mar. bleu, fil. à fr., tr. dor. (*Duru*).

Un des plus rares ouvrages sur Jeanne d'Arc, et aussi une intéressante production de la typographie de Pont-à-Mousson. Il est orné d'un beau titre représentant l'ancien monument qui avait été élevé sur le pont d'Orléans à l'héroïne lorraine, et de deux jolis portraits de Jeanne d'Arc, le tout finement gravé par L. Gaultier.

Très bel exemplaire.

516. Histoire de Lovys XI, Roy de France, et des choses memorables aduenuës de son Regne, depuis l'an 1460 iusques à 1483. Avtrement dicte la Chronique Scandalevse. Escrite par vn Greffier de l'Hostel de ville de Paris. Imprimee sur le vray Original, M.DC.XX (1620). *Paris*. In-4; mar. rouge, fil. à comp., tr. dor. (*Hardy-Mennil.*)

Édition plus conforme à l'original que les plus anciennes, ornée d'un portrait en pied de Louis XI, gravé sur cuivre par Mathieu.

Exemplaire aux armes du prince d'Essling, et d'une grande pureté.

517. PAVLI Tertii Pont. Max. ad. Carolum V. Imp. Epistola hortatoria ad pacem. Ipsius CAROLI tum ad eam, tum ad alias eiusdem. Concilij conuocatorias responsio. FRANCISCI chr. Francorum Regis aduersus ipsius Caroli calumnias. Epistola apologetica ad Paulum III Pont. Max. scripta. *Parisiis, ex off. Rob. Stephani*, 1543. In-8, caract. ital., 44 ff. n. ch.; mar. rouge, milieu, tr. dor. (*Lortic*).

L'épître au nom de François Ier est due à la plume du cardinal Jean du Bellay. Jolie impression. Très bel exemplaire.

518. (BELLAY, J. du) Translation de l'epistre du Roy Tres chrestien François premier de ce nom, a nostre sainct Pere Paul troisiesme, par laquelle est respondu aux calomnies contenues en deux lettres enuoyees au dict sainct Pere, par Charles cinqiesme Empereur, l'une du xxv iour d'Aoust, l'autre du xviii octobre, M.D.XLII. *A Paris, de l'imp. de Rob. Estienne*, 1543. In-8, car. ital.; mar. rouge, fil., tr. dor. (*Bauzonnet-Trautz*).

> Traduction de l'épitre renfermée dans le volume précédent.
> Très bel exemplaire (H. : 0,170), de la bibl. Yemeniz.

519. CHAMPIER (Symph.). Histoire des gestes du preux et vaillant chevalier Bayard Dauphinois ... *A Lyon, par Pierre Rigaud*, 1602. In-8; mar. bleu, fil., tr. dor. (*Bauzonnet-Trautz*).

> Édition rare. L'épître dédicatoire, adressée par Symph. Champier à Laurent des Allemans, évêque de Grenoble, porte la date du 15 septembre 1525.
> Exemplaire avec témoins, de la bibl. Yemeniz. Racc. au titre.

520. SALIGNAC (Bertrand de). Le Siege de Mets, en l'an M.D.LII. *A Paris, chez Charles Estienne*, 1553. In-4; mar. violet, comp. à fil., doublé de mar. orange, dent. et fil., tr. dor.

> Première édition, avec titre renouvelé, ornée d'un plan de Metz gravé sur bois. Très rare. Bel exemplaire.

521. BELLAY (du). Les Memoires de Mess. Martin Dv Bellay seigneur de Langey, contenans le discours de plusieurs choses avenuës au Royaume de France, depuis l'an M.D.XIII. jusques au trespas du Roy François premier, ausquels l'autheur a inseré trois livres et quelques fragmens des Ogdoades de Guill. du Bellay, son frere. OEuvre mis nouuellement en lumiere, et presenté au Roy par Mess. René du Bellay.... *Paris, P. l'Huillier*, 1571. In-8; mar. olive, riches compart., tr. dor. et cis. (*rel. du XVI° siècle*).

> Très bel exemplaire, réglé. La belle reliure qui le recouvre aurait été faite, selon M. Brunet, à qui cet exemplaire a appartenu, par le relieur de J.-A. de Thou.

522. Histoire av vray dv mevrtre & Assassinat proditoirement cõmis au cabinet d'vn Roy perfide & barbare, en la per-

sonne de Monsieur le Duc de Guise, Protecteur & deffenseur de l'Eglise Catholique & du Royaume de France : Ensemble du Massacre aussi perpetré en la personne du Cardinal, son frere, sacré & dedié à Dieu, ... M.D.LXXXIX (1589). Pet. in-8, de 66 pp., fig. s. bois; mar. rouge, milieu, tr. dor. (*Lortic*).

Opuscule fort rare, orné de trois gravures sur bois représentant les figures couchées de Henri de Guise et son frère après l'assassinat, et le portrait du premier. Exemplaire réglé.

523. Les Crvautez Sanguinaires (*sic*), exercees, enuers feu Monseigneur le Cardinal de Guise, Pair de France, & Archeuesque de Reins (*sic*). Et les moyens tenus pour emprisonner le Prince de Ginuille, & les Seigneurs Catholiques, tant Ecclesiastique qu'autres, pendant les Estats à Bloys... Auec la remonstrance faicte au Roy, par Madame la Duchesse de Nemours, sur le massacre de ses enfans. M.D.LXXXIX (1589). Pet. in-8, de 8 ff. n. ch., fig. s. bois; mar. rouge, milieu, tr. dor. (*Lortic*.)

Pendant de l'opuscule précédent. Portrait du cardinal de Guise au titre. Exemplaire réglé.

524. Proposition faicte par nostre Sainct pere le Pape av consistoire tenu à Rome, le vingt-septiesme Ianuier 1589. Sur le sacrilege & assassinat, commis en la personne de defunct Illustrissime, & Reuerendissime Cardinal de Guyse, Archeuesque et Duc de Reims, Legat nay du sainct Siege, & premier Pair de France. M.D.LXXXVIIII (1589). Pet. in-8, de 12 pp., fig. s. bois; mar. rouge, milieu, tr. dor. (*Lortic*).

Au titre, le portrait du cardinal de Guise, le même que celui de l'opuscule précédent. Fort rare. Exemplaire réglé.

525. Les Sorcelleries de Henry de Valois et les oblations qu'il faisoit au diable dans le bois de Vincennes. Auec la figure des demons, d'argent doré, ausquels il faisoit offrandes & lesquels se voyent encores en ceste ville. (*Paris*) *Chez Didier Millot*, 1589. In-8, de 15 pp., fig. s. bois; mar. brun, milieu, tr. dor. (*Hardy-Mennil*).

Pièce fort rare. Ces prétendues figures de démons représentés dans la gravure étaient des satyres en ciselure supportant des cassolettes pour mettre des parfums. De la bibl. Desq.

2. *Solennités officielles.*

(Entrées des rois et reines, sacres et couronnements.)

526. MONTJOYE. Le pas des armes de larc triũphal‖ou tout hõneur est enclos tenu a len‖tree de la royne a Paris en la rue ‖ sainct anthoine pres les-tournelles‖ par puissant seigneur monseigneur‖le duc de valloys et de bretaigne/ou ‖ tous nobles hommes doiuẽt prendre leur adres‖se pour acquerir loz/ honneur et gloire militaire‖ redige et mis par escript par montioye roy dar‖mes selon les compaignies et iournees ainsi cõ‖me le tout a este fait. Nouuellement imprime a ‖ paris. *Ilz se vent a paris en la grãt salle du palais ‖ au second pillier en la bouticle* (sic) *de galiot du pre/ ‖ libraire, leq̃l la fait imprimer par permission du‖ roy nostre sire comme appert par ses lectres pa‖tentes.* (Au r° du dern. f. :) *Cy finist le pas des armes... imprime a pa‖ris par la permission du Roy nostre sire ‖ pour galliot du pre libraire... Et a este acheue dimprimer le xxiii ‖ iour de Decembre mil cinq cens et .xiiii.* (1514). Pet. in-4, goth., de 50 ff., fig. s. bois; mar. rouge, fil., tr. dor. (*Bauzonnet-Trautz*).

Volume précieux et le seul exemplaire complet que l'on connaisse. C'est le récit des pas d'armes qui eurent lieu à Paris, à l'hôtel des Tournelles, à l'occasion du mariage de Louis XII avec Marie d'Angleterre.

Il provient en dernier lieu de la bibl. Yemeniz. Dans le catalogue de cette vente (n° 3084), sa description est accompagnée d'une longue et intéressante notice rédigée par M. Le Roux de Lincy, antérieurement à la dernière édition du *Manuel*, où M. Brunet a décrit ce livre pour la première fois.

527. LEMOYNE (P.). Le couronnement du‖ roy Francois premier de ce nom ‖ voyage ɾ conque‖ste de la duche de millan/ victoire et repulsion des ‖ exurpateurs dicelle auec plusie's singularitez des eglises/ cou‖uens/ villes/ chasteaulx et fortteresses dicelle duche fais lan‖mil cinq cẽs et quinze/ cueillies et rediges p̃ le moyne sãs froc (Pasquier Lemoyne)... (A la fin :)... *Et a este acheue de imprimer ‖ le xx° iour de septembre Mil cinq cens et vingt* (1520) *Pour ‖ Gilles couteau imprimeur demourãt a Paris en la rue‖ des petis champs pres la chappelle sainct Iulien*. In-4, goth.; mar. bleu, fil., tr. dor. (*Niedrée*).

Relation en vers et en prose, curieuse et rare.
Bel exemplaire, de la bibl. Yeméniz. Racc. au bas des derniers ff.

528. Les grāds triumǁphes / faitz a lētree du treschreǁstien ᵹ victorieux Roy Henryǁsecond de ce nõ / En sa nobleǁ ville cite ᵹ uniuersite ǁ de Paris. *Imprime A Paris, pour Germain de la Fosse...* S. d. (1549). Pet. in-8, goth., de 16 ff.; mar. rouge, écu de France, tr. dor. (*Lortic*).

> Plaquette rarissime, terminée par l'entrée de la reine, le 18 juin 1549. Portrait du roi au titre.
> Exemplaire relié sur brochure et *non rogné*.

529. L'Entree faicte au Roy tres-chrestien Charles- neufiesme. A Rouen, le xii. iour d'Aoust, L'An mil cinq cens Soixante troys, De son regne le troisiesme. *A Roven, chez Martin le Mesgissier...* 1563. (A la fin:) *Acheué d'imprimer le 2. iour de Septembre.* 1563. In-4, de 14 ff.; mar. bleu, comp. à fil., tr. dor. (*Lortic*).

> Après la reprise du Havre aux Anglais (28 juillet 1563), le roi Charles IX fit son entrée à Rouen pour déclarer sa majorité devant le parlement de cette ville. A la fin de cette édition, se trouve le discours tenu au roi par noble homme maistre Jacques de Brevedent, lieutenant général au bailliage de Rouen.
> Extrêmement rare. Très bel exemplaire.

530. PREVOSTEAU (J.). Description des Appareilz, Arcs triumphaux, Figures et Portraictz dressez en l'honneur du Roy, au iour de son entrée en la ville de Paris, le sixieme iour de mars M. D. LXXI. *A Lyon. Par Benoist Rigaud.* In-8, de 12 ff.; mar. bleu, comp. à froid sur fond noir, avec l'écu de France (*Duru et Chambolle*).

> Pièce en l'honneur de Charles IX. Les vers sont de Jacques Prevosteau, chartrain. Portrait du roi au titre.
> Extrêmement rare. Très bel exemplaire.

531. BENOIST (R.). L'Ordre et les cérémonies dv sacre et covronnement dv tres-Chrestien Roy de France (Henri III), Latin et François, traduict par M. René Benoist, Angeuin... *Paris, Nicolas Chesneau*, 1575. In-8, de 48 ff.; mar. brun, fil. à fr., tr. dor. (*Burnier*).

> Rare. Bel exemplaire.

532. THOU (N. de). Ceremonies observées av sacre et coronement dv Tres-chrestien et Tres-valeureux Henry IIII. Roy de France et de Navarre. Ensemble en la reception de l'Ordre du S. Esprit en l'Eglise de Chartres, és xxvii. et xxviii.

iours du mois de Feurier, M. D. XCIIII. *A Paris, Chez Ja-met Mettayer, et Pierre L'huillier,* 1594. In-4, de 63 ff.; mar. rouge, fil., cartouche aux armes de Henri IV, tr. dor. (*Capé*).

La ville de Reims étant occupée par les ligueurs, le roi choisit celle de Chartres pour le lieu de son couronnement. Il y arriva le 17 février 1594 sans faire une entrée solennelle. L'office du sacre fut célébré par Nicolas de Thou, oncle paternel du célèbre historien, évêque de la ville, à la plume duquel on doit aussi la rédaction de cette relation. Faute de la sainte ampoule de Reims, on dut recourir au chrême miraculeux qui se gardait à Marmoutiers.

Rare. Magnifique exemplaire.

V. HISTOIRE DES PAYS ÉTRANGERS.

533. ARETINI (Leonardi) de Bello italico adversvs Gothos. (A la fin :)

Gallicus hunc librum impressit nicolaus ienson :
Artifici grates optime lector habe.

M.CCCC.LXXI (1471). Gr. in-4; mar. rouge, fil. et tr. dor. (*Duru*).

Édition rare et recherchée. Magnifique exemplaire, avec bordures et initiales en or et en couleurs, et armoiries d'un Italien au bas de la première page.

534. BENEDICTUS (Alex.). Diaria de bello Carolino. (A la fin :) *Venetiis. M.IIIID* (1496). *Sexto Cal. Septembres.* In-4; mar. La Vallière, jans., tr. dor. (*Hardy*).

Première et fort rare édition de cette intéressante relation de la campagne de Charles VIII en Italie. L'auteur, Alexandre Benedetti, de Vérone, était attaché, en qualité de médecin, à l'armée vénitienne. Il nous donne un récit très circonstancié de la bataille de Fornoue (1495).

Cette édition sort de l'imprimerie d'Alde Manuce. Pour plus de détails, voir *Alde Manuce*, par M. Didot, pp. 84-86.

535. Commentarivs captæ vrbis dvctore Carolo Borbonio, ad exquisitum modum confectus : ubi non modo ordine magis quàm hactenus ab alijs exposita omnia, sed multa etiam aliter cernere liceat, autoris innominati. Huic adiecta sunt poematia duo : Carolus siue Vienna Austriaca. Carolus siue Tunete Anastasij. (A la fin :) *Basileæ, apvd*

Ioan. Hervag. An. M.D.XXXVI. (1536.) Pet. in-8; mar. rouge, fil. à fr., tr. dor. (*Capé*).

Édition fort rare d'une relation anonyme du sac de Rome en 1527, sous la conduite du connétable de Bourbon. Magnifique exemplaire.

536. GEORGIUS (B.). Epitome Princip. Venet. Bernardo Georgio P. V. [Patritii Veneti] avctore. *Aldus, Venetiis.* (A la fin :) *Venetiis. M. D. XLVII.* (1547). In-4; mar. rouge, riches compart. à fr. et dor., doublé de mar. orange, doré en plein à petits fers, étui de mar. brun, tr. dor. (*Lortic*).

Chronique des ducs et doges de Venise, en vers latins.

Précieux exemplaire de dédicace au doge François DONATO, imprimé sur VÉLIN et avec ses armoiries peintes au verso du titre.

537. CAMPO (Ant.). Cremona fedelissima citta et nobilissima colonia de Romani rappresentata in disegno col suo contado et illustrata d'una breve historia delle cose piu notabili appartenenti ad essa, et dei ritratti naturali de duchi et duchesse di Milano, e compendio delle lor vite da Antonio Campo pittore e cavalier cremonese, al potentissimo e felicissimo Re di Spagna Filippo II d'Austria. *In Cremona, in casa dell' istesso auttore,* 1582. (A la fin :) *... per Hippolito Tromba & Hercoliano Bartoli.* In-fol., avec plans et grav.; veau antiqué, comp. à fil., tr. dor. (*Hagué*).

Édition originale, du premier tirage, avec 56 lignes de dédicace. La description qu'en donne le *Manuel* présente quelques inexactitudes, surtout pour le placement des gravures hors texte.

Le plan de la ville de Crémone doit figurer après les ff. prél., et le volume doit avoir, après la page 120, un plan, non signalé par M. Brunet, du *comté de Crémone,* avec l'indication des châteaux, villes et terres, plan suivi d'un feuillet de table de ces châteaux, etc.

Le volume commence par un titre gravé, au verso duquel se trouve un magnifique portrait de Philippe II d'Espagne, que M. Brunet cite comme une particularité de l'exemplaire La Vallière, tandis qu'il doit figurer dans tous les exemplaires. Au v° du f. suiv., est une belle planche représentant l'allégorie de la ville de Crémone. Au r° du 4° f., nous trouvons le portrait de l'artiste, Ant. Campo. Outre une gravure représentant le char de guerre (*carroccio*) des anciens guerriers de Crémone, le volume contient quatre portraits des marquis de Crémone, quatre portraits des illustres Crémonais (entre autres celui de Jérôme Vida), les portraits de neuf ducs de Milan et de huit duchesses, celui de Charles-Quint et de sa femme Isabelle, celui de Philippe II et de ses quatre femmes, le tout supérieurement gravé sur cuivre, d'après les dessins de Campo, par AUG. CARRACHE, selon la mention insérée au bas du feuillet d'errata.

On y trouve encore un portrait *gravé sur bois*, celui du tyran Ezelin (p. 53). Les deux plans ont été gravés par *David de Laude*, juif de Crémone. Avant la page 89 (et non après la page 120, comme le dit M. Brunet), se trouve une feuille double pliée, imprimée des deux côtés et représentant la façade de la cathédrale de Crémone, avec détails intérieurs.

Le texte est encadré et orné de belles initiales historiées, portant le monogramme composé des lettres G. B. liées et surmontées d'une croix.

Exemplaire d'une beauté exceptionnelle, à toutes marges.

538. Cronica del famoso caua‖llero Cid Ruy diez campeador. (A la fin :) ... *Fue ympressa en la muy noble y leal‖ciudad de Burgos : por arte z industria de Fadrique Aleman de basilea : acabose‖a treynta z vn dias del mes de março año del nascimiento de nro señor z saluador‖Jhesu christo de mill z quinientos z doze años* (1512). In-fol., goth.; mar. rouge du Levant, compart. à fr. et orn., tr. dor. (*Capé*).

Première et précieuse édition de cet ouvrage, le plus complet que l'on ait sur la vie du héros castillan. Il est tiré d'un manuscrit composé du temps du *Cid*, et que le frère Juan de Velorado, abbé de San Pedro de Cardeña, fut chargé de faire imprimer. La demande de privilège est du 7 octobre 1511, ce qui montre que c'est bien la première édition. Le texte est fort bien imprimé, et les deux planches en bois, dont l'une sur le titre et l'autre au feuillet cii, sont remarquables. L'imprimeur Frédéric de Bâle a apporté l'imprimerie à Burgos, où il exerçait dès 1485. Cette édition fait beaucoup d'honneur à la typographie espagnole. L'ouvrage est d'ailleurs si rare que le *Manuel* ne cite, en fait d'exemplaire complet de cette édition, que celui de De Bure l'aîné, vendu 1020 fr.

Très bel exemplaire, grand de marges, non lavé. Le titre et les deux derniers feuillets habilement refaits.

539. Chronica‖del famoso‖Cavallero‖Cid Rvy Diez‖Campeador. *En Bvrgos, en la Imprimeria de Philippe de Iunta y Iuan Baptista Varesio*, 1593. In-fol., fig. sur bois; mar. rouge, compart. à fil., tr. dor. (*Hardy*).

Cette édition, d'après M. Brunet, contient quelques passages qui manquent dans les éditions de 1512 et 1552. La gravure de la page 278 est la même que celle du f. cii de l'édition ci-dessus.

Très bel exemplaire.

540. AVILA Y ZUNIGA (Lud.). Commentariorum de Bello Germanico à Carolo V. Cæsare Maximo gesto, libri duo à Gulielmo Malineo, Brugensi, latinè redditi, et iconibus ad historiam accõmodis illustrati. *Antverpiæ, in ædib. Ioan.*

Steelsii, MDL. In-8; veau fauve, riches compart. en mosaïque et dorés, tr. dor. et cis. (*rel. de l'époque*).

> Livre des plus rares, qui a été traduit en plusieurs langues. L'original espagnol a été rédigé par l'empereur Charles-Quint lui-même, sous le couvert d'Avila y Zuniga, comme M. Kervyn de Littenhove l'a prouvé. Malinæus, alors le secrétaire de Charles-Quint, dédia sa traduction au duc Côme de Médicis.
> Le présent exemplaire est celui qui fut offert au fils unique de l'auteur, au futur PHILIPPE II d'Espagne.
> La riche reliure dont il est revêtu (et dont on trouvera une reproduction au catalogue illustré), porte, d'un côté, les armes de ce prince surmontées de cette inscription dédicatoire : *D. Philippo Magno Hisp. Principi Cæs. F.*; de l'autre, les armes de Charles-Quint, l'aigle couronnée à deux têtes du Saint-Empire romain.
> La carte de l'Allemagne et les deux plans de bataille (Ingolstadt et Milbourg) sont coloriés dans cet exemplaire.

541. (VERTOT, l'abbé de) Histoire de la conjuration de Portugal [1640]. *Paris, Jean Boudot, etc.*, 1689. In-12, front. gr.; mar. La Vallière, compart. à fil., tr. dor. (*Lortic*).

> Première édition, dédiée à la Dauphine. L'ouvrage remanié depuis porte, dans les éditions subséquentes, le titre de : *Histoire des Révolutions de Portugal*. Très bel exemplaire, avec témoins.

542. (LEGRAND, J.) Histoire du divorce de Henry VIII, roy d'Angleterre et de Catherine d'Arragon. *Paris, Vve Edme Martin*, 1688. 3 vol. — Lettre de M. Burnet à M. Thevenot, contenant une courte critique de l'Histoire du divorce de Henri VIII, écrite par M. Le Grand. *Paris, Vve Edme Martin*, 1688. 1 vol. Ensemble 4 vol.; mar. rouge, fil. et tr. dor. (*anc. rel.*).

> Belle reliure aux armes et au chiffre de COLBERT.

543. Discovrs || des trovbles || nouuellement aduenuz au || Royaume d'Angle-||terre, au moys ||d'Octobre|| 1569.||Avec vne declara||tion, faicte par le Comte de Nortum||berland & autres grands sei-||gneurs d'Angleterre. *A Paris, chez Nicolas Chesneau*, 1570. In-8; veau fauve, fil. (*Petit*).

> « Pièce rare, dit M. Potier (*Catal. de la bibl. de M. le baron J. P****), en grande partie relative à Marie Stuart. On y trouve des détails sur la réception qui lui fut faite en Angleterre lorsqu'elle s'y réfugia après la bataille de Langsyde, en 1568. »

VI. NOBLESSE, CHEVALERIE, BIOGRAPHIE, ENCYCLOPÉDIES.

544. GELIOT (L.) et PALLIOT (P.). La Vraye et parfaite Science des Armoiries, ov l'Indice armorial de fev Maistre Lovvan Geliot... augmentée... par Palliot. *Dijon, Palliot*, 1660. In-fol., front. et titre gr. et fig. sur cuivre; mar. rouge, semis de fleurs de lis, tr. dor. (*Capé*).

Ouvrage de première importance pour la science héraldique.
Magnifique exemplaire de premier tirage.

545. Les Statuts de l'Ordre du S^t. Esprit estably par Henri IIIme du nom Roy de France et de Pologne au mois de Decembre l'an M.D.LXXVIII. *De l'Imprimerie royale*, M.D.CC.XL (1740). In-4; mar. rouge, dent., ornem., tr. dor. (*anc. rel.*).

Remarquable spécimen des produits de l'Imprimerie royale. Titres, vignettes, culs-de-lampe et initiales d'une grande beauté, gravés par Séb. Le Clerc.
Exemplaire sur papier fort, réglé, revêtu d'une riche reliure, avec l'emblème de l'ordre aux angles, et les armes de LOUIS XV au centre des plats.

546. PLUTARQUE. En ce present volume sont contenves les vyes de hvict excellens & renommez personnaiges Grecz & Romains, mises au parangon lune de laultre : escriptes premierement en langue grecque... et depuis translatees en francoys... par feu... messire George de Selue, en son viuant Euesque de la Vaur. *Ces liures sont imprimez a Paris par Michel de Vascosan...* M.D.XLIII (1543). In-fol.; mar. brun, riches compart. à la Grolier, dorés et en mosaïque, tr. dor. (*rel. du* xvie *siècle*).

Première édition de cette traduction, fort rare. C'est un des plus beaux livres sortis des presses de Vascosan.
Exemplaire réglé, grand de marges, revêtu d'une reliure de toute beauté dont on trouvera une reproduction au catalogue illustré.

547. VALERIJ MAXIMI factorũ et dictorum memorabilium. Ad Tiberiũ cesarem. Liber primus incipit feliciter (libri IX). *S. l. n. d.* In-fol., goth.; ais de bois recouverts de peau de truie estampée (*rel. du* xve *siècle*).

Édition considérée comme la plus ancienne. Elle a été imprimée vers 1469 avec les caractères que l'on croit être ceux de J. Mentelin, de Strasbourg. Très bel exemplaire, grand de marges.

228   HISTOIRE.

548. VALERIJ MAXIMI Romāe vrbis iurisperitissimi. In librũ‖ factorum et dictoruin memorabiliũ ad tiberiũ cesarem ‖ Prefatio incipit. (A la fin:)... *in nobili urbe Mogũtina Rheni terminatũ! anno M. cccc. lxxi* (1471). *xviij. kalēdis iulijs! per... Petrũ schoyffer de Gernsshem...* In-fol., goth.; mar. rouge, compart., tr. dor.

> Première édition avec date. Exemplaire de Renouard, d'une conservation parfaite. La rubrique servant de titre, rapportée ci-dessus, offre de légères variantes dans certains exemplaires.

549. AELIANI uariæ Historiæ libri XIIII. Ex Heraclide de rebus publicis Commentarium. Polemonis Physionomia. Adamantii Physionomia. Melampodis ex Palpitationibus divinatio. De Nevis. (En grec.) (A la fin :) *Romæ, M.D.XXXXV* (1545). *Mense Ianuario.* In-4; mar. rouge, fil., tr. dor. (*anc. rel.*).

> Première édition, donnée par Camille Perusco. Très bel exemplaire, bien complet.

550. VINCENTIUS BELUACENSIS. (Speculum quadruplex : naturale, doctrinale, morale, historiale.) *S. l. n. d.* 8 part. reliés en 5 vol. gr. in-fol., caract. semi-goth.; mar. vert myrte, fil. à fr., tr. dor. (*Lortic*).

> Première édition de cette encyclopédie du xiiie siècle, imprimée en 1473, par Jean Mentelin, à Strasbourg.
>
> Magnifique exemplaire, à toutes marges, conforme à la description du *Manuel*. Les trois premiers ff. du *Speculum morale*, contenant la table des matières, sont manuscrits, d'une soigneuse écriture du xve siècle. Belles initiales, grandes et petites, peintes à la main.

TABLE DES DIVISIONS.

MANUSCRITS.

BELLES-LETTRES.

	Nos.
Auteurs grecs et latins.	1
Auteurs français.	17
Auteurs provençaux.	38
Auteurs italiens.	39

HISTOIRE.

Auteurs grecs et latins	44
Auteurs français.	59
Ouvrages relatifs à l'Italie.	75
Ouvrages espagnols.	70

IMPRIMÉS.

BELLES-LETTRES.

I. Linguistique.	81
II. Rhétorique.	128
III. Poésie.	
1. *Poëtes grecs et latins.*	134
2. *Poëtes français.*	206
3. *Poëtes italiens, espagnols et portugais.*	266
IV. Théâtre.	
1. *Théâtre grec et latin*	294
2. *Théâtre français.*	
A. Mystères, Tragédies et Comédies	309
B. Ballets	358
3. *Théâtre italien, espagnol et anglais.*	378
V. Romans.	
1. *Apologues et romans grecs et latins.*	383
2. *Romans français.*	
A. Romans de chevalerie	392

TABLE DES DIVISIONS.

	Nos.
B. Romans de divers genres, Contes, Nouvelles, etc.	421
3. *Romans et Contes italiens et espagnols*	430
VI. Philologie, Épistolaires et Polygraphes.	436

HISTOIRE.

I. Géographie. Voyages	458
II. Chronologie, Histoire universelle, Paganisme, Histoire ecclésiastique.	476
III. Histoire ancienne et moderne.	483
IV. Histoire de France.	
1. *Histoire politique.*	510
2. *Solennités officielles*	526
V. Histoire des pays étrangers.	533
VI. Noblesse, Chevalerie, Biographie, Encyclopédies.	544

FIN DE LA TABLE DES DIVISIONS.

Paris. — Typographie Firmin-Didot et Cie, 56, rue Jacob. — 10700.

A LA LIBRAIRIE FIRMIN-DIDOT ET Cie
56, RUE JACOB, 56

CATALOGUE ILLUSTRÉ

DES

LIVRES RARES ET PRÉCIEUX

MANUSCRITS ET IMPRIMÉS

FAISANT PARTIE DE LA BIBLIOTHÈQUE

DE

M. AMBROISE FIRMIN-DIDOT

BELLES-LETTRES. — HISTOIRE

Un volume in-4°, sur papier vergé, avec gravures sur bois et héliogravures

PRIX : 30 FRANCS

SE VEND AU PROFIT DES PAUVRES

Nota. — Après la vente de cette troisième partie, il sera publié une table alphabétique du présent catalogue, suivie de la liste des prix d'adjudication.

Une quatrième vente aura lieu au printemps de l'année prochaine (1882). Elle comprendra une série de livres anciens, rares et précieux, manuscrits et imprimés, relatifs à la *Théologie*, à la *Jurisprudence*, aux *Sciences et Arts*, ainsi qu'une collection remarquable de livres avec figures sur bois.

Afin d'établir l'unité bibliographique de cette bibliothèque célèbre, il sera publié, après les ventes, une table méthodique générale, une table alphabétique, une table des provenances illustrés, etc.

Paris. — Typographie de Firmin-Didot et Cie, 56, rue Jacob. — 10700.

www.ingramcontent.com/pod-product-compliance
Lightning Source LLC
Chambersburg PA
CBHW071933160426
43198CB00011B/1386